Über zeremonielle Sekten und Kulte aus Indien

H. von Glasenapp

Sonderausgabe Nr.: 21

Mein Dank geht an Peter Windsheimer für das Design des Titelbildes.

Für Schäden, die durch falsches Herangehen an die Übungen an Körper, Seele und Geist entstehen könnten, übernehmen Verlag und Autor keine Haftung.

Christof Uiberreiter Verlag
Waltrop Germany
© 2019 Hohenstätten, Johannes H. von
Herstellung und Verlag:
BoD – Books on Demand, Norderstedt
ISBN: 9783741249877

Alle Rechte, auch die fotomechanische Wiedergabe (einschließlich Fotokopie oder der Speicherung auf elektronischen Systemen), vorbehalten.
All rights reserved.

Inhaltsangabe:

1. Die Tirthankaras – Die Vorgeschichte............................ 5
2. Parshva.. 13
3. Mahavira.. 16
4. Schrifttum – Vorbemerkungen....................................... 23
5. Die kanonische Literatur – Die Entstehung des Kanons 30
6. Der Kanon der Shvetambaras... 32
7. Der Kanon der Digambaras.. 41
8. Die Erzählungsliteratur und Dichtung............................ 50
9. Das Drama... 66
10. Die Tagesliteratur.. 67
11. Ethik – Die theoretische Grundlage der Ethik – Das Leiden und die Möglichkeit einer Erlösung................... 68
12. Die Ursachen des Karma.. 72
13. Der Weg zur Erlösung.. 73
14. Die 14 Gunasthanas.. 75
15. Die praktische Ethik – Verdienst und Schuld................ 79
16. Die sittlichen Gebote.. 81
    – Die Pflichten des Laien.. 81
    – Die Pflichten des Asketen... 84
17. Die Mittel zur Abwehr des Karma................................. 84
18. Die Mittel zur Vernichtung des Karma......................... 87
19. Die Erlösung.. 90
20. Die Sekten – Die Schismen der älteren Zeit................. 92
21. Die Sekten der späteren Zeit.. 94
22. Shvetamharas – Bilderverehrer...................................... 96
23. Bilderfeinde... 98
24. Digambaras – Die großen Schulen................................ 99
25. Die heutigen Sekten..101
26. Kultus – Allgemeiner Teil...102
27. Ausdrucksformen der Andacht. Gebet, Hymnus, Mantra..109
28. Meditation..112
29. Posituren und körperliche Übungen............................ 114
30. Beichte und Buße.. 116
31. Entsagung und Kasteiung... 117

32. Yoga... 118
33. Der Bilderkult – Heilige Symbole................................ 120
34. Kultbilder.. 124
35. Der Tempeldienst...132
36. Magie und Mantik.. 134
37. Die Riten der Laien – Die täglichen Riten.................... 137
38. Riten bei besonderen Gelegenheiten............................ 138
39. Die Riten der Asketen – Die täglichen Riten................147
40. Riten bei besonderen Gelegenheiten............................ 148
41. Das Tempelritual – Die täglichen Riten.......................153
42. Riten bei besonderen Gelegenheiten............................ 156
43. Die Festtage... 158

1. Die Tirthankaras.
Die Vorgeschichte.

Die indischen Jainas betrachten ihre Religion als ewig und unvergänglich. Sie ist anfangslos und wird niemals aufhören zu sein, mag sie auch von Zeit zu Zeit in Vergessenheit geraten. Das Dunkel des Irrtums, das die Wahrheit in gewissen, periodisch wiederkehrenden Zeitaltern umhüllt, lichtet sich immer wieder, um den Glanz des Jaina-Glaubens aufs Neue erstrahlen zu lassen. So ist auch die Weltperiode, in welcher wir jetzt leben und uns der offenbar gemachten Lehre freuen können, einer anderen gefolgt, in welcher der Jainismus verschwunden war; und in nicht zu ferner Zukunft wird sie von einem Zeitalter abgelöst werden, in welchem der rechte und richtige Glaube erlöschen wird. Die Religion als solche aber wird niemals untergehen, sondern immer wieder erneut in ewiger Jugendschöne erblühen, wie der Lenz, der im ständigen Wechsel der Jahreszeiten immer wieder erscheint. Wenn die Zeit reif ist, dann treten in bestimmten, genau feststehenden Abständen vierundzwanzig „Tirthankaras" auf, Propheten und Kirchenstifter, die dem wahren Glauben seine Bahn brechen. Auch in unserer Weltperiode sind vierundzwanzig derartige Heilsfinder und Heilsverkünder erschienen. Die Jainas wissen ihre Namen zu nennen und viele Einzelheiten aus ihrem Leben zu erzählen. Das, was über die meisten von ihnen freilich berichtet wird, hat einen ganz sagenhaften Anstrich. So soll der erste dieser Kirchenstifter, Rishabha, 8.400.000 Purva-Jahre alt geworden und 500 Bogenlängen (ca. 2000 Ellen) groß gewesen sein, und wenn auch Lebensdauer und Körpergröße eines jeden der folgenden abnimmt, so heißt es doch noch von dem zweiundzwanzigsten dieser Tirthankaras, Arishtanemi, er habe tausend Jahre gelebt und zehn Bogenlängen gemessen. Erst den beiden letzten Heiligen dieser Reihe, Parshva, und Mahavira, werden ein glaubhaftes Alter und menschliche Dimensionen zugeschrieben, wenn gelehrt wird, Parshva, der dreiundzwanzigste Tirthankara, sei hundert Jahre alt geworden und habe neun Ellen gemessen und Mahavira, der vierundzwanzigste Tirthankara, habe ein Alter von zweiundsiebzig Jahren und eine Größe von sieben Ellen erreicht. Auch die Zeit, in welche die Jainas das Auftreten der verschiedenen Tirthankaras verlegen, ist nur bei Parshva und Mahavira mit unseren historischen Vorstellungen vereinbar: Mahavira soll um 500 v. Chr., Parshva um 750 v. Chr. gestorben sein, während der Tod Arishtanemis angeblich 84.000 Jahre vor dem Parshvas erfolgt sein und das Hinscheiden der übrigen Propheten in noch weiter zurückliegender, zum Teil gar nicht mehr vorstellbarer Zeit stattgefunden haben soll. Bei dieser Lage der Dinge muss die europäische Forschung in ihrem gegenwärtigen Stande darauf verzichten, sich mit den ersten zweiundzwanzig Tirthankaras als mit historischen Personen zu befassen und kann sich darauf beschränken, nur bei den beiden letzten Untersuchungen über ihre Geschichtlichkeit anzustellen.

Dass Mahavira der Geschichte angehört, ergibt sich mit Gewissheit aus der Tatsache, dass uns nicht nur die Schriften der Jainas selbst viele glaubhafte Einzelheiten über ihn mitteilen, sondern dass er auch in den Werken von Nicht-Jainas genannt wird. Die Buddhisten, von denen die Jainas als Feinde der wahren Lehre aufs heftigste bekämpft werden, erwähnen ihn des öfteren als einen Zeitgenossen ihres Meisters Gautama Buddha und beglaubigen damit seine geschichtliche Existenz. Aber auch an der Geschichtlichkeit von Mahaviras Vorgänger Parshva haben wir keinen Anlass zu zweifeln. Zwar wissen wir von ihm nur aus den Schriften der Jainas, und vieles, was diese über ihn erzählen, gehört fraglos der heiligen Legende an, doch liegt kein Grund vor, anzunehmen, dass das Rankenwerk, das sich um die Gestalt dieses Mannes gebildet hat, keinen historischen Kern birgt. Für die Geschichtlichkeit des Propheten spricht vor allem der Umstand, dass sich das, was wir von seiner Persönlichkeit und seiner Lehre wissen, vortrefflich einfügt in das Bild, das wir uns auf Grund der Ergebnisse der Wissenschaft von der Entwicklung der religiösen Anschauungen der Inder machen müssen. Eine kurze Skizze wird dies im einzelnen dartun.

Gegen Ende des zweiten vorchristlichen Jahrtausends hatten sich im indischen Geistesleben tiefgreifende Wandlungen vollzogen. Der naive Polytheismus der arischen Einwanderer war durch ein kompliziertes Opferwesen erweitert worden, das die Macht der Götter in der Vorstellung ihrer Verehrer immer mehr beschränkte und die himmlischen Mächte zu den transzendenten Werkzeugen zaubergewaltiger Priester herabdrückte. Die Stellung des Priesterstandes gewann dadurch beständig an Bedeutung; sie steigerte sich noch, je unbeschränkter die Idee der Kastenordnung zur Herrschaft gelangte. Gefördert wurde dieser Prozess durch das Aufkommen einer Anschauung, die der Härte der sozialen Abstufung gewissermaßen einen ethischen Ausgleich gab: Durch die Lehre vom Karma, von der Vergeltungskausalität der Tat, und von der durch sie bestimmten

Wiedergeburt.
Der Glaube, dass jedes Dasein nicht für sich stehe, sondern das Glied in einer Kette anderer sei, musste mit Notwendigkeit den tiefer veranlagten Naturen die Frage nahelegen, ob das Leben wert sei, im unaufhörlichen Wechselspiel von Geburt und Tod erneuert zu werden. Das grüblerische Denken konnte diese Frage nur verneinen, es suchte nach einem Zustande, der erhaben ist über Werden und Vergehen, nach einer Seligkeit, die nicht wie irdische Wonnen nach kurzer Dauer dahinschwindet, um neuem Begehren, neuem Leid Platz zu machen. In der Sehnsucht nach einem ewigen, beständigen, unverlierbaren Glück wandte sich Streben und Sinnen ab vom Diesseits mit seinen vergänglichen Freuden, ab vom Opferdienst mit seinen äußerlichen und deshalb für das Gemüt letzthin unbefriedigenden Riten. Losgelöst von den Fesseln des Weltlebens, forschten stille Denker in der Zurückgezogenheit des Asketentums nach etwas Höherem, Überirdischem. So allgemein war der Drang nach Erkenntnis, dass es bei den oberen Kasten üblich, ja Pflicht wurde, dass der im Alter gereifte Mann sich in die Einsamkeit des Waldes zurückzog, um hier über die höchsten Fragen des Lebens zu meditieren. Nach der brahmanischen Theorie von den 4 Ashramas, den Lebensstadien, soll der Brahmane, nachdem er den Veda gelernt und eine Familie begründet, sich fern von der Welt in das Brahma versenken und schließlich als heimatloser Bettler umherwandern. Wie weit diese theoretische Vorschrift stets in die Wirklichkeit umgesetzt wurde, ist nicht zu sagen; sicher aber hat sie ernste Beachtung gefunden, sicher ist sie von eifrigen Leuten auch strenger beobachtet worden, als es das Gebot besagte: Nicht erst, wenn der Haushalter sein Haar ergrauen, seine Haut welk werden und Enkel um sich spielen sah, verließ er das Hausleben, sondern schon früher zog er in die Heimatlosigkeit, um seine ganze Kraft der Erkenntnis zu weihen. Der Zusammenschluss Gleichgesinnter führte zur Bildung von asketischen Gemeinschaften, die durch feste Ordnungen miteinander verbunden waren und ihren Lebensunterhalt durch die Spenden mildtätiger Frommer erhielten.
Das ernste Ringen um das Unvergängliche scheint die besten Geister unter den *Zweimalgeborenen* jener Zeit in gleichem Maße beseelt zu haben. Nicht nur die Brahmanen, die sich kasteiten, um die Kraft zu ergründen, die dem Opfer Macht verleiht und den, der sie kennt, aus der Welt zu reinerem Sein emporhebt, sondern auch die Kshatriyas, die zweite Kaste der Hindu-Gesellschaft, entsagten der Welt, um das überweltliche in sich zu erleben.

Weniger als die Brahmanen durch Tradition und Standesrücksichten gehemmt, konnten die Krieger dem Drange nach dem höchsten Wissen nachgeben. Einige der gewaltigsten Konzeptionen philosophischen Denkens scheinen von ihnen entdeckt worden zu sein, von ihnen ihre erste Ausprägung erhalten zu haben, erzählen uns doch einige alte Berichte selbst, dass Kshatriyas Brahmanen durch ihr Wissen um das Ewige beschämten und dass Priester bei ihnen in die Lehre gehen mussten. Die Spekulationen der Jahrhunderte nach tausend vor Christ sind uns in den Upanishaden erhalten, in den berühmten *Geheimlehren*, die den Anhang und die Vollendung der Veden bilden. Von Priestern redigiert und mit ihren eigenen Bedürfnissen und Theorien in Einklang gebracht, lassen diese in sich so verschiedengearteten Schriften an manchen Stellen noch deutlich erkennen, dass die Weisheit, die hier gelehrt wurde, ursprünglich in scharfen Gegensatz trat zu der Lehre vom Opferwerk, auf welche sich Stellung und Macht des Brahmanentums gründeten, dass es aber die klugen Priester verstanden, die neuen Gedanken mit ihren eigenen Anschauungen zu verbinden, sie sich anzueignen, und späterhin selbst als ihre eifrigsten Verfechter aufzutreten. Nicht überall freilich war es möglich, einen Ausgleich vorzunehmen, gab es doch Lehren, die gar zu sehr im Widerspruch standen mit den durch das priesterliche Herkommen geheiligten Überlieferungen, die sich in offenen Gegensatz stellten zum Anspruch der Brahmanenkaste, allein Vermittlerin irdischer und überirdischer Weisheit zu sein. Aus dem 6. Jahrhundert sind uns mehrere Meister bekannt, die als Opponenten brahmanischer Anmaßung auftraten und, dem vedischen Opferglauben feind, unbekümmert um die Lehren des Veda ihre eigenen Wege gingen. Wir müssen annehmen, dass auch schon vor Mahavira, vor Gosala, vor Gautama Buddha derartige selbständige Heilverkünder aufgetreten sind und Schüler um sich versammelt haben, die ihre Lehre weiterverbreiteten. Die Vorschriften, die jene Meister ihren Gemeinden zur Richtschnur setzten, waren offenbar den brahmanischen nachgebildet, unterschieden sich von jenen aber darin, dass sie eine Vorrangstellung der Brahmanen nicht anerkannten. Wie A. F. R. Hoernle bemerkt, hat dieser Unterschied, der sich gegen die Exklusivität der Priesterkaste richtete, zweifellos stark dazu beigetragen, die Gegensätze zu verschärfen; die unter der Ägide des Klerus stehenden Orden sahen mit Missachtung herab auf die Ketzer, welche ohne die Sanktion der Mitglieder des ersten Standes auszukommen glaubten; die Kshatriya-Mendikanten hinwiederum mieden die Brahmanen und ihre Zeremonien. Den aus den nicht-brahmanischen Kreisen hervorgegangenen religiösen Gemeinschaften war ein anti-klerikaler Charakter eigen; sie richteten sich gegen die Ansprüche des Priestertums, die ihnen als ungerechtfertigt erschienen, aber sie wollten die Gesellschaftsordnung als Ganzes weder reformieren noch das Kastenwesen abschaffen. Mochten innerhalb des Mönchsordens auch Abkunft und Rang ihre Bedeutung verlieren, außerhalb desselben wurde ihre Geltung weder bestritten noch verändert. So finden wir denn bei den Laienanhängern nicht-brahmanischer Mönchsorden das Kastenwesen in unverminderter Kraft bestehen, ja das Recht der Brahmanen, die sakralen Handlungen bei Geburt, Hochzeit, Tod oder anderen Gelegenheiten zu vollziehen, wurde so wenig bestritten, dass die Laien sie zu diesen heranzogen, mochten sie sich auch in den entscheidenden Dingen des Glaubens und des Wandels der Führung anti-brahmanischer Asketen anvertrauen (ein uns seltsam erscheinender Widerspruch, der sich aber bei den Shvetambara-Jainas noch heutzutage findet).

In dem Mittelpunkt des Philosophierens aller Asketenorden stand der Wunsch nach der Erlösung, der Wille, frei zu werden von den Ketten des Sansara, des irdischen Kreislaufes, von den Qualen des sich immer erneuernden leidvollen Daseins. Die theoretischen Grundlagen dieses Glaubens sind in der ältesten Zeit noch recht primitiv: Die Weisen der älteren Upanishaden schieden noch nicht Geist und Stoff voneinander, und die Vorstellung einer Seelenmonade lag ihrem Denken noch fern. Das Psychische ist für sie – wie H. Jacobi in seinem Werke „Die Entwicklung der Gottesidee bei den Indern" S. 8 ff. gezeigt hat – keine Einheit, sondern ein Komplex von fünf Faktoren oder Pranas: Odem, Sprache, Gesicht, Gehör, Verstand. Diese fünf Faktoren machen, wenn sie vereinigt sind, eine Persönlichkeit aus; stirbt ein Wesen, so löst sich diese Verbindung. Ein Fortleben nach dem Tode ist trotzdem möglich, dann nämlich, wenn sich fünf Pranas wieder zusammenfinden. Eine solche Verbindung kommt aber regelmäßig zustande durch die Macht des Karma, durch die transzendente Kraft der Verschuldung oder des Verdienstes der Taten in einem früheren Dasein. Aufhören tut der Kreislauf des Werdens nur für den, der sein Karma vernichtete und dadurch den Keim zu neuer Wiedergeburt zerstört. Dies geschieht durch Askese und die Erkenntnis des über allen Wechsel Erhabenen, des Brahma, aus dem alles hervorgegangen ist, das allem zugrunde liegt und das alles in sich zurücknimmt. Wer sich in das Brahma versenkt, der allein wird frei von Leid, von Sünde und von jeder Begrenzung.

Die Anschauungen der ältesten Upanishaden (Brihadaranyaka, Chandogya, Taittiriya, Aitareya, Kaushitaki) von dem Wesen der Psyche erfahren in den späteren (Kathaka usw.) eine Umgestaltung durch das Aufkommen einer neuen Vorstellung: Der Idee der Individualseele. Geist und Stoff werden jetzt scharf geschieden; das Psychische ist nicht mehr ein Bündel von verschiedenen Faktoren, sondern wird als eine Monade aufgefasst, die als ewig und unzerstörbar gilt. Jedes Individuum, ob Gott oder Mensch, Tier oder Pflanze, besitzt ein immaterielles Selbst, eine Seele, die – beladen mit der Frucht der Taten früherer Existenzen – solange von einem Dasein zum andern wandert, als das Karma auf sie seine Macht ausübt. Erst wenn die die wahre Natur der Seele verhüllende Wirkung des Karma aufgehoben und die richtige Erkenntnis der Natur des Geistes und seine Wesensähnlichkeit mit dem Brahma erreicht worden ist, wird das Heil gewonnen, das in der (wie auch immer gearteten) intensiven Vereinigung des Einzelgeistes mit dem Weltgeiste besteht.

Die neue Seelentheorie gelangte in den Kreisen der Denker der Upanishaden zur Herrschaft, fand aber auch bei den Philosophen Anhänger, die nicht auf dem Boden der Brahma-Lehre standen. Die verschiedensten brahmanischen wie unbrahmanischen Systeme machten sie zur Grundlage ihrer Metaphysik und Ethik. Diese Lehren, welche die absolute Verschiedenheit der individuellen Seelen voneinander und von der Materie vertraten, die Existenz eines all-einen geistigen Absoluten jedoch leugneten (wie Sankhya, Yoga, Nyaya-Vaisheshika, der Jainismus u. a.), erblickten die Erlösung nur in der völligen Isolierung der reinen Seele vom unreinen Stoff; sie behaupteten also die individuelle Fortexistenz jedes Einzelwesens in einem unkörperlichen, verklärten Zustande, in welchem alle der irdischen Persönlichkeit anhaftenden Schwächen und Leiden dahinfallen.

Wenngleich die neue Vorstellung von dem Vorhanden sein unvergänglicher individueller Seelen im ganzen Brahmanismus und darüber hinaus zur Anerkennung gelangte, blieb doch die ältere Anschauung vom zusammengesetzten Charakter des Psychischen auch weiterhin von hervorragender Bedeutung für die Geistesgeschichte des alten Indien. Auf sie geht letzten Endes – das ist mir jedenfalls mit H. Jacobi und Th. Stcherbatsky wahrscheinlich – die buddhistische Lehre zurück, dass es kein Selbst, keine Seele gäbe, sondern dass das, was als psychisch-physisches Individuum in die Erscheinung tritt, in Wahrheit durch fünf *Gruppen* (Skandha) gebildet werde. So verschieden diese fünf Skandhas, nämlich:

    I.   die fünf Sinne und ihre Objekte,

II. Empfindung,
III. Ideen,
IV. Anlagen und Triebe,
V. Bewusstsein,
auch von den fünf Pranas der älteren Upanishaden sein mögen, so ist doch die beiden Lehren zugrundeliegende Vorstellung dieselbe: Dass das Individuum nur ein Bündel von fünf derartigen Faktoren sei, dass die Verbindung dieser Elemente sich im Tode auflöse und dass durch die Kraft der Tat eine neue Vereinigung derselben hervorgebracht werde, bis durch Vernichtung des Karma die Erlösung erreicht wird. Von der primitiven Prana-Theorie der alten Zeit bis zu der tiefsinnigen Skandha-Lehre Gautama Buddhas ist freilich ein weiter Weg, und wir müssen eine lange Entwickelung während der etwa fünf Jahrhunderte, die zwischen der Aufstellung beider Theorien liegen, annehmen – eine lange Entwickelung, von der wir, wenigstens soweit unser heutiges Wissen reicht, keine Urkunden besitzen. Trotzdem spricht ein hohes Maß von Wahrscheinlichkeit für die Richtigkeit dieser Hypothese. Denn sie ist die einzige, welche die grandiose buddhistische Anatta-Lehre mit früheren, primitiveren Vorstellungen zu verknüpfen und die von den Buddhisten behauptete, bisher meist in das Reich der Fabel verwiesene Existenz von Vorläufern Gautamas, von früheren Buddhas, zu rechtfertigen vermag. Eine Stütze findet die Behauptung, dass zwischen der upanishadischen Prana-Lehre und der Skandha-Theorie Gautamas Vorstufen des buddhistischen Anatmavada anzunehmen sind, in einer merkwürdigen Stelle der (wohl um 800 v. Chr. anzusetzenden) Kathaka-Upanishad (IV 14), auf welche Th. Stcherbatsky aufmerksam macht und welche vielleicht als eine Ablehnung der Lehre vom Psychischen als einer Verbindung einzelner Daseinselemente (prithag-dharma) aufzufassen ist. Es wäre dies die früheste bekannte Stelle, in der von dem Gegensatz der beiden philosophischen Anschauungen die Rede ist, deren Kampf in der Geschichte der indischen Metaphysik über ein Jahrtausend lang eine so hervorragende Rolle gespielt hat.
Bei dem Dunkel, das noch über der Frühgeschichte der indischen Philosophie gebreitet liegt, lässt sich nicht mit Sicherheit bestimmen, wann und von wem die Lehre von den Seelenmonaden zuerst aufgestellt wurde. Aus der Tatsache, dass sie in den ältesten Upanishaden noch nicht vorhanden war, in den jüngeren Schriften dieser Literaturgattung aber schon allgemein anerkannt wird, ergibt sich, dass ihr Entstehen in den

Anfang oder jedenfalls die erste Hälfte des ersten vorchristlichen Jahrtausends zu setzen ist. Da der Jainismus für seine ganzen philosophischen Anschauungen den Unterschied von Geist und Stoff und die Theorie von der Existenz ewiger Individualseelen voraussetzt, kann er frühestens in einer Zeit entstanden sein, in der die neue Seelenlehre aufkam. Als obere Grenze für seine Entstehungszeit würden sich, wenn die vorgetragenen Ansichten über eine Verschiedenheit der psychologischen Vorstellungen in den älteren und jüngeren Upanishaden richtig sind, die ersten Jahrhunderte nach dem Jahre 1000 v. Chr. ergeben. Das aber passt vortrefflich zu der Lehre der Jainas, die ihren Propheten Parshva im 8. vorchristlichen Jahrhundert seine Lehre von der Verschiedenheit von Geist und Materie und von der Erlösung durch die Befreiung der Einzelseele vom Stoff verkünden lassen. Der Annahme, dass der Jainaglauhe durch Parshva um 800 v. Chr. begründet worden sei, steht somit vom philosophiegeschichtlichen Standpunkt aus nicht nur nichts im Wege, sondern sie findet vielmehr in allem, was wir von dem geistigen Leben jener Zeit wissen, eine Bestätigung.

Ob Parshva selber der erste gewesen ist, der mit Entschiedenheit die Lehre von dem Dasein von Seelensubstanzen aufstellte, und ob andere ihm hierin gefolgt sind und diese seine Theorie später mit ihren eigenen Anschauungen verbunden haben, – oder ob Parshva seine Seelentheorie von anderen entlehnt und dann zu seinem eigenartigen System entwickelt hat, vermögen wir heute noch nicht zu sagen. Vielleicht gelingt es späterer Forschung, zu einer Lösung dieses für die Geschichte des Jainatums grundlegenden Problems zu gelangen; vorläufig müssen wir uns darauf beschränken, alles, was wir über Parshva wissen, zusammenzutragen und versuchen, aus dem spärlichen Material, das einer kritischen Sichtung standhält, ein ungefähres Bild von seinem Leben und seiner Lehre zu gewinnen.

2. Parshva.

Parshva wurde der Überlieferung zu folge als Sohn des Königs Ashvasena aus dem berühmten Ikshvaku-Geschlechte und seiner Gattin Vama in Benares geboren. Nach einer glücklichen Jugend, die er am glanzvollen Hofe seines Vaters verlebte, im Alter von dreißig Jahren von dem Gedanken an die Unbeständigkeit alles Irdischen im Innersten ergriffen, entsagte er der Welt und ihren Freuden und wurde Asket. In kurzer Zeit erlangte er die erlösende Erkenntnis und widmete sich fortan der Verbreitung der von ihm gefundenen Wahrheiten. Als er hundert Jahre alt geworden war, bestieg er den Sameta Shikhara in Bihar (der nach ihm heute Mount Parasnath genannt wird), woselbst er, nachdem er einen Monat lang keine Speise zu sich genommen und kein Wasser getrunken hatte, in das Nirvana einging.

Ob und wie weit diese biographischen Daten, welche uns die Jainas in ihren heiligen Büchern inmitten eines bunten Legendenkranzes übermittelt haben, den historischen Tatsachen entsprechen, lässt sich nicht entscheiden, doch besteht meines Erachten keinerlei Grund dafür, die Richtigkeit der Tradition in Frage zu stellen, welche uns Parshva als einen Mann aus edlem Geschlecht schildert, der in der Blüte der Jugend alle irdischen Güter von sich warf und das Heil seiner Seele in dem entbehrungsreichen, aber friedevollen Leben eines wandernden Asketen suchte und fand. Die Erscheinung eines Jünglings aus vornehmem Hause, der unbefriedigt von den Genüssen, die ihm Rang und Vermögen zuteil werden ließen, sein Leben ganz dem Erringen und Verkünden philosophischer Erkenntnisse weihte, ist in Indien von der Zeit der Upanishaden bis auf unsere Tage hin keine seltene, mag auch die Machtstellung und der Reichtum, welche der junge Asket aufzugeben hatte, von seinen Anhängern später mit den Mitteln morgenländischer Phantasie übertreibend ausgeschmückt worden sein, um die Größe des Verzichts des Helden recht eindringlich hervortreten zu lassen.

Nach den Berichten der Jainas waren die Hauptpunkte der Lehre Parshvas etwa folgende: Das ganze, unerschaffene und unvergängliche Universum ist in seinen drei Abteilungen, der Oberwelt der Götter, der Mittelwelt der Menschen, Tiere, Pflanzen und der Unterwelt der Dämonen und Höllenwesen angefüllt mit einer unendlichen Zahl von ewigen, unzerstörbaren individuellen Seelen. Diese Seelen (Jiva) sind an sich rein geistig, körperlos, selig; sie besitzen unendliches Wissen, unbeschränkte Kräfte, höchste sittliche Vollkommenheit und stehen alle einander im Range gleich. Die den Jivas von Natur innewohnenden Eigenschaften kommen bei den meisten von ihnen jedoch nicht zur Entfaltung; die meisten Seelen in der Welt sind vielmehr mit den Körpern von mehr oder weniger langlebigen Wesen, mit den Leibern von Göttern, Menschen, Tieren, Pflanzen oder Höllenwesen bekleidet, sie sind dem Wechsel von Lust und Leid unterworfen, ihre Erkenntnis, ihre Kraft, ihr moralischer Zustand ist unvollkommen und ein unentrinnbares Schicksal hebt sie auf die Höhen des Lebens, gibt ihnen Genuss, Macht, Reichtum oder stürzt sie in die Tiefen von Elend, Knechtschaft und Armut herab. Die gänzliche Veränderung der Eigenschaften der Seelen, oder richtiger: Die völlige Verhüllung ihrer natürlichen Qualitäten ist eine Folge ihrer Verbindung mit einem andersgearteten, ihnen fremden Element – mit der Materie. Beständig dringen feine Stoffe, dem Auge unsichtbar, in die Seelen ein, versehen sie mit den verschiedenen Arten von Leibern und Organen, beschränken sie in ihrem Wissen, Wollen und Tun und lassen sie bald süße Wonnen, bald bittere Schmerzen kosten. Die unentrinnbare Vergeltungskausalität des Karma, das unaufhörliche Spiel von Tod und Leben, der Strom des Daseins mit seinem Auf- und Abwogen von Glück und Missgeschick, ja der ganze Weltprozess selbst ist nach Parshva nichts anderes als eine Folge der verhängnisvollen Verbindung der beiden heterogenen Substanzen Geist und Stoff. Seit anfangsloser Zeit zieht jede verkörperte Seele durch ihre Gedanken, Worte und Taten materielle Atome in ihren Bereich, die in ihr zu Karma werden, in ihr festhaften und nicht eher weichen, als bis sie ihre mehr oder minder schädliche Wirkung getan haben und andere, neue an ihre Stelle treten.

Die Seelen bleiben solange mit Stoffen infiziert, als sie sich ungehemmt ihren Lüsten überlassen, als sie durch ihr ungezügeltes Tun immer wieder Stoffe attrahieren und sich assimilieren. Der Beschmutzung der Seelen durch die in Karma verwandelten Stoffe kann nur dann ein Ende bereitet werden, wenn es gelingt, das Einströmen neuen Stoffes in die Seele aufzuhalten und die in ihr vorhandene Materie zu vernichten oder auszustoßen. Dies ist nur möglich durch eine vollständige Regulierung alles Denkens und Handelns und eine Umstellung der ganzen Lebensführung. Die Tore der fünf Sinne dürfen nicht mehr achtlos äußeren Eindrücken überlassen bleiben, das Denken muss strenger Norm unterworfen werden, die vier Leidenschaften
- Zorn,
- Stolz,
- Trug und
- Gier

sind zu unterdrücken und der Wille zum Leben, der wie eine giftige Pflanze im Herzen wuchert, ist mit der Wurzel auszuroden. Der Verwirklichung dieses Zieles dient die Befolgung der vier Vorschriften, welche die Grundlage der **Ethik** Parshvas bilden. Diese Vorschriften verbieten dem

Gläubigen,
- lebende Wesen zu verletzen,
- Unwahres zu reden,
- sich Dinge anzueignen, die ihnen nicht gegeben wurden,
- und Eigentum zu besitzen, welch letzteres Verbot gleichzeitig dasjenige jeglichen geschlechtlichen Verkehrs in sich schließt.

Die vier Vorschriften Parshvas sind in ihrer vollen Strenge von Leuten, die in der Welt leben, nicht ausführbar; die Voraussetzung für ihre vollkommene Beobachtung ist die Weltentsagung. Die drei Edelsteine
- des rechten Wissens,
- des rechten Glaubens,
- des rechten Wandels

erstrahlen nur an dem in vollem Glanze, der alle irdischen Triebe in sich ertötet hat. Unentwegt strenger Kasteiung hingegeben, soll der Fromme über das wahre Wesen der Seele meditieren, bis sich ihm in frommer Beschauung alle Zweifel lösen, bis er die wahre Natur des Geistes in seiner fleckenlosen Reinheit erkennt. Wenn durch das Wasser aus der Wolke des Wissens das Feuer jeder Leidenschaft erloschen ist, dann nimmt die Seele keinen neuen Stoff mehr auf, und sie tilgt das Karma, das sich an ihr noch nicht realisierte. Ist alles Karma, das die Seele belastete, restlos vernichtet, alle Materie, die sie erfüllte und umgab, geschwunden, dann leuchtet die Seele in ihrer unendlichen Herrlichkeit, dann ist sie erlöst. Von allem Stoff unbeschwert steigt sie zum Gipfel der Welt empor, um am Wohnsitz der Seligen in ewiger Allwissenheit und unvergänglicher Wonne zu weilen, wie auf einem Eiland, das den brandenden Wogen des Meeres des Sansara auf immer entrückt ist.

Die Lehren, welche die Tradition Parshva in seinen Predigten verkünden lässt und die wir hier kurz skizziert haben, sind die Grundlehren des Jainismus überhaupt. Ob die Anschauungen, welche die Berichte einer späteren Zeit Parshva zuschreiben, wirklich schon die seinigen waren, lässt sich nicht streng erweisen. Doch ist es sehr wahrscheinlich, dass das System der späteren Zeit in seinen fundamentalen Sätzen auf Parshva zurückgeht. Denn die Theorien, die dem Jaina-Glauben zugrunde liegen, tragen einen Zug primitiver Altertümlichkeit an sich, der deutlich auf eine Entstehungszeit hinweist, welche der Periode komplizierterer Begriffsdichtungen, wie sie im Buddhismus und den klassischen Philosophemen des Brahmanismus vorliegen, vorausging.

Nach dem Kalpa-Sutra gewann Parshva seiner Lehre eine nach Tausenden zählende Gefolgschaft; 164.000 Männer und 327.000 Frauen schlossen sich ihm als Laienanhänger an, indem sie seine Prinzipien als wahr anerkannten und, so weit dies für Leute, die in der Welt leben, möglich war, befolgten. 16.000 Männer und 38.000 Frauen aber suchten seine asketische Moral mit allen ihren Konsequenzen in die Wirklichkeit umzusetzen und bildeten Mönchs- und Nonnenorden. Die Personen, die so alle Fesseln von Liebe und Hass, von Familie, Besitz und Konvention von sich warfen und ihr ganzes Leben der Gewinnung überirdischen Heils widmeten, wurden „Nirgranthas", d. h. Entfesselte genannt. Ihr Orden war das eigentliche Rückgrat der Gemeinde und Hüter ihres Erbes. Von den acht Hauptschülern des Meisters (Shubhadatta, Aryaghosha, Vasishta, Brahmacari, Soma, Shridhara, Virabhadra, Yashas) übernahm Shubhadatta nach Parshvas Tode die Leitung der Kirche; ihm folgten in dieser Stellung der Reihe nach Haridatta, Aryasamudra, Prabha und Keshis.

In den 250 Jahren, die zwischen dem Nirvana Parshvas und der Amtszeit Keshis gelegen haben sollen, scheinen die von Parshva erlassenen Vorschriften nicht fest eingehalten worden zu sein, namentlich scheint hinsichtlich des Keuschheitsgelübdes der Asketen eine laxe Auffassung Platz gegriffen zu haben. Es war daher ein großes Glück für die Nirgranthas, dass eine Persönlichkeit von überragender Bedeutung ihren Orden von Grund aus reformierte – Mahavira, den die Jainas den letzten Tirthankara unserer Weltperiode nennen.

3. Mahavira.

Vardhamana, später auch Mahavira, der große Held genannt, war ein Sohn des Kshatriya Siddhartha und wurde in Kundagrama, dem heutigen Basukund, einer Vorstadt des Ortes Vaishali (jetzt Besarh), nördlich der heutigen Stadt Patna in der Landschaft Bihar geboren. Die Legende macht seinen Vater zu einem mächtigen König und umgibt ihn mit allem Glanz eines morgenländischen Herrschers. Wahrscheinlich hat die Sage die tatsächlichen Verhältnisse vergrößert und ausgeschmückt, und Siddhartha war nur ein angesehener adliger Großgrundbesitzer, der als Oberhaupt des aus den Kshatriyas gebildeten Senates einer Adelsrepublik den Titel Raja führte. Sicher war aber seine Familie sehr vornehm, denn durch seine Gattin Trishala war er mit königlichen Häusern verschwägert, war doch Trishala eine Schwester des Königs Cetaka von Vaishali, dessen Tochter später den mächtigen König Bimbisara von Magadha heiratete.

Das Geschlecht, dem Mahavira angehörte, wurde im Sanskrit Jnatri, im Prakrit Naya (Nata) genannt, weshalb die männlichen Mitglieder desselben auch als Jnatriputras (Nataputtas) bezeichnet wurden. Mahavira entstammte dem Kashyapa-Gotra.

Bis zu seinem dreißigsten Lebensjahre scheint sich Vardhamanas Leben in nichts von demjenigen unterschieden zu haben, das damals jüngere Söhne vornehmer Familien führten. Er heiratete ein schönes Mädchen aus guter Familie, Yashoda, und hatte von ihr eine Tochter, Anojja (Priyadarshana), welche später mit einem Edelmann Jamali verheiratet und Mutter einer Tochter Sheshavati (Yashovati) wurde.

Nach dem Tode seiner Eltern, die als gläubige Anhänger Parshvas den freiwilligen Hungertod gewählt hatten, wollte er, damals achtundzwanzig Jahre alt, nach Parshvas Vorbild der Welt entsagen, wurde jedoch von seiner Familie zurückgehalten.

Nach der Tradition der Digambaras war Mahavira jedoch niemals verheiratet und führte schon als Knabe und Jüngling ein asketisches Leben. Nach ihr lebten auch Mahaviras Eltern noch, als er Mönch wurde.

Erst zwei Jahre später, nachdem er von seinem älteren Bruder Nandivardhana und der Regierung seiner Vaterstadt die Erlaubnis zu diesem Schritt erhalten hatte, schied er von Haus und Sippe und zog nach dem Shandavana genannten Park in der Umgebung von Kundapura. Unter einem Ashokabaum fastete er zweieinhalb Tage, legte ein Mönchsgewand an und riss sich in fünf Büscheln das Haupthaar aus. Ein Jahr und einen Monat lang trug er noch das Kleid, ohne es zu wechseln, dann verzichtete er auch auf dieses und wanderte als nackter Büßer umher. Wie es scheint, hatte er in der Nähe seines Heimatortes zunächst als Mitglied des von Parshva gegründeten Asketenordens gelebt, hatte sich dann aber von den anderen Mönchen getrennt, da ihm ihre Vorschriften nicht streng genug erschienen, und es vorgezogen, ein unstetes Wanderleben zu führen.

Über zwölf Jahre lang durchstreifte er die Lande, schutzlos den Unbilden der Witterung preisgegeben. Er besuchte das unwirtliche Gebiet wilder Stämme und ertrug geduldig die Schmähungen und Misshandlungen der Menschen, die ihn in seinen frommen Übungen zu stören versuchten. Er fastete und legte sich alle Art von Kasteiung auf, er meditierte und sann nach über den Sinn von Welt und Schicksal. Schließlich, nachdem er viel erlebt und gesehen, erlangte er die Allwissenheit, die vollkommene klare Erkenntnis über das Wesen des Sansara und den Weg, der aus ihm hinaus zur Seligkeit, zur Erlösung führt. Der Überlieferung zufolge geschah dies unter einem Shala-Baum am Ufer des Flusses Rijupalika, unweit des Ortes Jrimbhikagrama. Seit jenem denkwürdigen Moment war Vardhamana oder, wie man ihn jetzt gewöhnlich mit seinem Ehrennamen nannte, Mahavira (der große Held) zu einem Jina geworden, zu einem Sieger, der die Welt überwunden hat, zu einem Arhat (Ehrwürdigen), zu einem Tirthankara. Fortan betrachtete er es als seine vornehmste Pflicht, die Lehre Parshvas zu erneuern und die ewige Heilswahrheit aller Kreatur zu verkünden. Den ganzen Rest seines Lebens zog er deshalb umher und predigte den Göttern und Menschen, Ariern und Barbaren. Auf seinen Wanderungen durchmaß er das ganze Gebiet seines Heimatlandes Bihar und gewann viele Anhänger. Am Ende einer fast dreißigjährigen Lehrtätigkeit starb er in der Kanzlei des Königs Hastipala zu Pavapuri und ging in das Nirvana ein.

Über die Lebenszeit Mahaviras sind wir nicht genau unterrichtet, weil die Jainas über sein Todesjahr verschiedene Angaben machen. Nach der herrschenden Lehre starb Mahavira im Jahre 527 v. Chr. Einer Mitteilung in Hemacandras „Parishishtaparva" zufolge ging das Nirvana des Propheten 155 Jahre vor der Thronbesteigung des Kaisers Candragupta (historisches Datum 322 oder 321 v. Chr.) vor sich. Daraus errechnete H. Jacobi das Jahr 477 oder 476 v. Chr. (bzw. früher 467 v. Chr., in der Annahme, dass Hemacandra ein anderes Jahr für Candraguptas Thronbesteigung zugrunde lege). Das Jahr 477 würde ungefähr die Angabe der Buddhisten bestätigen, nach welcher der „Nigantha Nataputta" einige Jahre vor Gautama Buddha den Tod gefunden haben soll. Auch unter den europäischen Forschern besteht keine Einstimmigkeit; vorläufig steht somit noch nicht fest, wann das für die Geschichte der Jainas so überaus bedeutungsvolle Ereignis tatsächlich stattgefunden hat.

Aus allem, was wir über Mahavira wissen, geht aufs deutlichste hervor, dass er ein hochbedeutender Mann war, der durch seine geistige und sittliche Größe bei seinen Zeitgenossen einen tiefgehenden Eindruck hinterließ. Er war ein großer und starker Denker, der sich mit allen Problemen, die seine Zeit bewegten, beschäftigte und auf alle Fragen, denen er näher trat, eine Antwort wusste. Aufs stärkste tritt vor allem sein Bedürfnis hervor, über die ganze ihn umgebende Wirklichkeit Klarheit zu gewinnen und alles bis ins Letzte zu zerlegen und zu zergliedern. Sein Streben nach Ordnung und Übersicht machte ihn zu einem hervorragenden Systematiker, der jedem Dinge in der Welt und Überwelt in seiner Lehre einen genau präzisierten Platz anzuweisen wusste. Von der Höhe seiner

Erkenntnis herab konnte er mit königlicher Geste auf das Treiben im Sansara herabblicken und allen, die nach dem Heil verlangten, den Weg zeigen und weisen.

Streng gegen sich, aber auch streng gegen andere, war Mahavira ein unbedingter Vertreter asketischer Lebensführung. Er hatte selbst ein Leben, voll von Freuden, von Genüssen aufgegeben, um seine ganze Persönlichkeit einem höheren Ziel zu weihen; bis aufs äußerste hatte er sein Fleisch abgetötet, alle sinnlichen Wünsche und Triebe in sich zum Verschwinden gebracht und durch die größte Selbstüberwindung die höchste Selbstbeherrschung gewonnen. Mit eiserner Konsequenz forderte er von seinen Schülern, dass sie ihm auf diesem Wege folgten. Dadurch wurde er zu einem Hauptwortführer asketischer Moral. Ein Zeugnis für die Strenge, mit welcher er Vorschriften über die Lebensführung aufstellte und einhielt, ist es, wenn er, wie berichtet wird, sich das Haar mit den Wurzeln ausriss und alle Kleidung ablegte, statt, wie es die meisten Asketen seiner Zeit taten, sich damit zu begnügen, den Kopf kahl zu scheren und ein Mönchsgewand anzulegen. Durch diese hohe Wertschätzung der Askese unterscheidet sich Mahavira von seinem großen Zeitgenossen Gautama Buddha; er predigte die Notwendigkeit des Fastens und anderer Arten der Kasteiung, während der Buddha dies als einen Irrweg verurteilte, der von dem von ihm verkündeten mittleren Wege der Selbstzucht ebenso weit entfernt sei wie das nach Genüssen haschende und in ihnen sich verzehrende Weltleben.

Noch in einer anderen Hinsicht besteht eine grundlegende Verschiedenheit zwischen den beiden großen Männern: In dem Verhältnis zu ihren Mitmenschen. Ernst Leumann sagt darüber: „Mahavira war eine zurückhaltende, Buddha eine offene Natur. Mahavira mied den Umgang mit Menschen, Buddha pflegte ihn. Dieser Gegensatz kommt teils darin zum Ausdruck, dass Buddha mit den Seinigen gelegentlich sich zu einer Mahlzeit einladen ließ, was Mahavira als ein unerhörtes Paktieren mit dem Weltleben empfand. Teils aber und bedeutsamer zeigt sich jener Gegensatz darin, dass Buddha auf seinen Wanderungen den und jenen ansprach und mit gewandtem Eingehen auf seine Lebensansichten und Lebensgewohnheiten in allgemein-erzieherischem und erhebendem Sinne auf ihn einwirkte. Auf eine solche Tätigkeit allgemeinster Seelsorge hätte der Asket Mahavira bei seiner Menschenscheu nie verfallen können; es kam nicht vor, dass er jemanden aufsuchte, um ihn geistlich zu belehren und zu beraten, und wenn allenfalls jemand einer religiösen Unterhaltung

wegen zu ihm kam, dann hat er kaum auf die Gedankengänge des Besuchers sich einzurichten gewusst, sondern einfach in starrer Darlegung seiner eigenen Lehren eine strenge Antwort erteilt.
Obwohl Mahavira, wie ihn uns die Texte schildern, nicht die Leutseligkeit eines Buddha besaß, sondern sich stets mit aristokratischer Gelassenheit zurückhielt, war er doch keineswegs gleich den brahmanischen Meistern ein Lehrer, der eine esoterische Wissenschaft einem kleinen Kreise von Auserwählten unter dem Siegel des Geheimnisses mitteilte. Mahavira predigte jedem, der ihn hören wollte, und damit recht viele dazu imstande seien, redete er nicht in dem nur Gebildeten zugänglichen Sanskrit, sondern in Ardhamagadhi, der Umgangssprache seiner Heimat. Die großen Erfolge, die seine Lehrtätigkeit aufzuweisen hatte, zeigen, dass er auf seine Zuhörer in außerordentlicher Weise zu wirken verstand. Das Publikum, das seinen Vorträgen lauschte, entstammte allen Bevölkerungskreisen. Fürsten und Krieger, Priester und Kaufleute drängten sich ebenso zu seinen Reden wie Leute aus niederen Schichten und sogar Nicht-Arier, Männer wie Frauen. In erster Linie waren es aber doch die Vornehmen, bei welchen die Lehre ihres Standesgnossen Mahavira Anklang fand. Die heiligen Schriften der Jainas gefallen sich darin, mit großer Farbenpracht in epischer Breite zu erzählen, wie Könige mit ihrem Harem und ihren Hofleuten und Staatsbeamten, begleitet von zahllosen Kriegern und Dienern und gefolgt von einer großen Volksmasse, zum Tirthankara zogen, um der Verkündigung seiner Lehre beizuwohnen. Nicht weniger als dreiundzwanzig Könige werden aufgezählt, die sich seinem Evangelium anschlossen und ihm in Verehrung zugetan waren.
Mahavira wusste jedoch nicht nur die Menschen durch seinen Vortrag zu fesseln und zu Bekennern seiner Lehre zu machen, er wusste sie auch sich dauernd zu erhalten. Er war ein großer Organisator, der den Mitgliedern seines Ordens Gesetze gab, die zwei Jahrtausende überlebten. Wenn man sich vergegenwärtigt, dass die Mönchsvorschriften aus der Zeit Mahaviras noch heute in ihren Grundzügen für alle Jaina-Asketen bindende Kraft haben, dann kann man dem Mann die Bewunderung nicht versagen, der den auf ihn gekommenen asketischen Ordnungen Parshvas eine so feste Form verlieh, dass ihnen die Zeit nichts anhaben konnte.
Obwohl selber in seinen Anschauungen durch und durch Asket, hatte Mahavira doch auch einen offenen Blick für die Bedürfnisse der Laien. Als tiefgründiger Menschenkenner war er sich darüber klar, dass Kasteiung und Weltentsagung nur von einer kleinen Zahl von Auserwählten durchgeführt

werden konnten, dass viele, welche die Lehre in sich aufzunehmen versuchten, zu schwach waren, um die strengen Gebote des Asketentums zu erfüllen. Gleich Parshva und anderen Meistern ermöglichte er darum auch Laien den Eintritt in seine Gemeinde und forderte von ihnen nur die Einhaltung der großen Gebote in einer für die in der Welt Lebenden durchführbaren Form. Diese organische Einfügung der Laienschaft in den Sangha (Gemeinde) war für die Verbreitung des Jainismus von außerordentlichem Nutzen; die enge Verbindung zwischen Geistlichen und Laien, die dauernd in der Religion Mahaviras erhalten blieb, war zweifellos mit einer der Gründe, weshalb das Jainatum sich in Indien bis auf unsere Zeit lebenskräftig erwiesen hat, während andere Religionen, bei welchen dieser Kontakt nicht so eng war, sich später im Gangeslande nicht halten konnten.

Die Tradition lehrt übereinstimmend, dass Mahavira kein neues philosophisches System aufstellte, sondern die Lehre Parshvas fortbildete und dessen Gemeinde reformierte. Wie es scheint, waren die Gebote, die Parshva seinen Anhängern auferlegt hatte, von diesen nicht mehr streng befolgt worden. Mit rücksichtsloser Energie drang Mahavira darauf, dass die sittlichen Vorschriften Parshvas wieder aufs Genaueste eingehalten wurden. Parshva hatte, wie wir sahen, den Mitgliedern seines Asketenordens geschlechtliche Enthaltsamkeit auferlegt, dieses Gebot aber nicht gesondert aufgestellt, sondern als in dem Verbot des Besitzes irdischer Güter eingeschlossen betrachtet. Um irrigen Auslegungen zu begegnen, forderte Mahavira nachdrücklich völlige Keuschheit von Mönchen und Nonnen und fügte deshalb diese Vorschrift in der Form eines besonderen Gelübdes den vier Geboten seines Vorgängers hinzu. Auch das von Parshva bereits verkündete Gebot der Schonung aller lebenden Wesen scheint der neue Prophet in seiner Anwendung erweitert zu haben. Eine Neuerung war es offenbar auch, dass Mahavira nackt ging, während Parshvas Schülern das Tragen eines Ober- und Untergewandes gestattet war. Zwischen den philosophischen Grundanschauungen der beiden Tirthankaras scheint hingegen kein wesentlicher Unterschied vorhanden gewesen zu sein. So stand dem nichts im Wege, dass Mahavira die Mitglieder von Parshvas Orden zu seiner Gemeinde hinüberzog und dass Keshi, der Obere der Parshva-Anhänger in einem Gespräch mit Mahaviras Apostel Gautama die völlige Übereinstimmung der Anschauungen beider Meister feststellen konnte.

Gleich Parshva lebte auch Mahavira in einer Zeit religiösen Suchens und

Ringens. Eine ganze Reihe von Lehrern zog damals, predigend und Schüler werbend, im Lande umher. Während die einen an der vedischen Überlieferung festhielten oder sie mit neuem Geiste zu erfüllen suchten, standen andere in starkem Gegensatz zu der brahmanischen Tradition. Von der Mehrzahl der Meister, die damals das geistige Leben Nordindiens beherrschten, ist wenig Kunde auf uns gekommen; nur die Namen derjenigen von ihnen, die zu Stiftern größerer Gemeinden wurden, sind uns erhalten geblieben, doch sind die Nachrichten, die wir über sie besitzen, zumeist nur spärlich und ungenau. Von den Sektenhäuptern der damaligen Zeit scheint, neben Mahavira und Buddha, Gosala Mankhali-putta (in Sanskrit: Maskari-putra), der Begründer der Sekte der Ajivikas, der bedeutendste gewesen zu sein; er interessiert uns in diesem Zusammenhang deswegen, weil er selber zu Mahavira in enger Beziehung gestanden hat. Gosala war der Sohn eines gewerbsmäßigen Bettlers. Nach mancherlei Erlebnissen hatte er sich dem Nirgrantha-Orden angeschlossen, trat aber, nachdem er diesem sechs Jahre hindurch angehört hatte, aus ihm wieder aus und gründete eine eigene Gemeinde. Als er sechzehn Jahre später mit Mahavira zusammentraf, kam es zu lebhaften Streitigkeiten. Bald danach scheint Gosala gestorben zu sein; doch blieben seine Anhänger auch nach seinem Tode seiner Lehre treu, so dass wir noch im sechsten Jahrhundert n. Chr. die Ajivikas als eine besondere Sekte erwähnt finden und noch im dreizehnten Jahrhundert ihr Name erscheint, wahrscheinlich aber dann als eine Bezeichnung für die Digambara-Jainas, mit welchen sich die Ajivikas möglicherweise später wieder vereinigt haben. Gosala war zweifellos ein sehr merkwürdiger Mensch; ob das, was uns über sein wüstes Leben und seine sonderbaren Lehren von seinen Gegnern, den Buddhisten und Jainas, berichtet wird, den Tatsachen entspricht, ist allerdings zweifelhaft, da ja feindliche Sekten stets bestrebt sind, Ketzern allerlei Anrüchiges anzuhängen. Soweit ersichtlich, hat Gosala eine Reihe von Lehren verkündet, welche mit denen der Jainas übereinstimmen, sei es, dass er sie von jenen übernommen hatte, sei es, dass er sie während der Zeit, während welcher er bei Mahavira weilte, aufgestellt und seine damaligen Glaubensgenossen zur Annahme derselben bewogen hatte (was allerdings weniger wahrscheinlich sein dürfte). Manche seiner Anschauungen und vor allem seiner Vorschriften über den Lebenswandel weichen hingegen aufs stärkste von denen der Jainas ab. Neben dem ausgesprochenen Determinismus, den er verkündete, ist besonders die Reanimations-Theorie ein charakteristischer Punkt seines Systems. Nach dieser muss jede Seele, bevor sie zur Erlösung gelangen kann, nachdem sie zahlreiche, genau bestimmte Existenzen in den verschiedensten Daseinsformen durchgemacht hat, in ihrem letzten irdischen Leben siebenmal den Körper tauschen, d. h. in den Leib eines Verstorbenen eingehen und diesen dadurch neu beleben. Erst wenn dieses geschehen ist, ist es ihr möglich, die Seligkeit zu erreichen. Gosala behauptete von sich, im Verlauf von 133 Jahren siebenmal den Körperwechsel vollzogen zu haben. Nachdem er sechsmal schon den Leib getauscht, sei er schließlich zum letzten Male in Shravasti in den Leichnam des Gosala eingedrungen, den er sechzehn Jahre innehabe. Auf Grund dieser Theorie wollte Gosala glauben machen, dass er nur dem Leibe nach mit Gosala, dem früheren Schüler Mahaviras identisch sei, während seine Seele mit der des Gosala nichts zu tun habe, da letzterer gestorben und in einem Götterhimmel wiedergeboren worden sei.

Gosala war nicht der einzige Anhänger Mahaviras, der sich von ihm abwandte. Zweimal entstanden in der Gemeinde Streitigkeiten, die zu Schismen führten, die jedoch von keiner großen Bedeutung waren; von ihnen wird bei Besprechung des Sektenwesens gehandelt werden.

4. Schrifttum.
Vorbemerkungen.

Die Jainas haben zu allen Zeiten eine reiche literarische Tätigkeit entfaltet. Die Jaina-Schriftsteller gehören in ihrer Mehrzahl dem geistlichen Stande an, sie sind entweder Mönche, welche die vier Monate der Regenzeit, während welcher das ihnen sonst zur Pflicht gemachte Umherwandern verboten ist, für literarische Arbeiten benutzen, oder solche, die sich sesshaft gemacht haben, wie Hemacandra und andere Größen der Jaina-Literaturgeschichte. Dem Überwiegen des klerikalen Elements unter den Autoren entspricht auch Wesen und Inhalt des Jaina-Schrifttums; es trägt in der Hauptsache einen religiösen Charakter, worin es sich im Übrigen auch in Übereinstimmung mit den indischen Literaturen überhaupt befindet. Theologisch-philosophische Abhandlungen, Heiligenlegenden, Erbauungsschriften und Preislieder auf die Tirthankaras nehmen den Hauptplatz in ihm ein; aber auch in den Werken mit weltlichem Inhalt, wie in wissenschaftlichen Büchern, in Dichtungen und Werken der Erzählungsliteratur, in Dramen sowie in Inschriften tritt der religiöse Grundzug mehr oder weniger stark hervor.

Die Jaina-Literatur ist in den verschiedensten indischen Sprachen und

Mundarten abgefasst, in arischen sowohl als in nichtarischen, dravidischen. Die indo-arischen Sprachen liegen uns bekanntlich in drei Entwicklungsstufen vor. Es sind dies:
1. das Altindische oder Sanskrit,
2. das Mittelindische oder Prakrit und Apabhransha,
3. das Neuindische oder Bhasha.

Die Jainas haben sich der Sprachen aller drei Stufen bedient; die ältesten Jainawerke sind jedoch nicht, wie man erwarten sollte, im Altindischen, im Sanskrit, abgefasst, sondern in Prakrit. Wir haben daher zunächst einige Worte über das Verhältnis von Sanskrit und Prakrit zueinander zu sagen.

Das älteste uns erhaltene Sprachdenkmal der arischen Inder sind die Hymnen des Rigveda. Die Sprache, in der sie abgefasst sind, war jedoch zweifellos nicht die zur Zeit ihrer Entstehung im Panjab allgemein gebrauchte Umgangssprache, sondern eine Dichtersprache, die in priesterlichen Kreisen gepflegt wurde. Durch ihren literarisch-künstlerischen Schliff wich sie ab von den im täglichen Verkehr gebrauchten Mundarten der arischen Stämme, die, wenn auch nahe miteinander verwandt, doch schon dialektisch differenziert gewesen sein mögen. Das in den älteren Hymnen des Rigveda enthaltene Sanskrit erfuhr in den Liedern des 10. Buches dieses ältesten Werkes der indischen Literatur sowie in einzelnen Teilen der andern Veden und weiterhin in den auch noch zur Offenbarung gerechneten Ritualwerken (Brahmana) und theosophischen Traktaten (Aranyaka und Upanishad) sowie den theologischen Lehrbüchern (Sutra) eine weitere Ausbildung. Das Sanskrit dieser letztgenannten Gruppen von Prosawerken wurde von dem berühmten Grammatiker Panini (4. Jahrh. v. Chr.?) grammatisch fixiert und gewann dadurch die feste Gestalt, die es bis auf den heutigen Tag im wesentlichen behalten hat. Das Sanskrit der nationalen Epen und der klassischen Literatur richtet sich zumeist nach diesem Standard. Dadurch ist es zwar in seiner Reinheit erhalten geblieben, entfernte sich aber immer mehr von der Umgangssprache und wurde zu einer Hochsprache, die nur von Gebildeten gebraucht und verstanden werden konnte.

Die gewöhnliche Verkehrssprache muss schon in vedischer Zeit von der in den heiligen Schriften der Brahmanen gebrauchten in mancher Hinsicht abgewichen sein. Wir müssen daher schon für die älteste Zeit ein Nebeneinander von einer künstlichen Hochsprache und einer Umgangssprache, einem Prakrit annehmen. H. Jacobi sagt darüber: „Von dem Bestehen einer solchen Volksmundart, eines Urprakrits, das von dem vedischen Sanskrit dialektisch verschieden war, haben wir deutliche Anzeichen. Denn manche Wörter im Veda haben schon eine prakritische Lautform, die mit den sanskritischen Lautgesetzen nicht vereinbar ist: Es sind also Lehnwörter aus einem Urprakrit, welches zur Abfassungszeit der Hymnen des Rigveda im Panjab gesprochen wurde. Wenn nun dieses Prakrit aus dem vedischen Sanskrit selbst sich nach natürlichen Gesetzen der Sprachgeschichte entwickelt hätte, so wäre es, wie Walter Petersen mit Recht betont hat, undenkbar, dass sich die vedischen Dichter den Allmählichen und dem Redenden selbst nicht zum Bewusstsein gelangende Veränderungen der Sprache entzogen und die ältere Sprachstufe festgehalten hätten. Aber die Untersuchung der uns erhaltenen Prakrit-Sprachen zeigt, dass sie weder auf das vedische, noch auf das klassische Sanskrit zurückgehen. Darüber sagt J. Wackernagel: „Dass es in der Tat indische Mundarten gab, die eine von der vedischen Sprache unabhängige indische Entwicklung des indoiranischen Erbteils darstellen, zeigt das in den mittelindischen Denkmälern bewahrte Sprachgut in zahlreichen und deutlichen Belegen."

In dem Maße, in welchem sich die in lebendiger Entwicklung fortschreitenden Volksdialekte von dem ihnen nahe verwandten, aber durch seine künstliche Stabilisierung von ihnen geschiedenen Sanskrit entfernten, vergrößerte sich der Abstand zwischen den beide Sprachen nebeneinander gebrauchenden Gebildeten und den anderen Teilen der Bevölkerung, welche das Sanskrit zum Teil wohl noch verstehen, aber nicht mehr reden konnten. Es ist daher begreiflich, dass sich die religiösen Reformatoren des 5. vorchristlichen Jahrhunderts, welche in Opposition zu der Priesterweisheit der Gelehrten einen der Gesamtheit des Volkes zugänglichen Erlösungsweg lehrten, für ihre Predigten nicht mehr der Hochsprache des Sanskrit, sondern der Volkssprache bedienten. Der Dialekt, der in Mahaviras Heimat Magadha gesprochen wurde, hieß Magadhi. Diese Sprache unterscheidet sich vom Sanskrit vornehmlich in dreifacher Hinsicht: R wird zu L, S zu Sh, und der Nom. Sing. endet auf „e" (statt „as"). Die Sprache, die im Jaina-Kanon verwendet wird, weist hingegen nur das zuletzt genannte Charakteristikum, also nur die Hälfte der besonderen Merkmale der Magadhi auf und heißt deshalb Ardha-Magadhi, d. h. Halb-Magadhi. Alle Jaina-Texte lehren übereinstimmend, dass Mahavira in der letzteren Sprache gepredigt habe, die somit eine Abwandlung der eigentlichen Magadhi darstellt. Ardha-Magadhi soll eine Mischsprache sein, die zum großen Teil aus Magadhi besteht, jedoch auch

Elemente aus fremden Dialekten in sich aufnahm; Mahavira soll sich dieser Mischsprache bedient haben, um allen Leuten, mit denen er zu tun hatte, also auch den Bewohnern der Grenzgebiete seiner engeren Heimat, verständlich zu sein. Ein solches Vorgehen wäre nicht ohne Parallele: Predigen doch heute noch im Panjab religiöse Lehrer in einem Gemisch von Panjabi und Hindi. Nach der Tradition soll der Shvetambara-Kanon genau in der Sprache geschrieben sein, die Mahavira gesprochen hat; da seine uns heute vorliegende Form einer viele Jahrhunderte später liegenden Zeit entstammt, ist dies jedoch nicht glaubhaft. Tatsächlich steht die Mundart, in der er geschrieben ist, der Maharashtri näher als der Magadhi, weshalb die europäische Forschung für sie die Bezeichnung Jaina-Prakrit vorgeschlagen hat. Die Jainas nennen die Sprache des Kanon gewöhnlich Arsha, d. h. die Sprache der Rishis (heiligen Seher) und betrachten sie als die Sprache der Götter und die Grundlage, aus der das Sanskrit und alle anderen Sprachen hervorgegangen sein sollen.

In großem Umfange haben die Jainas die Maharashtri verwendet, den mittelindischen Dialekt, der in Maharashtra, dem heutigen Marathenlande an der indischen Westküste, gesprochen wurde. Die Maharashtri nimmt unter allen literarischen Prakrits den ersten Rang ein und wurde auch von brahmanischen Dichtern in lyrischen Strophen gebraucht. Die Jainas haben sich derselben nicht nur in poetischen Werken, sondern auch in der Prosa-Literatur und in Kommentaren zu ihren kanonischen Schriften bedient.

Die Digambaras haben in metrischen Werken ein Prakrit verwendet, das zwar im wesentlichen mit dem der jüngeren Teile des Shvetambara-Kanons übereinstimmt, jedoch in einem wichtigen Punkte (dem lautgesetzlichen Wandel von t in d) der Shauraseni entspricht. R. Pischel nannte daher dieses Prakrit „Jaina-Shauraseni". Nach H. Jacobi würde die Heimat dieser Sprache Hindostan und Panjab gewesen sein, in welchem Gebiet ja auch die Shauraseni gesprochen wurde.

Der Apabhransha wird von einigen indischen Grammatikern als eine Art Prakrit, von anderen als eine Sprache für sich, als ein gleichberechtigtes Glied neben Sanskrit und Prakrit gerechnet, tatsächlich nimmt er eine Mittelstellung zwischen dem Prakrit und den neuindischen Sprachen ein. In ihm sind einige von Jainas herrührende Dichtungen abgefasst worden, doch ist unsere Kenntnis der Apabhransha-Literatur bisher nur auf wenige Werke beschränkt, die dem 10.-12. Jahrh. n. Chr. entstammen.

Wenn die Jainas ihre literarischen Werke in mittelindischen Volkssprachen und nicht in Sanskrit schrieben, so beabsichtigten sie damit, größeren

Volkskreisen ihr Schrifttum zugänglich zu machen. Im Laufe der Zeit erstarrten die Prakrit-Dialekte selbst zu Literatur-Sprachen, die nicht mehr allgemein verstanden wurden; für den wissenschaftlichen Gebrauch aber hatte sich die Vorrangstellung des Sanskrit in ganz Indien so befestigt, dass auch die Jainas dazu übergehen mussten, sich derselben zu bedienen.

Die Digambaras haben schon sehr früh in Sanskrit geschrieben, die Shvetambaras haben solange das Prakrit für ihre exegetischen Werke benutzt, bis Haribhadra (um 750 n. Chr.) Kommentare in Sanskrit abzufassen begann; vor Haribhadra sind nur wenige Sanskritschriften bei ihnen nachweisbar. Das Sanskrit der Jaina-Schriftsteller ist sehr verschiedenartig; während sich manche Autoren bemühen, die Sprache korrekt und den klassischen Normen der Grammatik entsprechend zu handhaben, bestreben sich andere, möglichst allgemeinverständlich zu schreiben, und durchsetzen deshalb ihre Werke mit der Volkssprache entlehnten Ausdrücken.

Aus den Prakrit-Dialekten entwickelten sich allmählich die neuindischen Sprachen, welche im modernen Indien im Gebrauch sind. Dieselben wurden seit dem Anfang des zweiten Jahrtausends nach Chr. literaturfähig und verdrängten zuerst das Prakrit vollständig, machten dem Sanskrit auch in immer höherem Grade seine Vorrangstellung streitig, so dass dieses heutzutage immer mehr von seinem Charakter als einer von den Gebildeten der höheren Stände verstandenen allgemein-indischen Hochsprache verloren hat; sind doch gegenwärtig nur noch wenige Gelehrte imstande, das Sanskrit zu sprechen, und nur eine immer kleiner werdende Zahl von Gebildeten in der Lage, es ohne Schwierigkeit zu lesen.

Die modernen indo-arischen Sprachen sind sehr zahlreich und weisen trotz ihrer Verwandtschaft untereinander große Verschiedenheiten voneinander auf. Die wichtigsten derselben, die heutzutage von zusammen an 230 Millionen Menschen gesprochen werden, sind: Panjabi, Rajasthani, Hindi, Bihari, Oriya, Bengali, Gujarati und Marathi. Von ihnen haben namentlich Rajasthani, Hindi und Gujarati, für die Jaina-Literatur Bedeutung gewonnen. Alle diese Sprachen zerfallen wieder in eine Reihe von Mundarten und Dialekten; sie weisen zudem verschiedene Entwicklungsstufen auf, von denen einige ältere auch heute noch literarische Verwendung finden, obwohl sie nicht mehr im täglichen Umgang gesprochen werden.

Von den nicht-arischen Sprachen der Ganges-Halbinsel haben die dravidischen des Südens für und durch den Jainismus Bedeutung erlangt.

Wie bereits oben erwähnt wurde, haben die Jainas diese Sprachen früh gepflegt, ja teilweise überhaupt erst zu Literatursprachen gemacht. Die ältesten Dichter, die sich des Kanaresischen bedienten, waren Jainas; die Vorherrschaft des Jainatums in der kanaresischen Literatur währte bis zur Mitte des 12. Jahrh. n. Chr., zu welcher Zeit der aufkommende Kult der Lingayats ihm das Feld streitig zu machen begann, doch haben die Jainas auch noch späterhin den Kanaresen bedeutende Autoren geschenkt. Eine ähnliche Stellung nahmen die Jainas auch in der Geschichte des tamilischen Schrifttums ein; so haben einige der großen klassischen Werke der Tamil-Literatur Jainas zu Verfassern. Die Zurückdrängung des Jainismus durch den Shiva- und Vishnu-Glauben hat auch hier die literarische Tätigkeit der Jainas stark vermindert.

Die in den Randländern Indiens gesprochenen iranischen und mongolischen Sprachen haben für den Jainismus nie Bedeutung besessen. Das durch die britische Herrschaft in Indien verbreitete Englische hat in neuerer Zeit ein Jaina-Schrifttum aufzuweisen, das sich allerdings vorläufig in der Hauptsache auf Darstellungen der Lehre nach älteren Quellen, auf Streitschriften und Zeitungsartikel über aktuelle Themen beschränkt.

Gleich den Hindus und Buddhisten haben die Jainas in den frühesten Zeiten ihrer Geschichte ihre heiligen Texte mündlich überliefert. Die ältesten geschriebenen Dokumente, die uns erhalten sind, sind wohl die erwähnten Inschriften von Mathura, welche bis in das 2. Jahrhundert v. Chr. zurückgehen. Handschriften aus jener Zeit besitzen wir nicht, denn die klimatischen Verhältnisse Indiens wirkten stets überaus ungünstig auf die Erhaltung von beschriebenen Palmblättern. So kommt es, dass alle Manuskripte, die wir heute von Jaina-Werken haben, jungen Datums sind, gehören doch Handschriften aus dem 14. Jahrhundert bereits zu Seltenheiten. Die ältesten Manuskripte, die in Indien selbst gefunden wurden, stammen aus dem 11. Jahrh. n. Chr.; viel ältere indische Handschriften wurden in Nepal, Ostturkestan und Japan entdeckt; sie gehen bis in die ersten Jahrhunderte unserer Zeitrechnung zurück. Diese ältesten indischen Handschriften sind buddhistischen Ursprungs; Jaina-Manuskripte, die mit ihnen an Alter wetteifern könnten, sind bisher nicht gefunden worden.

Als Schrift verwendeten die Jainas die Vorläufer, Derivate und Abarten des Devanagari-Alphabets sowie die verschiedenen südindischen Alphabete. Seit der mohammedanischen Eroberung bedienen sie sich in Ausnahmefällen für die Wiedergabe von Texten in dem stark mit persischarabischen Worten durchsetzten Hindi, dem sogenannten Urdu, auch des arabischen Alphabets, neuerdings auch der lateinischen Schrift. Als Schreibmaterialien dienten für die Inschriften Steine und Metallplatten, für die Handschriften neben Birkenrinde, Holztafeln und Tüchern namentlich Palmblätter und Papier; das letztere wurde erst durch die Mohammedaner eingeführt. Die älteste auf Papier geschriebene Jaina-Handschrift soll nach G. Bühler eine solche des Avashyaka-Sutra sein, welche das Datum 1132 n. Chr. trägt.

Die Jaina-Manuskripte zeichnen sich meist durch ihre saubere und korrekte Schrift vorteilhaft vor anderen Handschriften aus; die Verwendung mehrfarbiger Tinten und die Einschaltung von Miniaturen verleiht manchen Werken einen besonderen Reiz. Die Bücher bestehen in der Mehrzahl aus oblongen Blättern, die übereinander gelegt, durch einen festen Deckel oben und unten geschützt und dann mit einer Schnur zusammengebunden werden; in alten Manuskripten befindet sich in der Mitte vielfach ein Loch, durch welches ein Faden gezogen wurde, an welchen dann die einzelnen Blätter gewissermaßen aufgereiht wurden.

Die äußere Gestalt der Handschrift ist auch noch heute bei manchem der Jaina-Drucke gewahrt worden, die seit dem vorigen Jahrhundert erschienen sind, doch hat sich jetzt auch vielfach die europäische Form der Bücher eingeführt.

Da die Jainas von jeher große Literaturfreunde waren, zudem das Abschreiben von heiligen Schriften als ein religiös-verdienstliches Werk galt, ist die Zahl der auf uns gekommenen Jaina-Manuskripte sehr bedeutend, und seit der Einführung der Druckerpresse hat sich die Zahl der Jaina-Publikationen ins Ungemessene vermehrt. Klöster und Tempel besitzen große Bibliotheken (Sarasvati-bhandagara, „Schatzhaus der Göttin der Rede", heute auch kurz Bhandar genannt). Über die Einrichtung der Klosterbüchereien in Anhilvada Pattana schreibt H. Jacobi: „Die Bhandars, die ich besuchte, waren alle in bestem Zustand, die Manuskripte sind in Bündel verschnürt, gegen Insektenfraß durch geeignete Mittel geschützt (früher bediente man sich dazu der Wurzel der Ghodavaj-Pflanze) und in starken Holzkisten verpackt, die in einem sicheren, möglichst trockenen Gelasse aufgestellt sind. Namentlich der Sanghaviyapada Bhandar, der sich durch den Besitz von 384 alten Palmblätter-Manuskripten auszeichnet, schien mir allen vernünftigen Anforderungen zu entsprechen. Auch die Handschriften-Sammlungen, die ich in Upashrayas anderwärts sah, sind in vorzüglichem Zustand der Aufbewahrung; die Manuskripte sind in Paketen

mit langen, festen Baumwolltüchern sorgfältig umwickelt, was allerdings ihre Benutzung etwas umständlich macht."
Wenn im Folgenden versucht werden soll, auf gedrängtem Raum eine Vorstellung von dem reichen Schrifttum der Jainas zu geben, so muss sich die Darstellung hierbei darauf beschränken, nur das Allgemeinste und Wichtigste anzuführen. Eine Geschichte der Jaina-Literatur zu bieten, ist vorläufig bei unserer lückenhaften Kenntnis der Materie noch nicht möglich. Eine solche Arbeit würde zudem bei dem Mangel an Vorarbeiten und der Fülle der Probleme die Kraft eines einzelnen ebenso überschreiten wie den Rahmen dieses Buches. Betreffs weiterer Details verweise ich auf den Abschnitt „Die heiligen Texte der Jainas" in der „Geschichte der Indischen Literatur" von M. Winternitz (Band II, S. 289-356), auf die Angaben in Guerinots „Essai de Bibliographie Jaina" und auf die nützliche chronologische Zusammenstellung in J. N. Farquhars „Outline of the Religious Literature of India."

5. Die kanonische Literatur.
Die Entstehung des Kanons.

Nach der Anschauung der Jainas sind die Lehren der heiligen Religion bereits zur Zeit des ersten Tirthankara Rishabha in Werken niedergelegt worden; zu den Zeiten, in welchen die Kirchen der einzelnen Tirthankaras blühten, waren stets heilige Schriften vorhanden; in den Intervallen (zwischen den Perioden einiger Tirthankaras), während welcher die Lehre verschwand, gerieten sie zwar in Vergessenheit, wurden dann aber wieder von jedem Propheten neu verkündet.
Nach einer heute verbreiteten Tradition der Orthodoxen sollen die heiligen Schriften aus der Zeit aller Tirthankaras im wesentlichen miteinander übereinstimmen (so wie auch die Lebensgeschichten der Tirthankaras in allen Hauptpunkten übereinstimmen), und nur die Namen sollen in ihnen variieren.
Gleich den Lehren seiner Vorgänger haben auch diejenigen Mahaviras in bestimmten Werken ihren literarischen Niederschlag gefunden. Seine Jünger, die Ganadharas, überlieferten sie der Nachwelt in den 12 Angas (Glieder), von denen das letzte die sogenennten 14 Purvas (frühere Werke) umfasste. Nach einer Tradition sollen die Apostel den Inhalt der Vorträge des Meisters zuerst in den 14 Purvas in Textform gebracht und dann zu den Angas verarbeitet haben. Der aus diesen und anderen Werken bestehende

Kanon wurde unter den ersten Nachfolgern Mahaviras von der Leitung der Gemeinde treu bewahrt; mit der Zeit gerieten jedoch die Teile des Kanons in Unordnung.
Um den Kanon neu zu sammeln, wurde nach der Überlieferung der Shvetamharas um 300 v . Chr. in Pataliputra ein Konzil einberufen. Bei diesem stellte sich heraus, dass die letzte der großen heiligen Schriften, das sogenannte 12. Anga, welches die 14 Purva genannten Werke umfasste, nicht mehr in authentischer Überlieferung vorlag. Da dieses dem abwesenden Bhadrabahu völlig bekannt war, sandte die Gemeinde zwei Mönche zu ihm, die ihn veranlassen sollten, beim Konzil zu erscheinen. Bhadrabahu, der sich damals in Nepal aufhielt, woselbst er ein zwölf jähriges Bußgelübde zur Ausführung brachte, erklärte sich außerstande, nach Pataliputra zu kommen, war aber bereit, an Ort und Stelle Schüler in den Purvas zu unterrichten. Sthulabhadra wurde deshalb mit 500 Mönchen damit beauftragt, von ihm die Purvas zu erlernen. Während sich seine Begleiter hierfür als ungeeignet erwiesen, hörte Sthulabhadra bei Bhadrahahu alle 14 Purvas; dies kam der Gemeinde jedoch nur teilweise zugute, weil der Heilige von ihm verlangte, dass er die letzten vier Purvas niemandem mitteile. So blieb denn der Kanon trotz aller aufgewandten Mühe fortan unvollständig. In dieser unvollkommenen Gestalt überdauerte er sieben Lehrergenerationen nach Sthulabhadra, dann kam die Kenntnis der 10 Purvas ganz abhanden. Die übrigen heiligen Werke aber blieben erhalten und wurden schließlich auf dem Konzil von Valabhi im Jahre 980 nach Vira unter der Leitung von Devarddhi neu redigiert und erstmalig schriftlich fixiert (bis dahin sollen alle heiligen Schriften nur mündlich vom Lehrer auf den Schüler übermittelt worden sein). Das Konzil von Mathura soll dann (993 nach Vira?) unter Skandila eine Schlussrevision vorgenommen haben. Der Kanon der heutigen Shvetambaras ist nach ihrer Meinung das Corpus von Werken, das damals festgesetzt wurde.
Die Digambaras stimmen mit den Shvetambaras darin überein, dass sie Bhadrahahu als den letzten Lehrer der 14 Purvas betrachten. Nach ihnen ist jedoch der echte Kanon in der Folgezeit ebenso in Vergessenheit geraten wie das 12. Anga mit seinen 14 Purvas. Elf Generationen nach Bhadrabahu kannten noch 11 Angas und 10 Purvas, fünf weitere dann nur noch 11 Angas und schließlich vier nur noch 1 Anga, das Acaranga. Einer anderen Tradition zufolge kannten diese vier noch 10, 9, 8 bzw. 7 Angas, und auf sie folgten noch fünf Personen, welche noch ein Anga kannten. Die beiden letzten von diesen, Pushpadanta und Bhutavalyacarya sollen den Kanon

schriftlich niedergelegt haben, sein Verschwinden dadurch aber nicht haben verhindern können. Nach dieser Überlieferung soll der letzte Kenner aller 11 Angas im Jahre 436, Bhutavalyacarya 683 nach Mahaviras Nirvana gestorben sein. Seitdem kann alles Wissen über die von Mahavira verkündete Lehre nicht mehr aus den Angas oder andern kanonischen Schriften geschöpft werden, sondern nur aus den Werken, deren Inhalt indirekt auf dem verlorengegangenen Kanon beruht.

Während also die Shvetambaras sich rühmen, noch heute den alten, echten Kanon, wenngleich in unvollständiger Gestalt, ihr eigen zu nennen, sind die Digamharas der Ansicht, der alte Kanon sei endgültig verschwunden, und die heiligen Schriften der Shvetambaras seien unecht; als Richtschnur ihres Glaubens dient ihnen eine Sammlung von in später Zeit entstandenen Büchern, die im Hinblick auf die Autorität, die sie genießen, als ein sekundärer Kanon angesehen werden.

6. Der Kanon der Shvetambaras.

Der Kanon der Shvetambaras besteht, wie er heute vorliegt, aus 45 Werken, die teils in Prosa, teils in Versen abgefasst sind. Die folgende Übersicht soll einen flüchtigen Einblick in den Bestand und Inhalt des Kanons ermöglichen; ausführlichere Angaben über den Inhalt der einzelnen Werke wird der Wegweiser durch den Jaina-Kanon bringen, den W. Schubring in seinem Beitrag für den „Grundriss der Indo-arischen Philologie und Altertumskunde" seit langem zu geben versprochen hat. Wertvolle Einzelheiten findet man auch in Albrecht Webers umfangreichen Abhandlungen „Über die heiligen Schriften der Jainas" in seinen Indischen Studien, Band 16 und 17 (1883/85).

Die aufgeführten Titel sind die sanskritischen; die Prakrit-Titel stehen in Klammern.

1. Die 11 Angas.

1. Acaranga (Prakrit: Ayaranga) handelt von dem Lebenswandel des Asketen.
2. Sutrakritanga (Suyagadanga) enthält ebenfalls Anweisungen für das Mönchsleben und bekämpft gegnerische Ketzerlehren.
3. Sthananga (Thananga) gibt eine kategorienweise Aufzählung und Erläuterung von Hauptbegriffen der Jaina-Lehre.

4. Samavayanga (Samavayanga) hat einen ähnlichen Inhalt wie das vorhergehende Werk und ist eine Fortsetzung desselben.
5. Vyakhyaprajnaptyanga, auch Vivahaprajnapti (Vivahapannatti) oder Bhagavati genannt, behandelt die ganze Lehre in Dialogen und Legenden.
6. Jnatadharmakathanga oder Jnatridharmakathas (Nayadhammakahao) illustriert die Lehre durch Erzählungen und Gleichnisse.
7. Upasakadhyayananga oder Upasakadashas (Uvasagadasao) berichtet Legenden von frommen Hausvätern, die Anhänger des Jaina-Glaubens wurden.
8. Antakriddashanga; oder Antakritadashas (Antagadadasao) erzählt von zehn Asketen, die ihrem Karma ein Ende machten.
9. Anuttaraupapatikadashanga oder -dashas (Anuttarovavaiyadasao) gibt Legenden von Heiligen, welche zu den höchsten Himmelswelten emporstiegen.
10. Prashnavyakarananga oder Prashnavyakaranani (Panhavagaranaim) behandelt in dogmatischer Form Gebote und Verbote.
11. Vipakasutranga oder Vipakashruta (Vivagasuyam) enthält Legenden über die Vergeltung guter und böser Taten.

2. Das verlorene zwölfte Anga und die 14 Purvas.

Über das verlorene zwölfte Anga, das Drishtipravadanga oder den Drishtivada (Ditthivaa) finden sich in einigen Werken des heutigen Kanons Angaben über Inhalt und Zusammensetzung. Danach bestand es aus fünf Gruppen von Werken, die im folgenden aufgeführt werden.

a) Parikarma.

Das Parikarma (Parikamma) zerfällt in 7 Gruppen und gibt nach A. Weber „die Vorbereitungen über die richtige Erfassung der Sutra, nach der Analogie der 16 arithmetischen Operationen, die man innehaben muss, um selbständig rechnen zu können."

b) Sutra.

Die Sutras, 88 an der Zahl, befassen sich mit den richtigen und den ketzerischen Lehren.

c) Anuyoga

behandelt die Legenden der großen Männer der heiligen Geschichte.

d) Purvagata.

Dieser Teil, der wichtigste des ganzen Drishtivada, enthält die 14 Purvas, von denen schon mehrfach die Rede gewesen ist. Dieselben sind:
1. Utpada-purva (Uppaya-puvva) behandelt die Substanzen in ihrem Entstehen, Bestehen und Vergehen.
2. Agrayaniya-purva (Aggeaniya-puvva) handelt von den Grundwahrheiten, Substanzen u. a.
3. Viryapravada-purva (Viriyappavaya-puvva) beschreibt die Kräfte der Substanzen, der großen Männer, Götter usw.
4. Astinastipravada-purva (Atthinatthippavaya-puvva) bespricht die 7 Arten der Aussage und erörtert das Wesen der Substanzen von den sieben logischen Standpunkten aus.
5. Jnanapravada-purva (Nanappavaya-puvva) behandelt die Arten der richtigen und falschen Erkenntnis.
6. Satyapravada-purva (Saccappavaya-puvva) behandelt wahre und falsche Rede.
7. Atmapravada-purva (Ayappavaya-puvva) behandelt die Eigenschaften der Seele.
8. Karmapravada-purva (Kammappavaya-puvva) handelt vom Karma.
9. Pratyakhyanapravada-purva (Paccakkhanappavaya-puvva) handelt von der zur Tilgung des Karma führenden Entsagung.
10. Vidyanupravada-purva (Vijjanuppavaya-puvva) schildert die einzelnen Wissenschaften und wie man sie erlangt.
11. Kalyanavada-purva oder Avandhya-purva (Avamjha-puvva) beschreibt die Hauptpunkte im Leben der 63 großen Männer.
12. Pranavada-purva (Panavaya-puvva) handelt von Medizin.
13. Kriyavishala-purva (Kiriyavisala-puvva) handelt von der *Musik, der Dichtung und anderen Künsten sowie von Riten.*
14. Lokahindusara-purva (Logavindusara-puvva) handelt von den Welten, von bestimmten Riten und Handlungen, von der Mathematik und der Erlösung.

e) Culika.

Die Culikas (Culiya) sind Nachträge.

3. Die 12 Upangas.

Die Upangas (Nebenglieder; im Prakrit: Uvanga) sind dogmatisch-mythologische Werke. Es gibt deren 12, da zu jedem Anga ein Upanga gehören soll; doch besteht kein innerer Zusammenhang zwischen den einzelnen Werken der einen und der anderen Gruppe. Die Upangas sind:
1. Aupapatika (Ovavaiya) schildert einleitend die Wallfahrt eines Königs zu Mahavira und lehrt dann, wie die Existenz in Götterwelten (vgl. Sephiroth) erlangt werden kann.
2. Rajaprashniya (Rayapasenaijja) erzählt, wie König Pradeshi von Keshi, einem Anhänger Parshvas, bekehrt wurde und später, zum Gott geworden, dem Mahavira huldigte.
3. Jivabhigama beschreibt die Welt und die lebenden Wesen, welche sie bewohnen (vgl. die *Evokation*).
4. Prajnapana (Pannavana) behandelt die verschiedenen Formen und Eigenschaften von Lebewesen.
5. Suryaprajnapti (Suriyapannatti) handelt von der Sonne und anderen Himmelskörpern.
6. Jambudvipaprajnapti (Jambuddivapannatti) gibt eine Beschreibung des Kontinents Jambudvipa und erzählt im Anschluss Legenden über frühere Weltbeherrscher usw.
7. Candraprajnapti (Candapannatti) handelt vom Monde und anderen Himmelskörpern (ist teilweise identisch mit Nr. 5).
8. Nirayavali berichtet von zehn Prinzen, die mit ihrem Halbbruder Kunika gegen ihren Großvater, König Cetaka von Vaishali, zu Felde zogen, in der Schlacht fielen und in Höllen versanken.
9. Kalpavatansikas (Kappavadamsiao) berichtet von den Söhnen dieser Prinzen, die zum Asketentum bekehrt wurden und in verschiedene Himmelswelten eingingen.
10. Pushpikas (Pupphiao) schildert die Vorgeburten von Gottheiten, welche Mahavira huldigten.
11. Pushpaculikas (Pupphaculiao) enthält ähnliche Geschichten wie Nr. 10.
12. Vrishnidashas (Vanhidasao) erzählt von der Bekehrung von Prinzen

aus dem Vrishni-Geschlecht durch den Tirthankara Arishtanemi.

4. Die 10 Prakirnas.

Die Prakirnas (Painna), d. h. zerstreute Stücke, sind in der Hauptsache metrisch abgefasste Abhandlungen über die verschiedensten Gegenstände.
1. Catuhsharana (Causarana) enthält Gebete, Beichtvorschriften u. a.
2. Atura-pratyakhyana (Aurapaccakhana) befasst sich mit dem Sterben des Weisen.
3. Bhaktaparijna (Bhattaparinna) gibt Vorschriften über denselben Gegenstand.
4. Samstara (Santhara) handelt von dem Kushagraslager, auf welches der freiwillig den Tod suchende Weise sich niederlegt usw.
5. Tandulavaitalika (Tandulaveyaliya) handelt über Embryologie, Anatomie usw.
6. Candavija (Candavijjhaya) handelt von den Eigenschaften von Lehrer und Schüler, vom Wandel, vom Sterben u. a.
7. Devendrastava (Devindatthava) gibt eine Aufzählung der Götterkönige.
8. Ganividya (Ganivijja) ist astrologischen Inhalts.
9. Mahapratyakhyana. (Mahapaccakkhana) ist eine Beichtformel.
10. Virastava (Viratthava) zählt die Namen Mahaviras auf.

5. Die 6 Chedasutras.

Die Chedasutras oder Chedagranthas (Cheaggantha) – das Wort Cheda bedeutet eigentlich Schnitt – befassen sich mit der Ordensdisziplin.
1. Nishitha (Nisiha) handelt von den Pflichten des Mönchs und den Bußen im Falle von Verletzung derselben.
2. Mahanishitha (Mahanisiha) handelt von Vergehen, Beichte und Buße.
3. Vyavahara (Vavahara) enthält Disziplinarvorschriften.
4. Acaradashas (Ayaradasao) oder Dashashrutaskandha gibt u. a. Vorschriften über den Wandel; der 8. Abschnitt dieses Werkes ist das von Bhadrabahu verfasste Kalpa-sutra, welches Lebensbeschreibungen der Tirthankaras, Listen von Schulen und Regeln für Asketen enthält.
5. Brihat-(sadhu)-kalpa-sutra erteilt Vorschriften für Mönche und

Nonnen.
6. Pancakalpa (Paneakappa) hat ähnlichen Inhalt; andere nennen als 6. Chedasutra den Jitakalpa.

6. Zwei Sutras.

1. Nandi handelt von den Arten der Erkenntnis.
2. Anuyogadvara (Anuogadara) gibt eine Enzyklopädie der verschiedenartigsten Wissenschaften.

7. Die 4 Mulasutras.

1. Uttaradhyayana (Uttarajjhayana) enthält Legenden, Parabeln, Dialoge, Sprüche und Predigten über die verschiedensten Themen.
2. Avashyaka (Avassaya) handelt von den täglichen Pflichten, im Anschluss daran aber auch von den verschiedensten anderen Dingen.
3. Dashavaikalika (Dasaveyaliya) gibt Regeln für das Asketenleben.
4. Pindaniryukti (Pindanijjutti) erteilt Vorschriften für den Almosenempfang der Asketen; andere nennen statt dessen Oghaniryukti.

Zu diesen 45 Werken werden mitunter noch 20 Prakirnas, 12 Niryuktis und einige andere Bücher hinzugerechnet, wodurch die Gesamtzahl der heiligen Schriften auf 84 gebracht wird.

Eine Reihe anderer heiliger Werke, die eine Art von Ergänzung zu den kanonischen Schriften, den Agamas bilden, sind die Nigamas oder Upanishads, deren 36 gezählt werden.

Die hier aufgeführten Werke des Shvetambara-Kanons werden nicht von allen Shvetambaras als gleich autoritativ betrachtet. Die Shvetambara-Sekte der Sthanakavasis erkennt die 10 Prakirnas und das 2. und 6. Chedasutra sowie Pindaniryukti nicht an. Die Zahl ihrer heiligen Bücher beträgt also nur 32.

Die kurzen Bemerkungen über den Inhalt der kanonischen Schriften zeigen schon, wie außerordentlich vielseitig derselbe ist. Genauere Angaben würden diesen Eindruck noch verstärken, denn viele dieser Bücher enthalten in der Form von Abschweifungen oder Einschüben Erörterungen über Dinge der verschiedensten Art, die nicht eigentlich zu den in ihnen behandelten Themen gehören und die man deshalb gar nicht in ihnen vermuten würde. Trotz dieser Vielseitigkeit des Gebotenen sind nicht alle Werke interessant zu lesen. Denn viele von ihnen ergehen sich in sehr eintönigen Aufzählungen und in der trockenen Aneinanderreihung von Vorschriften, die nur ab und zu durch ein paar hübsche Sprüche oder ein treffendes Gleichnis unterbrochen werden. Auch die Legenden, welche der Kanon enthält, werden zumeist in sehr unlebendiger, langatmiger Weise erzählt. Eine charakteristische Eigentümlichkeit vieler heiligen Schriften ist es, dass sich in ihnen zahlreiche Wiederholungen und zur Schablone erstarrte Wendungen finden. Dies geht so weit, dass die Urheber oder Abschreiber der uns vorliegenden Texte es nicht einmal mehr für nötig hielten, das von ihnen zu Sagende seinem ganzen Umfange nach wiederzugeben; sie begnügten sich vielmehr damit, gewissermaßen nur ein paar Stichwörter anzugeben und es dem Leser zu überlassen, bestimmte feststehende Sätze und Wendungen aus einem anderen Werke in sinngemäßer Weise einzuschalten. Für die Beschreibungen von Orten, Personen usw. gibt es gleichsam Klischees, die sich an einer bestimmten Stelle im Kanon finden und auf die dann einfach jedes Mal verwiesen wird, wenn der betreffende Ort oder die betreffende Person vorkommt. Diese Beschreibungen heißen Varnakas und sind in einem breiten poetischen Stil geschrieben, der sich durch die Verwendung von zusammengesetzten Worten riesigen Umfangs, durch die Häufung von erläuternden Attributen usw. deutlich von dem Grundton der Texte abhebt. Vom literarischen Standpunkt aus betrachtet können die Schriften des Kanons keinen Anspruch auf hohe Wertschätzung erheben. Nicht nur die belehrenden, sondern auch die erzählenden Partien leiden oft an einer inkurablen Trockenheit, und nur selten steigert sich die Sprache zu einem Pathos, das den heutigen Leser mitzureißen vermag.

Die einzelnen kanonischen Werke stammen nach den Angaben der Shvetambaras selbst aus ganz verschiedenen Zeiten. Während die Angas, die Upangas und andere Bücher auf die Ganadharas, vornehmlich auf Sudharma zurückgehen sollen, der die Worte Mahaviras in literarische Form brachte, werden manche Werke späteren Autoren zugeschrieben. So soll das 4. Upanga, Prajnapana, von Aryashyama herrühren, der mit Kalakacarya identifiziert wird (1. Jahrh. v. Chr.), das Nandisutra soll von Devarddhi (5. Jahrh. n. Chr.), das Anuyogadvarasutra von Aryarakshita (1. Jahrh. n. Chr.), das Catuhsharana von Virabhadra, das Dashavaikalikasutra von Shayyambhava verfasst sein, letzteres zu dem Zwecke, um einem jungen Asketen, dessen Tod in sechs Monaten zu erwarten stand, den Kern der Lehre in kürzester Zeit zu übermitteln. Auf Bhadrabahus (300 n. Chr.) Urheberschaft am 4. Chedasutra wurde bereits hingewiesen, an anderen Texten dieser Gruppe soll er ebenfalls beteiligt gewesen sein, und Haribhadra (8. Jahrh. n. Chr.) soll das Mahanishitha umredigiert haben. Der heutige Kanon stammt also aus verschiedenen Zeiten und von verschiedenen Personen; er ist nicht der Niederschlag des Denkens einer bestimmten Periode, sondern die Arbeit vieler Generationen.

Als die ältesten Teile des Kanons gelten die Angas; diese sind jedoch nicht vollständig erhalten, da das 12. Anga, das die 14 Purvas enthält, frühzeitig verloren gegangen sein soll. Dass das 12. Anga tatsächlich existiert hat, zu bezweifeln liegt kein Grund vor, da nicht nur alle Angaben sich hierüber einig sind, sondern auch Zitate aus ihm vorkommen und manche Werke als auf ihm beruhend angesehen werden. Warum der Drishtivada abhanden gekommen ist, wissen wir nicht. Wahrscheinlich enthielt er Dinge, die teils für spätere Geschlechter nicht mehr von Interesse waren, wie Kontroversen mit nicht mehr existierenden gegnerischen Sekten usw., teils in anderen Werken inzwischen besser und klarer auseinandergesetzt worden waren, so dass er nicht mehr studiert wurde und allmählich ganz in Vergessenheit geriet.

Die uns vorliegenden 11 Angas, ferner 11 von den 12 Upangas und einige andere Werke sollen, wie schon bemerkt, nach der Tradition von Mahaviras Schüler Sudharma verfasst worden sein. Sie sollen mündlich weiter überliefert und nach der Schlussredaktion durch Devarddhi, 980 Jahre nach Mahavira, schriftlich fixiert und in vielen Handschriften verbreitet worden sein. Angenommen, die Angabe über die späte Fixierung des Kanons ist richtig, so würde es in der Tat höchst fraglich erscheinen, ob uns in den kanonischen Texten wirklich authentische Nachrichten über Mahavira und seine Lehre vorliegen. „Man denke sich mal den Fall," – sagt Albrecht Weber – „was würden wir wohl von Christus wissen, wenn das Neue Testament bis zum Jahre 980 A. D. (resp. ca. 950, da wir nach Christi Geburt, die Jainas dagegen nach Viras Tode rechnen) noch nicht schriftlich existiert hätte und wir dafür auf eine unter Papst Sylvester II. stattgehabte Kodifikation der Traditionen über ihn beschränkt wären, denen keine frühere schriftliche, sondern nur mündliche Überlieferung zugrunde läge!" Die Angabe über die späte Kodifizierung des Kanons braucht uns jedoch nicht von vornherein mit Misstrauen gegen die Echtheit seiner Überlieferung zu erfüllen. Denn diese Nachricht braucht nicht zu besagen, dass die heiligen Schriften bis zur Zeit des Konzils von Valabhi niemals niedergeschrieben worden seien, sondern nur, dass ihr Text erst damals endgültig festgelegt und in größerem Umfange durch Abschriften verbreitet worden sei. Diese Auffassung hat viel Wahrscheinlichkeit für sich, weil die Schreibkunst, wie sich aus dem Vorhandensein von Jaina-Inschriften aus dem 2. Jahrhundert vor Chr. ergibt, bei den Jainas schon seit langem in Gebrauch war. So dann aber darf nicht außer acht gelassen werden, dass in Indien viele Werke jahrhundertelang von Lehrer zu Schüler aufs genaueste überliefert worden sind mit den Mitteln einer hochentwickelten Mnemotechnik, wie sie nur in einer Zeit ohne Zeitungen und Fernsprecher möglich war.

Es steht außer Frage, dass auch die ältesten Texte des Kanons spätere Überarbeitung erfahren und mannigfache Interpolationen aufzuweisen haben. Trotzdem darf für sie ein ziemlich hohes Alter in Anspruch genommen werden. H. Jacobi hat überzeugend dargetan, dass die Sprache dieser Werke, die Metren, die in ihnen verwendet werden, und gewichtige historische Gründe dafür sprechen, dass die ältesten Schriften des Kanons bis etwa in die Zeit von 300 vor Christus zurückreichen, was für die Geschichtlichkeit des Konzils von Pataliputra sprechen würde. Es braucht jedoch nicht angenommen zu werden, dass während der 200 Jahre, die zwischen dem Tode Mahaviras und der Entstehungszeit der ältesten Partien des Kanons liegen, nur vage Traditionen vorhanden gewesen seien; es ist vielmehr wahrscheinlich, dass die Überlieferungen über das Leben und die Lehren des Propheten schon viel früher im Kreise seiner Schüler eine feste Form gewonnen hatten und dass sie so den Grundstock für die spätere literarische Tätigkeit der Gemeinde bildeten.

Wenn somit auch manche Teile des Kanons bis in eine frühe Zeit zurückreichen mögen, so ist es doch sicher, dass an den Angas und den anderen angeblich auf Sudharma zurückgehenden Schriften der Shvetambaras in der Gestalt, wie wir sie heute besitzen, beträchtliche Veränderungen vorgenommen worden sind. Es ist anzunehmen, dass spätere Geschlechter sie überarbeitet haben, um sie in Übereinstimmung mit ihren neuen Anschauungen zu bringen. Dass diese Veränderungen recht beträchtlich gewesen sein müssen, geht daraus hervor, dass die Digambaras sonst wohl kaum die Behauptung hätten aufstellen können, dass der ganze Shvetamhara-Kanon apokryph sei.

7. Der Kanon der Digambaras.
a. Der verlorene alte Kanon.

Wie bereits mehrfach erwähnt, besitzen die Digambaras keinen alten Kanon; sie sind des Glaubens, der alte Kanon sei verloren gegangen und der Kanon der Shvetambaras sei unecht. In Digambara-Werken finden sich hingegen mehrfach Angaben über Zusammensetzung und Inhalt der verschwundenen heiligen Schriften. Die Titel der Bücher, welche in diesen Aufzählungen genannt werden, stimmen zum Teil mit denen von Werken des heutigen Shvetambara-Kanons überein, auch deckt sich das, was über den Inhalt derselben mitgeteilt wird, teilweise mit dem tatsächlichen Inhalt der Shvetambara-Werke, in vielen Fällen aber finden sich starke Abweichungen. Ich lasse hier eine kurze Übersicht folgen.

Die Werke des Kanons zerfallen in zwei Gruppen, nämlich Angas und Angabahyas (außerhalb der Angas stehende).

I. Angas.

Die Angas führen dieselben Namen wie die der Shvetambaras. Bedeutende Verschiedenheit besteht hinsichtlich dessen, was den Inhalt des 12 Anga, des Drishtivada ausgemacht haben soll, insofern als die Angaben über die Parikarmas und Culikas differieren.

Die 5 Parikarmas:

1. Candra-prajnapti handelt vom Monde (magnetisches Fluid!),
2. Surya-prajnapti handelt von der Sonne (elektrisches Fluid!),
3. Jambudvipa-prajnapti handelt vom Kontinent Jambudvipa,
4. Dvipa-sagara-prajnapti handelt von den Kontinenten und Meeren.
5. Vyakhya-prajnapti handelt von den Grundwahrheiten Seele, Nichtseele usw.

Die 5 Culikas:

1. Jalagata-culika lehrt, wie man mit Hilfe von Zaubersprüchen (Runenformeln) usw. Wasser aufhalten, durch Wasser gehen, Feuer verschlingen u. a. tun kann.
2. Sthalagata-culika lehrt, wie man mit magischen Mitteln sich in

ferne Länder begeben kann.
3. Mayagata-culika lehrt, wie man allerlei Wunder vollbringen kann.
4. Rupagata-culika lehrt, wie man die Gestalt eines Löwen, Elefanten und anderer Tiere annehmen und wie man Pflanzen und Metalle in andere verwandeln kann.
5. Akashagata-culika lehrt, wie man den Luftraum durchfliegen kann.

Wie man sieht, werden hier einige Werke astronomisch-geografischer Natur als zu den Parikarmas gehörend angeführt, welche von den Shvetambaras zu den Upangas gerechnet werden. Upangas werden von den Digambaras in der Liste der kanonischen Schriften nicht genannt.

II. Die Angabahyas
zerfallen in die folgenden 14 Prakirnakas:

1. Samayika handelt von den Arten der Andacht,
2. Caturvinshatistava handelt von dem Leben der Tirthankaras, ihren Kräften, Attributen usw.,
3. Vandana handelt vom Tempelkult,
4. Pratikramana handelt von der Beichte,
5. Vinaya handelt von der Zucht.
6. Kritikarma handelt von der den Jinas usw. zu erweisenden Verehrung.
7. Dashavaikalika gibt Regeln für das Asketenleben,
8. Uttaradhyayana handelt von den Mühsalen und Störungen des Asketenlebens u. a.,
9. Kalpavyavahara enthält Disziplinarvorschriften,
10. Kalpakalpa (vidhanaka) handelt von dem, was ein Mönch gebrauchen darf usw.,
11. Mahakalpa (sanjnaka) handelt von den Regeln und Praktiken der Jinakalpis und Sthavirakalpis (d. i. der unabhängigen Mönche und der Mitglieder vom Orden),
12. Pundarika handelt von den Taten, welche zur Wiedergeburt im Götterhimmel berechtigen,
13. Mahapundarika handelt von Taten, welche eine Wiedergeburt als Indra usw. hervorrufen,
14. Nishiddhika handelt von den Mitteln zur Reinigung der Seele von Fehlern usw. (andere nennen an dieser Stelle: Ashitikasama).

Von den hier genannten Titeln stimmen einige (7,8,9) mit solchen von kanonischen Werken der Shvetambaras überein, andere berühren sich mit ihnen (1-4 mit Abschnitten des 2. Mulasutra).

b. Der moderne sekundäre Kanon.

Die Stelle des verloren gegangenen alten Kanons vertreten heute bei den Digambaras eine Reihe von Werken, die als autoritative Darstellungen der Lehre gelten. Diese Werke werden in vier Gruppen geschieden, je nachdem sie sich mit Geschichte, Kosmografie, Philosophie und Ethik beschäftigen. Diese vier (Tattwa)-Gruppen nennen die Digambaras ihre vier Veden. Die Zahl der Werke, die zu jeder einzelnen Gruppe gehören, scheint nicht genau festzustehen, wie wohl einige Titel stets in allen Aufzählungen figurieren; da diese alle vor 900 n. Chr. entstanden sind, wäre anzunehmen, dass der sekundäre Kanon zuerst um diese Zeit aufgestellt worden ist. Ich gebe im folgenden eine Übersicht:
1. Prathamanuyoga (Welthistorie): Ravishenas „Padmapurana" (650 n. Chr.?); Jinasenas „Harivanshapurana" (783); Jinasenas „Adipurana"; Gunabhadras „Uttarapurana" (beendet 879).
2. Karananuyoga (Kosmographie): Suryaprajnapti, Candraprajnapti, Jayadhavala.
3. Dravyanuyoga (Philosophie): Kundakundas I. „Pravacanasara", 2. „Samayasara", 3. „Niyamasara", 4. „Pancastikaya".
Umasvamis „Tattvarthadhigamasutra" und seine Kommentare von Samantabhadra (600), Pujyapada (700), Akalanka (750), Vidyananda (800) u. a.
Samantabhadras „Aptamlmansa" (600) mit den Kommentaren von Akalanka, Vidyananda, u. a.
4. Carananuyoga (Ethik und Ritual): Vattakeras „Mulacara" und „Trivarnacara".
Samantabhadras „Ratnakarandashravakacara" (600).

III. Die nichtkanonische Literatur.
1. Theologische und wissenschaftliche Werke.

Zahlreiche Schriftsteller haben es unternommen, die Lehren Mahaviras darzulegen, zu erläutern und fortzubilden, Asketen und Laien Vorschriften für ihren Wandel zu geben und den Kultus zu regeln. Einer der ältesten von ihnen, der bei Shvetambaras und Digambaras noch heutzutage im höchsten

Ansehen steht, war Bhadrabahu, der letzte der Shrutakevalis. Er lebte um 300 v. Chr., und die Tradition verknüpft seinen Namen mit der Auswanderung eines Teils der Mönche nach Maisur. Die Überlieferungen über ihn weichen jedoch stark voneinander ab. Während die Shvetambaras ihn später nach Nepal gehen lassen, lassen ihn die Digambaras in Shravana-Belgola sterben, betreut von seinem Schüler, dem ehemaligen Kaiser Candragupta. Ein starker Anachronismus macht ihn zu einem Bruder des Astronomen Varahamihira, der 587 n. Chr. starb.

Bhadrabahu schrieb Niryuktis, d. h. Kommentare zu mehreren heiligen Schriften; sein Kalpasutra wird von den Shvetambaras als so maßgebend angesehen, dass sie es zum Kanon rechnen. Unter seinem Namen geht auch eine Sanhita, ein Buch, das sich u. a. mit Rechtsfällen beschäftigt; er soll sich auch als Astronom betätigt haben.

Der erste Dogmatiker der Jainas, der das gesamte System in kurze Lehrsätze nach der Art der brahmanischen Philosophen zusammendrängte, war, soviel wir wissen, Umasvati. Er schrieb das berühmte Tattvarthadhigama-Sutra, den „Leitfaden zum Erfassen des Sinns der Grundwahrheiten". Dieses Werk gilt beiden Konfessionen als eine autoritative Darstellung ihres Glaubens. Shvetambaras wie Digambaras nehmen den berühmten Mann als den ihrigen für sich in Anspruch. Wie Jacobi gezeigt hat, war er aber wahrscheinlich ein Shvetamhara, da nur die Mitglieder der weiß gekleideten Kirche den von ihm selbst zu seinem Werke geschriebenen Kommentar anerkennen, während die Digambaras anderen Erläuterungsschriften den Vorzug geben. Der Umstand, dass die beiden Religionsparteien Umasyati gleicherweise als Meister verehren, zeigt, dass zu seiner Zeit der Gegensatz zwischen den beiden Richtungen noch nicht so scharf hervortrat, wie dies später der Fall war. Die Zeit Umasyatis steht nicht genau fest. Die Jainas selbst lassen ihn um die Zeit des Beginns unserer Zeitrechnung leben, wahrscheinlich ist er aber erst in das 4. oder 5. Jahrh. n. Chr. zu setzen.

Ein bedeutender Shvetambara-Theologe nach Umasyati war Siddhasena Divakara. Von diesem Kirchenlehrer, der ein Zeitgenosse des großen Vikramaditya gewesen sein soll, der aber wahrscheinlich nach 650 n. Chr. geblüht hat, wissen die Jainas viel Wunderbares zu erzählen. Nach ihren Berichten war Diyakara ursprünglich ein gelehrter Brahmane, der von dem Jaina Vriddhavadi in einem Redekampf besiegt worden war und sich zum Jainaglauben bekehrt hatte, bei welcher Gelegenheit er den Namen Siddhasena annahm. Einst entwickelte er seinem Lehrer den Plan, alle

Jainawerke aus dem Prakrit in das Sanskrit zu übersetzen; zur Strafe für diese Sünde legte ihm der Meister die Buße auf, alle vorhandenen Jainatempel zu besuchen. Als er diesen Auftrag zwölf Jahre lang getreulich ausgeführt hatte, kam er einst zu dem Linga-Tempel in Ujjain; anstatt das Linga zu verehren, legte er sich jedoch im Tempel nieder, wobei er seine Füße gegen das heilige Symbol Shivas lehnte. Als die Shivaverehrer dies sahen, riefen sie den König Vikramaditya herbei, der den Weisen zur Strafe für sein ungebührliches Verhalten schlagen ließ. Allein kaum war der erste Schlag gefallen, so ertönten Schreie aus dem Harem des Königs, und es stellte sich heraus, dass der Heilige es durch seine Wunderkraft bewirkt hatte, dass nicht er, sondern die Lieblingsgattin des Königs die Schläge empfing. Siddhasena wurde daraufhin freigelassen; als er seine Hand gegen das Linga erhob, brach dieses entzwei, und ein Licht erstrahlte aus ihm, in welchem die majestätische Gestalt Parshvas sichtbar wurde.

Siddhasena war der erste Jaina-Schriftsteller, der ein selbständiges Werk über die reine Logik schrieb, den Nyayavatara, der in 32 Strophen das ganze Gebiet erschöpfend behandelt. Für die Datierung des Werkes ist von Wichtigkeit, dass es, nach H. Jacobi, eine Kenntnis von dem Nyayabindu des großen buddhistischen Philosophen Dharmakirti (7. Jh.) verrät.

Die Kodifizierung der heiligen Texte der Shvetambaras, die im Jahre 980 nach Vira (also im 5. Jh. n. Chr.) in Valabhi vorgenommen worden sein soll, ließ in der Folgezeit eine reiche Kommentatorentätigkeit entstehen. Devarddhi, der Präsident des Konzils, scheint an dieser beteiligt gewesen zu sein; von anderen Kommentatoren sind zu nennen: Siddhasena Gani im 7., Haribhadra im 8., Shilanka im 9., Shantisuri, Devendra und Abhayadeva im 11., Malayagiri im 12. Jahrhundert. Manche dieser Autoren beschränkten sich nicht darauf, die heiligen Schriften zu erklären, sondern verfassten auch bedeutende selbständige Arbeiten. Der größte von ihnen war unstreitig Haribhadra.

Haribhadra war ein Brahmane, der alle Wissenschaften studiert hatte. Er gelobte, Schüler desjenigen Meisters zu werden, der etwas wisse, von dem er noch nichts verstände. Einst hörte er eine Jaina-Nonne einen Spruch rezitieren, dessen Inhalt ihm nicht klar war. Von ihm befragt, wies sie ihn an einen Jaina-Lehrer, und dieser bekehrte ihn zur Lehre Mahaviras. Haribhadra studierte darauf alle heiligen Schriften und wurde schließlich selbst ein Suri (Meister). Zwei Neffen von ihm, Hansa und Paramahansa, wurden seine Schüler. Um die Buddhisten mit ihren eigenen Waffen schlagen zu können, gingen sie, als buddhistische Mönche verkleidet, in ein buddhistisches Kloster, damit sie dort die Lehren der Irrgläubigen studierten. Die Buddhisten beargwöhnten jedoch die Zugehörigkeit der beiden jungen Leute zu ihrem Orden; sie malten deshalb Bilder von Tirthankaras auf die Stufen am Toreingang, so dass niemand hineingehen konnte, ohne auf diese Bilder zu treten. Die beiden verkleideten Jainas nahmen mit Kreide eine kleine Veränderung an den Bildern vor (wodurch diese aus Jaina-Idolen zu ketzerischen wurden) und traten jetzt ohne Furcht auf die Zeichnungen. Von den Buddhisten entdeckt, mussten Hansa und Paramahansa fliehen und wurden von dem sie verfolgenden Heere des buddhistischen Königs getötet. Außer sich über den Verlust seiner Schüler, beschloss Haribhadra sämtliche 1444 Mönche des buddhistischen Klosters zu töten, indem er sie mit Hilfe seiner Zauberkräfte in einem Kessel mit glühendem Öl siedete. Rechtzeitig von diesem Plan durch seinen Guru (oder seine Mutter) zurückgehalten, bereute er die große Sünde, die er hatte begehen wollen, und schrieb, um sie zu sühnen, 1444 dem Ruhm der Jaina-Lehre geweihte Bücher. Neben einigen Darstellungen der Jaina-Dogmatik und Ethik verfasste Haribhadra auch Schriften, die sich mit den verschiedensten philosophischen Lehren seiner Zeit beschäftigen und diese in objektiver Weise darstellen.

Als größter aller Shvetambara-Schriftsteller gilt bei seinen Glaubensgenossen aber der berühmte Hemacandra (1088-1172), den man wegen seiner vielseitigen Gelehrsamkeit als den Allwissenden des Kali-Zeitalters (Kalikala-sarvajna) bezeichnete. Sein dogmatisches Hauptwerk ist sein Yogashastra (Lehrbuch des Yoga), auch Adhyatma-upanishad (Geheimlehre über den Geist) genannt. In ihm gibt er nicht nur eine vollständige Darstellung der Jaina-Lehre, besonders der ethischen Vorschriften derselben, sondern behandelt auch in ausführlicher Weise die Theorie der Kontemplation. Ein kleines anderes Werk Hemacandras, die Vitaragastuti, bietet in Form eines Hymnus eine kurze Übersicht über die Lehre; diese Schrift wurde von Mallishena 1292 ausführlich kommentiert in seiner Syadvadamanjari (Blütenstrauß der Dialektik), einer selbständigen philosophischen Abhandlung größeren Umfangs.

Aus der großen Zahl der Shvetambara-Theologen seien im folgenden nur ein paar der wichtigsten genannt: Devendrasuri (13. Jahrh.) verfasste die Karmagranthas, welche die Karma-Lehre in allen ihren Einzelheiten behandeln, Gunaratna (um 1400) kommentierte Haribhadras Werk über die philosophischen Systeme, Dharmasagara schrieb 1573 seine „Sonne für die Eulen der Irrlehre" (Kupakshakaushika-sahasrakirana), in welcher er die

Digambaras bekämpfte, die beiden im 17. Jahrhundert lebenden fruchtbaren Autoren Vinayavijaya und Yashovijaya. Der Lokaprakasha des ersteren ist ein wertvolles enzyklopädisches Werk, welches alle Gebiete der Jaina-Lehre ausführlich behandelt. Von Yashovijayas Schriften ist außer den zahlreichen der Logik und Metaphysik gewidmeten namentlich sein Pratimashataka bemerkenswert, in welchem er die Bilderverehrung verteidigt. Die auf die Darlegung der Jaina-Lehre gerichteten Bemühungen in Sanskrit und Prakrit setzen sich bis in unsere Zeit fort; das jüngste dogmatische Werk, das mir bekannt geworden ist, ist das Jainatattvajnana von Vijaya Dharma Suri, das 1917 herausgegeben wurde.

Gleich den Shvetambaras haben auch die Digambaras mit großem Eifer im Bereiche der Dogmatik und der verwandten Disziplinen gearbeitet. Einer ihrer ältesten Schriftsteller auf diesem Gebiete war Kundakunda. Dieser lebte sicher vor 600 n. Chr. Einige setzen ihn in den Anfang unserer Zeitrechnung. Seine Werke sind gleich denen der anderen großen Kirchenlehrer dieser Konfession in den sogenannten sekundären Kanon aufgenommen worden. Da von den anderen großen Dogmatikern Samantabhadra, Pujyapada, Akalanka, Vidyananda, Nemicandra schon früher die Rede gewesen ist, genügt es, hier ihre Namen zu nennen. Von anderen sind Prabhacandra (um 825), Amitagati (um 1000), Ashadhara (Anfang des 13. Jahrh.), Sakalakirti (um 1464) und Shrutasagara (Ende des 15. Jahrh.) wohl die bedeutendsten.

Alle die genannten Autoren schrieben ihre Werke in Sanskrit oder in Prakrit-Versen, welche sie zum Teil selbst in Sanskrit kommentierten oder zu denen Schüler Kommentare verfassten. Die zunehmende Verwendung der neuindischen Sprachen für literarische Zwecke führte dazu, dass von den Werken berühmter Dogmatiker Übersetzungen in Bhasha hergestellt wurden. So gibt es z. B. eine ganze Sammlung von Übertragungen von theologischen Schriften in die Gujarati-Sprache und andere Dialekte. Manche Autoren schrieben bereits frühzeitig ihre Arbeiten in der Mundart ihrer Heimat nieder. So schuf Shrivarddhadeva, nach seinem Geburtsort auch Tumhuluracarya genannt, einen Kommentar zum Tattvarthadhigamasutra in 96000 Versen in kanaresischer Sprache. Das Werk, dessen Entstehungszeit unbekannt ist, das aber schon im 12. Jahrhundert inschriftlich rühmend erwähnt wird, ist uns leider nicht erhalten. Je mehr wir uns der Gegenwart nähern, desto größer wird die Zahl wissenschaftlicher Werke, die über die Jaina-Philosophie in modernen indischen Sprachen geschrieben worden sind. Dazu kommt eine riesige

Literatur in den verschiedensten Dialekten, die es sich zur Aufgabe macht, die Lehren der Dogmatiker weiteren Kreisen mundgerecht zu machen, sowie zahlreiche Werke, welche der Erbauung des Laien dienen sollen. Die gelehrte Tätigkeit der Jainas beschränkte sich jedoch nicht auf die Darstellung, Zergliederung und Fortbildung ihrer Lehre; sie haben vielmehr auf allen Gebieten des indischen Geisteslebens fruchtbringende Arbeit geleistet.

Als die Grundwissenschaft, welche gewissermaßen die Voraussetzung für alle anderen bildet, betrachten die Inder die Grammatik. Sagt doch ein Vers von ihr:

> Man nennt sie der Erlösung Pforte,
> Heilkraut für Krankheiten der Worte,
> Der Wissenschaften Sühnekraft:
> Sie ist die Überwissenschaft.

Die Sanskrit-Grammatiken der Jainas schließen sich zumeist eng an die brahmanische des Panini an. Die berühmtesten sind das sogenannte Jainendravyakarana des Pujyapada Devanandi und das Shakatayanavyakarana des Shakatayana, der zur Zeit Amoghavarshas (9. Jh.) schrieb. Auf dem letztgenannten Werk fußt die Grammatik des Hemacandra (12. Jh.), das sogenannten Siddhahemacandra, welche F. Kielhorn als die beste Grammatik des indischen Mittelalters bezeichnet hat. Das 8. Buch des Siddhahemacandra enthält eine Prakritgrammatik. Da das Prakrit die Kirchensprache der Jainas ist, haben sie dieses Fach auch sonst bearbeitet. Vorzügliches haben sie ebenfalls auf dem Gebiet der Grammatik der neuindischen Sprachen geleistet. Auch durch Abfassung von Wörterbüchern und ähnlichen Werken haben sich die Jainas Verdienste erworben. Indische Grammatiker lieben es, ihre Lehren praktisch zu erläutern. Ein derartiges grammatisches Exempelbuch ist Hemacandras Epos Kumarapalacarita, das somit, gleich dem berühmten brahmanischen Bhattikavya, das Nützliche mit dem Angenehmen zu verbinden sucht.

Die theoretischen Grundlagen der Dichtkunst sind von Jainas mehrfach behandelt worden, so von Ajitasena (10. Jh.), Hemacandra, Vagbhata (Ende des 11. Jh.), Arisinha, Amaracandra (13. Jh.) und anderen. Die Metrik ist von Hemacandra u. a. bearbeitet worden. Eine große Zahl von Jaina-Schriftstellern haben sich die Erklärung und Auslegung berühmter Erzeugnisse der Literatur zur Aufgabe gemacht. Sie beschränkten sich dabei nicht auf von Jainas verfasste Werke, sondern haben auch brahmanische Dichtungen kommentiert, ohne hierbei ihren eigenen religiösen Standpunkt hervortreten zu lassen. Auch auf dem Gebiet der Musik-Theorie haben sich Jainas betätigt, wie Parshvadevas Sangitasamayasara und Sangitaratnakara (vor 1210) und das kanaresische Werk Ratnakarajangalapadajati beweisen.

Für die Jaina-Könige, deren es, wie wir gesehen haben, in der Vergangenheit eine große Anzahl gegeben hat, haben Jaina-Gelehrte besondere Lehrbücher über Politik und Rechtswesen verfasst. Die dem großen Bhadrabahu zugeschriebene Sanhita, angeblich ein Auszug aus dem Upasakadhyayana-Anga, enthält diesbezügliche Kapitel; speziell beschäftigen sich mit Staats- und Rechtswesen Somadevasuris „Nitivakyamrita" (um 950 n. Chr.), Amitagatis „Vardhamananiti" (um 1011 n. Chr.) und Hemacandras „Arhanniti" (12. Jh.). Das letztgenannte Buch liegt uns nur in einer Sanskritfassung vor, die den Titel „Laghu-Arhanniti" trägt; nach Bemerkungen, die sich in ihm finden, stellt es einen Auszug aus einem größeren, in Prakrit geschriebenen „Brihad-Arhanniti-shastra" dar, das Hemacandra für den König Kumarapala abfasste.

Das Studium der Naturwissenschaften entwickelte sich bei den Jainas in engem Anschluss an ihre dogmatischen Anschauungen vom Weltall und seinen Bewohnern. Die meisten theologischen und philosophischen Abhandlungen enthalten deshalb Abschnitte über den Gegenstand. Daneben gibt es eine Fülle von Werken, welche die Kosmografie, Geografie und Astronomie mit größerer oder geringerer Ausführlichkeit behandeln. Als besondere Autoritäten auf astronomischem Gebiete gelten u. a. Bhadrabahu und Kalakacarya. Die Mathematik, deren Kenntnis bei den Jainas schon im Hinblick auf die enormen Zahlen, mit welchen sie in ihrer Lehre operieren, stets von Wichtigkeit gewesen sein muss, hat unter den Jainas eifrige Jünger gefunden; ein mathematisches Lehrbuch, der Ganitasarasangraha des Mahavira (9. Jh. n. Chr.), ist sogar bereits ins Englische übersetzt worden.

Die Lehre von den Atomen und den lebenden Wesen wurde mehrfach von Theologen und Philosophen dargestellt. So hat Ratnasinha die Jainatheorien über die Stoffe und über die Nigodas (kleinste Lebewesen) in kurzen Traktaten zusammengefasst. Eine vollständige Biologie, Botanik, Zoologie und Anthropologie en miniature bot Shantisuri (11. Jh.) in seinem „Jivavicara". Die Medizin behandelte der berühmte Pujyapada in seinem „Kalyana-karaka". Dieses Werk, in dem hauptsächlich die Verwendung von

Heilkräutern empfohlen wird, wurde um 1150 von Jagaddala Somanatha ins Kanaresische übersetzt. Ein anderes kanaresisches Werk, das demselben Gegenstand gewidmet ist, ist Mangarajas „Khagendra-manidarpana".
Viele Jaina-Schriftsteller haben über Zauberei und Mantik gehandelt. So schrieb der Kanarese Ratta (1300) ein „Ratta-Sutra", in welchem von Regen, Erdbeben, Blitzen und Vorzeichen der verschiedensten Art die Rede ist. Harshakirti verfasste ein Handbuch der Sterndeutekunst mit dem Titel „Jyotishasaroddhara", und eine Menge von Werken beschäftigen sich mit Traumdeutung, Zaubersprüchen und anderen okkulten Dingen.
In den Lehrbüchern des Rituals finden sich detaillierte Angaben über den Tempelbau und die Herstellung von Kultbildern. Es ist anzunehmen, dass die Jainas auch Werke über Architektur und Plastik geschaffen haben, doch sind diese bisher noch nicht ans Licht gezogen worden.
Die hier gegebene summarische Übersicht, die natürlich Vollständigkeit weder erreicht noch anstrebt, zeigt, in wie verschiedenartigen Fächern sich die Jainas literarisch betätigt haben, und lehrt dadurch, dass es kaum ein Gebiet der indischen Kultur gibt, auf dem sie nicht nützliche Arbeit getan haben. Bei der Unvollkommenheit unserer Kenntnisse wird es allerdings noch lange Zeit beanspruchen, bis das Jaina-Schrifttum so gründlich erforscht worden ist, dass wir uns ein abschließendes Urteil über die wissenschaftlichen Leistungen der Jainas bilden können.

8. Die Erzählungsliteratur und Dichtung.

Der Kanon ist überaus reich an Erzählungen und Legenden der mannigfaltigsten Art. Die Berichte über die Propheten, Apostel und Heiligen, die er enthält, boten späteren Geschlechtern willkommenen Stoff für ihr literarisches Schaffen. In zahllosen Werken in den verschiedensten Sprachen sind diese, wie es scheint ewig jugendfrischen Sagen in Poesie und Prosa in einfacher, leichtverständlicher sowie in dichterischer, gekünstelt-hochstilisierter Form immer wieder behandelt worden. Es gibt zahlreiche Lebensbeschreibungen des Rishabha, Shantinatha, Arishtanemi, Parshva, Mahavira und der anderen Tirthankaras, die sich zumeist mit dem beliebten Thema in der gewohnten schematischen Weise beschäftigen und nur durch Einfügung von neuen Episoden, von Geschichten aus den früheren Geburten des Helden und seiner Anhänger bestrebt sind, ihm neue Seiten abzugewinnen.
Die Hagiographie der Jainas beschränkte sich von jeher jedoch nicht auf

eine Schilderung des Lebens und Wirkens der Religionsstifter und derjenigen Personen, welche zu ihnen sei es als Verehrer, sei es als Gegner in Beziehung gestanden haben sollen, sondern sie zog auch eine große Reihe von anderen sagenumwobenen Gestalten in den Kreis ihrer Betrachtungen. Neben den 24 Tirthankaras sind 12 Weltbeherrscher und 27 Helden die Hauptpersonen der überlieferten Welthistorie. Zu diesen werden neben anderen, die den Jainas speziell eigen zu sein scheinen, auch Heroen gerechnet, die auch den Hindus bekannt sind, wie Bharata und Sagara, wie Rama, Lakshmana, Ravana, sowie Balarama, Krishna und Jarasandha u. a. Die Jainas haben die Geschichten dieser Männer und anderer Personen aus den großen Epen Ramayana und Mahabharata für ihre Zwecke mehr oder weniger stark verändert, die Helden sind bei ihnen selbstverständlich alle fromme Jainas und denken und handeln als solche. Für die starke Beliebtheit der Jaina-Bearbeitungen (und, wie wir oft sagen müssen, Verballhornungen) brahmanischer Sagenstoffe spricht die große Zahl, in der sie auf uns gekommen sind. So besitzen wir ein Harivansha-Purana von Jinasena (8. Jh.), einen kanaresischen Vikramarjuna-vijaya (auch Pampa-Bharata genannt) von Adi-Pampa (10. Jh.), ein Pandava-Purana von Shubhacandra (16. Jh.) u. a. Werke, in welchen Krishna und andere Mahabharata-Helden figurieren, und eine Reihe von Ramayanas, wie das in Prakrit abgefasste Paumacariya des Shvetambara Vimalasuri (3. oder 4. Jh. n. Chr.), das Padma-Purana des Digambara Ravishena (um 660), ein Ramacandra-carita-purana (kurz als Pampa-Ramayana bezeichnet) von dem kanaresischen Dichter Pampa dem Jüngeren (1100) und viele andere Dichtungen dieser Art.

Mehrfach ist auch der Versuch unternommen würden, die Geschichte aller 63 großen Männer oder Stabmänner (Shalaka-purusha), wie die Inder sagen, in einem Werke systematisch der Reihe nach zu behandeln, so in dem Adipurana des Jinasena und seiner Fortsetzung, dem Uttarapurana des Gunabhadra (beide 9. Jh.), in dem Trishashti-shalaka-purusha-carita des Hemacandra (12. Jh.) u. a.

Die mythische Vorgeschichte findet ihre Fortsetzung in der Geschichte der Kirche unter den Nachfolgern Mahaviras. Zahlreiche Schriften beschäftigen sich direkt oder indirekt mit der Darstellung der wechselvollen Geschicke der Jaina-Gemeinde im Laufe der Jahrhunderte. Obwohl in diesen Werken eine Reihe von historischen Tatsachen berichtet werden, sind sie doch so voll von Legenden und Märchen, dass sie nur mit großer Vorsicht als historische Quellenschriften angesehen werden können.

Dichtung und Wahrheit verschwimmen in ihnen, ohne dass die Autoren sich dessen bewusst gewesen wären und die stärksten Anachronismen sind in ihnen an der Tagesordnung. Werke dieser Art gibt es in großer Menge. Die Jainas unterscheiden Caritras und Prabandhas. Die Caritras sind Biographien von Tirthankaras, Weltbeherrschern und anderen von den 63 großen Männern, aber auch von alten großen Kirchenlehrern bis auf Aryarakshita, der 557 nach Vira gestorben sein soll. Die Prabandhas befassen sich mit der Lebensgeschichte von hervorragenden Personen der späteren Zeit, Geistlichen sowohl wie Königen, Ministern, Kaufleuten usw. An historische Persönlichkeiten knüpfen auch die in Alt-Gujarati metrisch abgefassten „Rasas" an, sowie ähnliche Schriften in anderen neuindischen Sprachen. Alle diese Werke wollen nicht nur (allerdings stark märchenhaft ausgeschmückte) Geschichte schreiben, sondern wollen auch durch Mitteilung von Anekdoten usw. der Unterhaltung dienen. Gleichzeitig verfolgen sie zumeist auch noch den Zweck, den Leser religiös und moralisch zu erbauen, den Jainaglauben zu propagieren und den Mönchen Stoff für ihre Predigten zu liefern.

Eine Art zusammenhängender Geschichte der Jainakirche ist Hemacandras „Parishishtaparva", der Anhang zu seinem großen Werk über die 63 großen Männer, in welchen von den Patriarchen der Gemeinde gehandelt wird. Eine Fortsetzung dieses Buches ist „das Leben der Leuchten des Glaubens" (Prabhavakacarita) von Prahhacandra und Pradyumnasuri (um 1250 n. Chr.), in welchem die Biografien von 22 Jaina-Lehrern, darunter auch die von Hemacandra, gegeben werden. Sammlungen von halbhistorischen Nachrichten und Anekdoten, wie der „Wunschedelstein der Geschichten" (Prabandhacintamani) von Merutunga (um 1300), poetische Chroniken wie Hemacandras „Kumarapala-carita" und Panegyrika auf freigebige Mäzene verschmelzen in ähnlicher Weise Wahrheit und Dichtung. Von modernen Schriften dieser Art sei nur das kanaresische Kompendium der Jaina-Überlieferungen des Südens genannt, das der Digambara Devacandra 1838 für eine Prinzessin von Maisur unter dem Titel „Rajavalikathe" schrieb, dessen zum Teil auf ältere Quellen zurückgehende Angaben seinerzeit bei den europäischen Forschern lebhafte Diskussionen betreffs ihrer Glaubwürdigkeit hervorriefen.

Eine bemerkenswerte Eigenschaft der Jaina-Historiker ist es, dass sie sich nicht damit begnügen, das zu schildern, was Geschichte geworden ist, sondern dass sie es auch unternehmen, von der Zukunft zu handeln, die erst Geschichte werden wird. Wie wir weiter unten bei der Darstellung der dogmatischen Welthistorie sehen werden, unternehmen es die Jaina-Theologen sogar, die traurigen Zustände des uns bevorstehenden schlechten Zeitalters eingehend zu beschreiben: Sie wissen sogar die Namen der letzten Jaina-Laien und Mönche schon jetzt zu nennen. Ein beliebter Gegenstand literarischen Schaffens ist auch die Schilderung der Lebensgeschichte der zukünftigen Tirthankaras, die nach dem völligen Niedergang des Jainatums dieses aufs Neue aufrichten werden.

Eine äußerst fruchtbare Tätigkeit entfalteten die Jainas von jeher auf dem Gebiete des Märchenromans, der Novelle, der Fabel. Mit den Hindus und Buddhisten wetteiferten sie im Erfinden neuer Stoffe und im Ausgestalten vorhandener. Ihr Schrifttum auf dem Gebiete der Erzählungsliteratur ist so umfangreich, dass es sich vorläufig noch nicht übersehen lässt. Die Jainas besitzen von fast allen bedeutenderen Fabel- und Märchenbüchern Indiens eigene Rezensionen, die sich von den anderen Fassungen gewöhnlich dadurch unterscheiden, dass in ihnen ihre eigenen religiösen Anschauungen zu Worte kommen. So gibt es zahlreiche Jaina-Rezensionen des Pancatantra, der „25 Erzählungen des Leichendämons" (Vetalapanca-vinshati), der „32 Throngeschichten" (Sinhasanadvatrinshika), des „Papageienbuchs" (Shukasaptati) u. a. Werke. Es ist ganz erstaunlich, in wie viel verschiedenen Formen oft ein und dasselbe Buch auf uns gekommen ist. So haben wir z. B. von dem Pancatantra des vishnuitischen Brahmanen Vishnusharma, das um 300 n. Chr. entstanden zu sein scheint, eine ganze Reihe von Jaina-Fassungen, die sich inhaltlich und sprachlich zum Teil sehr beträchtlich voneinander unterscheiden. „Der eine erzählt die alten Geschichten in behaglicher Breite, der andere notiert ihren Hauptinhalt in knappen Sätzen zum leichteren Verständnis für die liebe Schuljugend. Der und jener sucht sich nur die Erzählungsstrophen zusammen, deren schauderhaft verstümmeltes Sanskrit er ungefähr errät, und erzählt die zugehörigen Geschichten unabhängig von seinem Grundtext, volkstümlich und in der Volkssprache. ... Daneben fehlt nicht der Gelehrte, der selbständig einen neuen Sanskrittext nach dem Muster eines älteren schreibt, und der andere, der zum Volke herabsteigt und den Sanskrittext in seiner Muttersprache Gujarati wiedergibt. Ein dichtender Jaina-Mönch Ratnasundara, das Haupt einer Dichterschule, kleidet das ganze Werk in Bardenstrophen, um es dem Volke sangbar zu bieten, genau so wie die Spielleute des europäischen Mittelalters ihre Schwänke und Novellen und Fabliaux verbreiteten. Flugs überarbeitet einer seiner Bewunderer sein Werk, indem er Verse und Ausdruck glättet und einige

Erzählungen hinzufügt, und ein zweiter, Vaccharaja, schafft in starker Anlehnung an seinen Vorgänger eine ganz ähnliche, an Erzählungen aber viel reichere Dichtung ebenfalls in seiner Muttersprache. Diese Dichtung wieder überträgt ein Dritter in Sanskritverse, und diese Sanskritdichtung verwandelt ein Vierter, Meghavijaya, wiederum in ein dem ursprünglichen Sanskrittext in der Form ähnliches Gemisch aus Prosa und Versen in Sanskrit. Zwischen Ratnasundaras Dichtung und der Bearbeitung Meghavijayas aber liegen noch keine hundert Jahre.

Die seit alter Zeit bei den Jainas im Schwange gewesene Übung gemeinindische Stoffe den Bedürfnissen ihrer Kirche anzupassen, hat vielfach für die Literaturgeschichte die außerordentlich segensreiche Folge gehabt, dass alte Sagen und Erzählungen uns auf diese Weise erhalten geblieben sind, die uns längst verloren wären, wenn die Jainas sich nicht ihrer bemächtigt hatten. Die Spuren der Überarbeitung älterer Vorlagen durch Jaina-Schriftsteller sind oft deutlich erkennbar; vielfach beschränken sie sich auf die rein äußerliche Hinzufügung einer Einleitung, eines Schlusses oder einer Rahmenerzählung, die mit dem eigentlichen Werke nichts zu tun haben. In manchen Fällen erschienen den Jainas aber auch Abänderungen in Details aus religiösen Gründen am Platze. Das in Jaina-Erzählungen häufig vorkommende Motiv, dass ein Prinz bei einem Spazierritt durch ein Pferd von *umgekehrter Dressur* in den Wald entführt wird, woselbst er eine schöne Königstochter findet oder andere Abenteuer zu bestehen hat, stellt, wie H. Jacobi wahrscheinlich gemacht hat, offenbar einen Ersatz für das in Märchen sonst so beliebte Motiv der Verirrung auf der Jagd dar, welches den Jainas wegen ihres Abscheus gegen die Tötung lebender Wesen nicht zu Gebote stand.

Neben der Überarbeitung überkommener alter Erzählungen haben sich die Jainas jedoch auch der Erfindung und Ausgestaltung neuer gewidmet. Es gibt zahllose Kathas oder Kathanakas rein jainistischer Herkunft. Die Urheber dieser Erzählungswerke wurden zur Abfassung derselben nicht von der bloßen Lust zum Fabulieren geleitet, sondern sie verfolgten gleichzeitig bestimmte Zwecke. Der große Haribhadra teilte die Kathas in vier Gruppen ein:
- in Arthakathas, d. h. Erzählungen, die dem Nutzen (bestimmter der Lebensklugheit, Erlernung der Staatskunst usw.) dienen,
- Kamakathas, solche, die sich mit der Liebe beschäftigen,
- Dharmakathas, solche, die der Religion und Moral gewidmet sind,

und
– Sankirnakathas, solche, die gleicherweise die Erlangung aller drei Lebensziele darstellen.
Es ist klar, dass die Erzählungen, welche dem Leser in ansprechender Form Regeln der Lebensklugheit vermitteln oder ihn mit den verschiedenen Formen des Liebesgenusses bekannt machen, oft Verhältnisse zu schildern haben, die den moralischen Prinzipien der Jaina-Lehre nicht entsprechen, welche ja den Verzicht auf weltliche Güter und Genüsse und die Führung eines heimat- und besitzlosen Asketenlebens als Ideal verkündet. Die Autoren wurden den Forderungen der Religion dann gewöhnlich in der Weise gerecht, dass sie den Helden der Erzählung am Ende seines abenteuerlichen Lebens, nachdem er alle irdischen Freuden genossen, Mönch werden und so das religiöse Ideal an sich verwirklichen lassen. Die Erzählungen der Jainas sind aber auch noch in anderer Hinsicht mit ihren religiösen Anschauungen durchwoben; nämlich durch die ausgedehnte Verwendung, welche die Seelenwanderungslehre als dichterisches Motiv in ihnen findet. Am Ende vieler Geschichten tritt ein Weiser oder ein Kevali auf, der dem Helden auseinandersetzt, warum er in dieser seiner gegenwärtigen Existenz gerade diese Menge von Glück und Unglück erfahren habe und alle erfreulichen Erlebnisse auf in früheren Daseinsformen erworbenes Verdienst, alles Leid auf Verfehlungen in einem früheren Leben zurückführt.
Kathas und Kathanakas existieren in jeder Form und in jedem Umfange. Neben der kurzen Tierfabel und dem gedrängt erzählten Schildbürgerstreich gibt es lange und vielfach durch Einschachtelung neuer Erzählungen oft allzulange Geschichten in Prosa, in Versen oder in einem Gemisch von beiden. Als die literarisch bedeutsamste Gattung ist der Märchenroman bzw. (wenn derselbe in poetischer Form vorliegt) das romantische Epos anzusehen.
Bei der großen Fülle von Werken dieser Art, welche die Jainas hervorgebracht haben, ist es unmöglich, im begrenzten Rahmen dieses Buches auch nur auf die bedeutendsten von ihnen einzugehen. Ich muss mich daher hier im folgenden darauf beschränken, den Inhalt von einigen von ihnen knapp zu skizzieren.
Als einer der beliebtesten Epenstoffe ist die Geschichte von Jivaka (Jivandhara) anzusehen. Derselbe ist wiederholt in Sanskrit bearbeitet worden, so in Gunabhadras Uttarapurana, das dem 9. nachchr. Jahrhundert entstammt. Am berühmtesten ist aber die kunstvolle Tamil-Fassung, die

dem Tiruttakadevar (Sanskrit: Shridakshadeva) zugeschrieben wird, der im 10. oder 11. Jahrh. lebte. Ober die Entstehung der letzteren weiß die Legende folgendes zu berichten: Tiruttakadevar war Mitglied der berühmten Akademie von Madura. Seine Kollegen bemängelten an ihm, dass er mit dem Kamashastra (der wissenschaftlichen Erotik) nicht vertraut sei. Er erklärte darauf, er habe zwar bisher noch nichts Erotisches geschrieben, sei aber durchaus in der Lage, dies zu tun, und erbot sich, ein Werk zu schaffen, das Liebe und Lebensgenuss erschöpfend darstelle. Er schrieb dann den *Jivakacintamani,* in welchem in **18 Gesängen** acht Heiraten Jivakas, eine Heirat eines Freundes von Jivaka sowie die allegorische Vermählung des Helden mit Wissenschaft, Erde, Glück und Erlösung behandelt werden. Ein Lästerer behauptete, nachdem er das fertiggestellte Werk kennen gelernt hatte, Tiruttakadevar müsse ein Wüstling gewesen sein und große Erfahrungen auf erotischem Gebiete gesammelt haben, weil er die Liebe so lebenswahr zu schildern wisse. Der Dichter aber, der sein ganzes Leben hindurch keusch gelebt hatte, verteidigte sich gegen diesen Angriff, und zur Beteuerung seiner Unschuld nahm er eine glühende Eisenkugel in die Hand, indem er sagte: „Möge mich diese verbrennen, wenn ich nicht rein bin." Der Verlauf des Ordals bezeugte die Richtigkeit der Behauptung: Das Feuer konnte dem Mönch nichts anhaben, so dass er glänzend gerechtfertigt dastand.

Der Inhalt der berühmten Geschichte von Jivaka oder Jivandhara, den ich hier nach der ältesten bekannten Fassung, in Gunabhadras *Uttarapurana* kurz zusammenfasse, ist folgender:

König Satyandhara von Rajapura wurde von seinem ungetreuen Minister Kashthangaraka seines Thrones beraubt und getötet. Seiner Gattin Vijaya, die damals gerade guter Hoffnung war, gelang es, sich zu retten. Auf einem Leichenacker gab sie einem Knaben das Leben. Der Kaufmann Gandhotkara, dessen Kinder infolge einer von ihm in seinem früheren Leben aufgehäuften Schuld alle kurz nach der Geburt starben, kam damals gerade auf den Friedhof, um seinen neugeborenen, sogleich gestorbenen Sohn dorthin zu, bringen. Er nahm das Kind der Königin mit sich und zog es wie sein eigenes auf. Da er so, entsprechend einer ihm einst zuteilgewordenen Prophezeiung, einen lebenden Sohn für einen toten erhalten hatte, nannte er den Knaben Jivandhara (von Jiva, Leben). Jivandhara wuchs zusammen mit Nandadhya, einem später geborenen Sohne seines Pflegevaters, und anderen Jünglingen auf und gab frühzeitig Beweise außerordentlicher Klugheit und Kraft. Er bestand dann mancherlei

Abenteuer und heiratete acht Jungfrauen, die ihm vom Schicksal bestimmt waren; eine jede von ihnen gewann er vermöge seiner Beherrschung einer anderen Kunst; die eine durch sein Lautenspiel, eine andere dadurch, dass er Elefanten zu bändigen verstand, eine dritte, indem er sie von der Vergiftung durch Schlangenbiss heilte usw. Bei seinen Taten unterstützte ihn ein Yaksha (Geist), der vorher ein Hund gewesen war, welchen er von ihn quälenden Knaben befreit hatte. Schließlich tötete er den bösen Kashthangaraka und bestieg den väterlichen Thron. Nachdem er dann lange ruhmreich geherrscht, wurde er durch Mahaviras Predigt der Weltentsagung gewonnen. Er übergab sein Reich seinem Sohne, wurde ein Kevali und erlangte das Nirvana.

Die Schicksale Jivandharas und der Hauptpersonen sind alle durch das Band des Karma miteinander verwoben und finden als Folgen der Taten in vergangenen Existenzen ihre Erklärung. Jivandhara z. B. bleibt sechzehn Jahre von seinen Verwandten getrennt, weil er in einem früheren Leben einmal einen jungen Schwan sechzehn Tage von seinen Eltern ferngehalten hatte. Auch sonst spielt die Reinkarnations-Idee in der Erzählung eine große Rolle. So fällt die Prinzessin Shricandra einmal in Ohnmacht, als sie ein Taubenpärchen schnäbeln sah; sie hatte sich einer vergangenen Existenz erinnert, in welcher sie selbst eine Taube war und mit einem Täuberich in glücklicher Ehe lebte. Die Eltern lassen sich daraufhin von Shricandra alle ihre Erinnerungen an vergangene Daseinsformen erzählen, und diese von einem Künstler bildlich darstellen. Ein Tänzerpaar wird dann von ihnen damit beauftragt, mit der Leinwand die Märkte zu bereisen und die Bilder auszustellen, um den früheren Gatten zu ermitteln und wieder mit Shricandra zu vereinigen. Nandadhya sieht das Bild, erinnert sich selber seiner früheren Existenzen und heiratet schließlich die schöne Jungfrau.

Ein anderes berühmtes dramatisches Epos ist die „Bhavisatta-Kaha" des Kaufmanns Dhanavala, eines Digambara, der wahrscheinlich im 10. Jahrh. lebte. Die Dichtung zerfällt in 22 Gesänge und ist in gereimten Strophen in der Apabhransha-Sprache abgefasst, deren wichtigstes Literaturdenkmal sie darstellte. Der Inhalt ist kurz folgender: Der Kaufherr Bhavisatta im Königreiche Kurujangala wird auf einer Geschäftsreise zur Goldinsel unterwegs durch eine Intrige seines Stiefbruders Vandhuyatta auf einem einsamen Eiland ausgesetzt. Unter merkwürdigen Umständen findet er dort eine schöne Prinzessin, die er heiratet. Nachdem das Paar zwölf Jahre lang in Glück und Wonne gelebt hat, kommen zufällig die Schiffe Vandhuyattas wieder an der Insel vorbei. Die Stiefbrüder versöhnen sich, und Vandhu erbietet sich, Bhavisatta nach der Heimat zurückzubefördern. Schon ist alles zur Abfahrt gerüstet, da fällt unserm Helden ein, dass er einen Edelstein vergessen hat; er verlässt deshalb noch einmal das Schiff, um ihn zu holen. Da befiehlt der böse Vandhu, den Anker zu lichten, und lässt jenen verzweifelt zurück. In der Heimat angelangt, verfolgt Vandhu seine Schwägerin mit Liebesanträgen und lässt alles für seine Hochzeit mit ihr vorbereiten. Mit Hilfe eines Geisterfürsten gelangt Bhavisatta im Luftwagen in seine Vaterstadt. Er enthüllt dem Könige die Verbrechen seines Stiefbruders, erhält seine Gattin zurück, dazu noch die Hand der Königstochter und wird zum Kronprinzen ausgerufen. Der böse Vandhu hingegen flieht zum König von Poyana. Dieser sendet an den Fürsten von Kurujangala ein Ultimatum, in welchem er dessen Unterwerfung und die Herausgabe der beiden Frauen Bhavisattas fordert. Der Kurukönig beantwortet diese unverschämte Forderung mit einer Kriegserklärung. Es kommt zu heftigen Kämpfen, die schließlich mit der Niederlage des Herrschers von Poyana enden. Bhavisatta lebt nun lange glücklich mit seinen beiden Frauen. Schließlich aber wird er durch einen Heiligen, der ihm die Geschichte seiner vergangenen Existenzen erzählt, dazu bewogen, dem Weltleben zu entsagen. Er wird Mönch und erlangt nach mehreren Wiedergeburten die Erlösung.

In diese hier skizzierte Rahmenhandlung sind eine Fülle von anderen Legenden und Erzählungen eingeflochten, zum Teil wieder unter Verwendung des beliebten Seelenwanderungs-Motivs.

Märchenerzählungen in Poesie und Prosa gibt es in großer Zahl; ich nenne an dieser Stelle nur Padaliptas „Tarangavati", die aus den ersten Jahrhunderten n. Chr. stammt, uns jedoch nur in einer tausend Jahre jüngeren Bearbeitung mit dem Namen „Tarangalola" bekannt ist, die E. Leumann unter dem Titel „Die Nonne" ins Deutsche übertragen hat. Weitverbreitet ist ferner Haribhadras „Samaraiccakaha" , ein in Prakit-Prosa verfasster Roman mit eingeschobenen Strophen, von dem wir eine Verdeutschung von W. Kirfel erwarten dürfen. In diesem Werke werden die Schicksale von zwei einander feindlichen Personen neun Existenzen hindurch verfolgt; bald sind sie Vater und Sohn, bald Mann und Frau, bald stehen sie in anderen Beziehungen zu einander. Immer stellt der Böse dem Guten nach, und es gelingt ihm auch, ihn zu Tode zu bringen, bis jener schließlich die Erlösung erlangt.

Eine Sonderstellung unter den Kathas nehmen die Allegorien ein. Ihre Aufgabe ist es, die Wahrheit des Jaina-Glaubens in bildlicher Form darzustellen. Derartigen Versuchen begegnen wir schon in der kanonischen Literatur; später finden wir sie in den verschiedensten Erzählungswerken. Ein allegorischer Roman großen Stils ist Siddharshis „Upamiti-bhavaprapanca katha", die Erzählung, welche das Menschenleben im Gleichnis schildert (vollendet im Jahre 906 n. Chr.). Alle Tugenden und Laster figurieren hier in der Gestalt von Personen der verschiedensten Art und geben durch ihr Zusammenwirken ein buntes Bild des Lebens, gesehen vom Standpunkt eines Jainamönches. H. Jacobi hat das Werk in Bezug auf seine literarische Bedeutung Bunyans „Pilgrims Progress" an die Seite gestellt, mit welcher einst vielgelesenen Dichtung es auch die große Beliebtheit in den Kreisen der Frommen teilte.

Auch Kunstromane in Banas Art haben Jainas zu Verfassern. Es sind dies Werke, in denen auf den sprachlichen Ausdruck besonderes Gewicht gelegt ist und die deshalb als nach den Vorschriften der Poetik abgefasste Gedichte (Kavya) in Prosa oder in einer Mischung von Versen und Prosa angesehen werden können. Solche Werke sind Somadevas „Yashastilaka" und Dhanapalas „Tilakamanjari" (beide um 950 n. Chr. verfasst).

In allen den Werken der Erzählungsliteratur, von denen bisher die Rede gewesen war, steht der Inhalt im Mittelpunkte des Interesses. Das gilt nicht nur von den in Prosa abgefassten Geschichten, sondern auch von denen in gebundener Form, ja sogar von den Kunstromanen. Wenn sich auch die Darstellung in manchen von ihnen zu dichterischem Schwunge erhebt, so ist es doch vorzugsweise die spannende Handlung, welche den Leser zur Lektüre veranlasst, mag auch die oft allzu große Ausführlichkeit und das Sichverlieren in verwirrende Einzelheiten nicht dem Geschmack des europäischen Lesers zusagen. Daneben hat die Jaina-Literatur aber auch eine Reihe von Dichtungen hervorgebracht, bei welchen der Inhalt ganz zurücktritt hinter der Form. In ihnen soll jede Strophe ein in sich abgeschlossenes Ganzes darstellen; in jedem Verse versucht der Autor etwas Geistvolles und Außergewöhnliches zu sagen. Dieses Streben führte natürlich zu allerlei Künsteleien. Wie weit dieses Spiel des Geistes getrieben wurde, lehrt die Tatsache, dass zwei Jainadichter sogar die Aufgabe auf sich nahmen, an Kalidasas „Wolkenboten" das Kunststück der Strophenergänzung (Samasya-purana) durchzuführen, indem sie in einer jeden Strophe ihrer die Geschichte Arishtanemis bzw. Parshvas behandelnden Epen eine Zeile aus Kalidasas Meghaduta verwandten und die anderen Verse hinzufügten. Ein noch erstaunlicheres Kunststück vollbrachte der Digambara Shrutakirti (um 1125): In seinen

„Raghavapandaviya" ist jeder Vers einer doppelten Auslegung fähig und behandelt gleichzeitig den Stoff des Ramayana und Mahabharata. Auf dem Gebiet der Lyrik nehmen die Jainas für sich das Verdienst in Anspruch, dass zwei bedeutende Anthologien von sehr wertvollen Einzelstrophen in Prakrit in ihren Kreisen geschaffen oder zum Wenigsten in der uns heute vorliegenden Form gesammelt worden sind – ein Verdienst, das freilich der objektiven Prüfung problematisch bleibt, weil keine dieser bei den Gedichtsammlungen einen klar erkennbaren Jaina-Charakter trägt. Die nach volkstümlichen Mustern gedichteten „Siebenhundert Strophen" (Sattasai), die unter dem Namen des Hala Shatavahana oder Shalivahana gehen, der als einer der Andhrabhritya-Fürsten des Dekhans den Jainas als ihr Glaubensgenosse gilt, schildern Liebesleid und Liebeslust in entzückenden Genrebildchen. Der Sage nach sollen sie dadurch entstanden sein, dass Sarasvati, die Göttin der Rede, sich einmal anderthalb Tage lang im Lager Shatavahanas aufhielt und das ganze Heer, bis zu den Ross- und Elefantentreibern herab, zur Abfassung von Prakrit-Gedichten begeisterte und der König dann die 700 besten von diesen auswählte und sammelte. Ich lasse ein paar Kostproben folgen:

    Stirnschmuck der Nacht! Mond! Diadem des Himmels
    Der du die Nacht durchstrahlst in hellem Schein,
    Berühre mich mit deinen Strahlenhänden,
    Mit denen du berührst den Liebsten mein.

    „Du wirst kommen" hofft ich und im Fluge
    Mir die halbe Nacht verronnen war,
    Doch du kamst nicht, und der Rest der Stunden
    Währte wie ein langes Schmerzensjahr.

    Hartherzig geht mein Liebster fort von hier
    Schon morgen, alle Leute sagen's mir.
    So wachse denn, o wachse, süße Nacht,
    Dass uns ein Morgen niemals mehr erwacht.

    Vor Augen steht mir seine Wohlgestalt,
    Noch auf den Lippen seine Küsse brennen,
    In meinem Herzen ruht sein Herz, im Ohr
    Klingt noch sein Wort, kann uns das Schicksal trennen?

Wenn auch der Inhalt der meisten Strophen ein erotischer ist, so ist doch die ganze Sammlung nicht ausschließlich auf diesen Ton gestimmt; einige Strophen feiern brahmanische Gottheiten, andere geben allgemeine Sentenzen, z. B. die folgenden:

> Zukunftsbilder mit der Hoffnung Pinsel
> Malt der Geist wohl auf des Herzens Wand,
> Doch das Schicksal, lächelnd wie ein Knabe,
> Löscht sie alle aus mit leichter Hand.

> So lache du, dass niemand dich verlacht,
> Sprich, dass es freundlich klingt in deines Hörers Ohren,
> So lebe, dass du Ruhm im Leben dir erwirbst,
> Und stirb so, dass du nicht aufs neue wirst geboren.

Die andere Strophensammlung, die hier zu nennen ist, ist das Vajjalagga des Shvetambara Jayavallabha (Zeit noch unbekannt, jedenfalls vor 1336). Das Vajjalagga ist insofern umfassender als Halas Werk, als es sich nicht hauptsächlich auf die Schilderung der Liebe beschränkt, sondern alle drei Lebensziele, also auch Dharma (Pflicht, Religion) und Artha (Nutzen, Lebensklugheit) darstellt. Der Inhalt ist außerordentlich vielseitig: „Ein interessantes Stück Kulturgeschichte zieht an unserem Auge vorüber; zuerst werden wir bekannt gemacht mit den sittlichen Lebensanschauungen der Inder, ihrem Ideal eines guten Menschen, dem der Bösewicht als etwas Verächtliches gegenübergestellt wird. Treue Freundschaft und guter Lebenswandel finden den Beifall des Dichters, er rühmt Standhaftigkeit und herzhafte Entschlossenheit; begeisterte Verse sind dem tatkräftigen Menschen gewidmet. Der äußere Erfolg aber ist vom Schicksal abhängig. Und damit wird eingeführt das zweite Lebensziel des Menschen: Artha. Die Leiden der Armen werden in bitterer Ironie geschildert; Herr ist der eine, Diener der andere, so sagen weitere Verse, herrlich aber der, der die Sache seines Herrn verficht und als mutiger Soldat auf dem Schlachtfelde seinen Tod findet. Zwei Drittel des Vajjalagga beschäftigen sich mit Kama. Die Liebe von ihren zartesten Anfängen an bis zur wilden Leidenschaft wird in den Versen besungen, der heiße bittere Trennungsschmerz ebenso wie das Schmollen der Geliebten. Mögen die Verse reden von den Bienen, die den Honig aus den Knospen der Blumen saugen, oder den Elefanten, die ihre Freiheit in der Gefangenschaft fern von der Herde verloren, vom Hansa (d.

h. Königsgans) oder vom blühenden Jasmin, es sind nur Bilder; ihr eigentlicher versteckter Sinn ist die Liebe des Mannes zum Weibe. Der Inder, der in sexuellen Dingen harmloser, naiver denkt als ein Europäer, wird sich nicht gewundert haben, dass Verse folgen, die die Anomalien des Liebeslebens mit einer uns erschreckenden Deutlichkeit ausführen. In diesem Zusammenhang darf natürlich das Hetärenwesen nicht fehlen. Mit den Schilderungen der anmutigen Spiele Krishnas mit den Hirtinnen lenkt der Dichter in ein ruhigeres Fahrwasser wieder ein, und mit dem Preis der Jahreszeiten klingt das Vajjalagga aus.

Kunstvolle Strophen, in denen die verschiedenen Erscheinungen des Menschenlebens, die Schönheiten der Natur u. ä. geschildert werden, sind von einer großen Anzahl von Jainadichtern auch in Sanskrit und in den neuindischen Sprachen gedichtet worden. Im Kanaresischen z. B. besitzen wir mehrere Sammlungen dieser Art. Von Interesse ist es, dass sich auch Frauen an dieser literarischen Produktion beteiligten; so wird uns eine Nonne Kanti (um 1100) genannt, welche sich durch ihre Geschicklichkeit im Abfassen von Strophen über die verschiedensten Gegenstände hervortat.

Auch auf dem Gebiete der Gedankenlyrik unterscheiden sich die Schöpfungen der Jaina-Dichter vielfach nicht von denen der Poeten anderer Religionen. Dies erklärt die merkwürdige Tatsache, dass es eine Reihe von Dichtungen dieser Art gibt, deren Verfasser von den Jainas als Jainas betrachtet werden, während die Anhänger anderer indischer Glaubenslehren ihre Zugehörigkeit zu ihrer eigenen Sekte behaupten. Dies ist z. B. bei dem Kurral des tamilischen Webers Tiruvalluvar der Fall, der früher in das 8., jetzt meist in das 1. oder 2. Jahrhundert unserer Zeitrechnung gesetzt wird. Der Kurral enthält 2660 kurze Strophen, die von den drei Lebenszielen:
- Tugend,
- Nutzen und
- Liebe

handeln. Da jeder Hinweis auf das Dogma einer bestimmten Religion fehlt, ist es verständlich, dass Vishnuiten, Shivaiten und Buddhisten in gleicher Weise wie die Jainas den Anspruch erheben, das Werk sei von einem Bekenner ihrer Lehre verfasst. B. Seshagiri Sastriar und M. S. Ramaswami Ayyangar glauben, dass sich in einigen Strophen des Kurral tatsächlich Hinweise dafür finden, dass sein Verfasser ein Jaina war, eine Gleichsetzung desselben (der bei den Jainas auch Elacarya heißt) mit Kundakunda ist aber wenig wahrscheinlich.

Als Proben aus dieser berühmten Spruchsammlung gebe ich hier die sechs Sprüche wieder, welche unser großer Meisterübersetzer Rückert in deutsche Reime gekleidet hat.

> Die nicht Göttern Opfer bringt,
> Nur den Gatten treu umschlingt,
> Ist von Göttern so gesegnet:
> Regne, sagt sie, und es regnet.

> Wer nicht hat ein Weib getreu,
> Darf nicht wandeln wie ein Leu
> Vor den Feinden ohne Scheu.

> Süß wie Ambrosia dir der Bissen schmeckt,
> Wonach dein Kind sein Händchen streckt.
> Wem Flöt' und Laute lieblich schallen,
> Nie hat der gehört seines Kindes Lallen.

> Mehr als da sie ihn geboren,
> Freut sich eine Mutter dann,
> Wenn ihr Sohn vor ihren Ohren
> Wird mit Ruhm genannt als Mann.

> Wer nicht liebt, der hat alles für sich selber;
> Wer liebt, hat selbst für andere seinen Leib.

Auch Tiruvalluvars Schwester Avaiyyar soll ähnliche Strophen moralischen Inhalts verfasst haben.

Eine andere Sammlung gnomischer Sprüche ist das Naladiyar. Über dessen Entstehung wird das Folgende erzählt: Einst kamen 8000 Jaina-Asketen, die durch eine Hungersnot aus ihrer Heimat vertrieben worden waren, zum Pandya-König nach Madura und wurden von ihm gastlich aufgenommen. Als die Hungersnot vorüber war, rüsteten sie sich zur Rückkehr nach der Heimat; der König aber wollte die Fremdlinge, die seinem Hofe Glanz verliehen, nicht gehen lassen. Da blieb den Mönchen nichts anderes übrig, als heimlich bei Nacht fortzuziehen. Als sie dies taten, ließ jeder von ihnen an dem Platz, an dem er zu sitzen pflegte, einen Vierzeiler zurück. Der König befahl, die Palmblätter, auf denen diese Strophen standen, alle in den

Fluss Vaigai zu werfen. Zum großen Erstaunen aller stiegen aber 400 der Blätter im Wasser empor und schwammen gegen die Strömung ans Ufer. Sie wurden gesammelt und unter dem Namen Naladiyar herausgegeben. Einige weitere Strophen sollen noch an anderen Stellen das Ufer des Flusses erreicht haben und anderen Sammlungen einverleibt worden sein.
Stark ausgeprägt ist das Jainatum bei propagandistischen Lehrgedichten wie der „Sammlung schöner Sprüche" (Subhashita-sandoha) des Digambara-Mönches Amitagati (geschrieben 994 A.D.). Amitagati schildert in diesem Werke die Vergänglichkeit aller Sinnenlust, beschreibt das Altern und Sterben, bekämpft die Leidenschaften Zorn, Stolz, Trug, Gier, warnt vor dem Genuss von Alkohol, Fleisch, Honig, vor dem Glücksspiel und dem Besuch von Hetären, und ermahnt zur Erfüllung der Vorschriften der Jaina-Religion. Der Reihe nach werden von ihm alle irdischen Genüsse vorgenommen und in ihrer Wertlosigkeit dargetan. Mit wie starken Realismen er hierbei arbeitet, zeigen die folgenden Proben, in welchen er als echter Asket gegen den Verkehr mit Frauen auftritt: „Zu einem Wurme im Höllenschlunde wird der Gedankenlose, der sich an dem die drei Flüssigkeiten (im menschlichen Körper) affizierenden, einem Abtritte vergleichbaren, eine Würmerschar beherbergenden, überaus widerlich anzusehenden Leibe der Weiber ergötzt, der aus den Stoffen Haut, Fleisch, Knochen, Mark, Blut, Chylus, Fett und Samen erwächst und neun Öffnungen für die Unreinigkeiten, Kot, Harn, Blut, Tränen usw. besitzt.
Wie können Weise hier der Frau dienen, die die Schatzkammer aller Leiden, die Wohnung der Ungezogenheit, der Riegel vor der Himmelsstadt, der Pfad zur Höllenwohnung, die Quelle der Schmach, die Wohnstätte der Unbedachtsamkeiten, die Axt für den Lusthain der Frömmigkeit, der Reif für den Lotos der Tugenden, die Wurzel des Sündenbaumes, der Erdboden für das Schlinggewächs Betrug ist?"
Der Unrast und Unseligkeit derer, die in der von Flammen des Leides verbrannten Welt des Sansara umherirren, wird die Seelenruhe der friedevollen Büßer gegenübergestellt, die ihre Sinne bezähmt und alle ihre Habe aufgegeben haben. Unbekümmert um die Sonnenglut des Sommers besteigen sie, nur den Sonnenschirm der Entschlossenheit tragend, die steilen Spitzen der Berge, und unberührt von dem strengen Frost der Winternächte verharren sie auf dem Schneegebirge still in frommer Versenkung, während Lawinen herabdonnern und Stürme die Wälder entwurzeln.
Ein vielgepflegtes Gebiet der Jaina-Poesie ist die Hymnendichtung. Die

Preislieder sind in erster Linie den Tirthankaras geweiht, sei es einzelnen von ihnen oder allen. Daneben gibt es auch solche, die Göttern und heiligen Männern gewidmet sind. Die Lieder finden im Kultus eine ausgedehnte Verwendung; manchen von ihnen werden auch (runische) Zauberwirkungen zugeschrieben. Fast alle großen Jainaschriftsteller haben derartige Stotras verfasst. Eines der berühmtesten Stotras ist das „Bhaktamara-stotra" des Manatunga. Seine Datierung ist unsicher. Die Überlieferung macht Manatunga zu einem Zeitgenossen des Königs Bhoja und lässt ihn sein Werk im Wettstreit mit den beiden brahmanischen Dichtern Mayura und Bana (beide im 7. Jh.) verfassen. Nach der Legende dichtete Mayura eine „Zenturie an die Sonne" (Surya-shataka), durch welche er den Sonnengott gnädig stimmte, so dass dieser ihn vom Aussatz befreite, gegen den er bisher vergeblich alle möglichen Heilmittel versucht hatte. Um die Macht der Candi (Durga) zu erweisen, ließ sich Bana die Gliedmaßen abhauen und schrieb dann eine „Zenturie an Candi" (Candi-shataka), deren Strophen so kraftvoll waren, dass ihm die abgeschnittenen Glieder wieder anwuchsen. Um zu zeigen, dass auch die Jaina-Heiligen gleiche Wunder vollbringen könnten, ließ Manatunga sich fesseln und einschließen. Als er dann das Bhaktamara-stotra **sang,** sprang beim Ertönen einer jeden Strophe eine von den 42 Ketten, die ihn umgaben, so dass er schließlich aller Bande ledig war. Die Kommentare wissen von vielen Fällen zu erzählen, in denen einzelne Strophen des Bhaktamara-stotra auch später noch ihre wundertätige Macht bewiesen.

Das Stotra, das sich an den 1. Tirthankara, Rishabha, richtet, ist in Sanskrit, im Vasantatilaka-Metrum abgefasst. Ich lasse einige von seinen Strophen in der Nachbildung meines Vaters folgen:

(1) Tief verehre ich des Jina Füße, die den Glanz verbreiten,
Der noch heller strahlt als auf der Götter Haupt ein Edelstein,
Er zerstört die Nacht der Sünde und im Anfang unsrer Zeiten
War er Halt und Hort der Menschen in des Daseins Meer allein.
(2) Preis dem Ersten Jina; Lieder singen seines Ruhmes Kunde
Die durch die drei Welten tönen, allentzückend fort und fort,
Lieder aus der Himmelsherren, aus der höchsten Götter Munde,
Der beredten, die den andern leuchten vor in Sang und Wort.
(3) Du, dess´ Schemel zu verehren alle Himmlischen verlangen,
Festentschlossen will ich´s wagen, Herr, so sehr mein Herz auch bangt,
Dich zu preisen, dich zu rühmen, dich anbetend zu umfangen,

Wie ein Kind wohl nach des Mondes Bild im Wasserspiegel langt.
(11) Wer, Erhabener, dich anschaut, unverwandt in dich versunken,
Dessen Auge trägt nach keinem andern Anblick mehr Begehr.
Wer nur einmal aus der Milchsee mondscheinglänzend Nass getrunken,
Wie verlangte der zu trinken bitt'res Wasser aus dem Meer?
(22) Es gebären ungezählte Mütter ungezählte Söhne,
Doch nicht eine hat geboren einen einz'gen, der dir gleicht.
Jeder Himmelsraum beherbergt Sternenbilder, leuchtend schöne,
Aber einzig aus dem Osten strahlend hell die Sonne steigt.
(40) Wo ein unterirdisch Feuer brennt im tiefen Weltenmeere,
Wo die Ungetüme hausen und der wilde Haifisch lebt,
Fahren ohne Furcht die Schiffer, die gedenken deiner Lehre,
Ob ihr Fahrzeug auch auf Bergen von bewegten Wogen schwebt.
(42) Wenn in Fesseln sind geschmiedet eines Menschen Haupt und Glieder,
Wenn die Füße ihm in tausend starke Ketten eingezwängt,
Wird er frei von allen Fesseln, seine Ketten fallen nieder,
Wenn an deines *hohen Namens heil'ges Zauberwort* er denkt.

9. Das Drama.

Das Drama gilt den Indern als die Blüte der Dichtkunst, weil sich in ihm Epik und Lyrik mit der mimischen Darstellung zu einen künstlerischen Einheit verbinden. Die Jaina-Dichter sind auch auf diesem Gebiete tätig gewesen. Als Stoffe fanden in erster Linie heilige Legenden Verwendung, so ist die Rama-Sage von Ramacandra, einem Schüler Hemacandras, in seinem „Raghuvilasa", von Hastimalla im „Maithilikalyana" bearbeitet worden, die Geschichte von Jivaka von Haricandra im „Jivandharanataka" usw. Auch historische Stoffe haben ihre dramatische Ausgestaltung gefunden; so behandelte der Shvetamhara Jayasinha in seinem „Hammira-mada-mardana" (Die Vernichtung des Stolzes des Hammira) die Vertreibung eines mohammedanischen Amir „Milacchikara" durch den Caulukya-König Viradhavala von Dholka. Der Name Milacchikara ist eine Verballhornung aus der arabischen mir-shikar, d. h. Jagdmeister, welcher Titel dem späteren Sultan Shamsuddin Iltutmish (Altamsh) von seinem Vorgänger verliehen worden war.

Ein allegorisches Drama ist Yashahpalas „Moharaja-parajaya", d. h. die Besiegung des Königs Irrtum, aus dem Ende des 12. Jh. Es spielt in Anhilvad und hat die Bekehrung des Königs Kumarapala durch den großen

Hemacandra zum Thema. Symbolisch wird dies als ein Sieg über den König Irrwahn (Moha) dargestellt. Kumarapala heiratet Kripasundari (Mitleid), die Tochter des Königs Vivekacandra (Mond der Einsicht). Letzterer war durch Moha aus seiner Residenz Janamanovritti (Menschenherz) vertrieben worden, kehrt in diese aber nach Mohas Niederlage triumphierend zurück.

Einige weitere allegorische Dramen verschiedener Verfasser macht Sten Konow namhaft; unter diesen befindet sich auch ein Stück des zeitgenössischen Padmaraja Pandita, das anlässlich der Einweihung eines Bildes des Tirthankara Shanti in Maisur im Jahre 1897 geschrieben wurde.

10. Die Tagesliteratur.

Eine Tagesliteratur in der heutigen Ausdehnung entstand in Indien wie in anderen Ländern erst seit der Einführung der Druckerpresse und der Vervollkommnung der Verkehrsmittel. Ansätze zu einer solchen mag es in bescheidenem Umfange aber schon früher gegeben haben, wenn auch wenig davon auf uns gekommen ist, weil das, was aus der Zeit heraus, für die Zeit geschaffen wurde, zumal wenn es nur in ganz wenigen Exemplaren handschriftlich verbreitet worden war, bald völlig der Vergessenheit anheimfallen musste, schon allein, weil es nicht mehr genügend Interesse besaß, um jemanden dazu zu veranlassen, es aufzubewahren, geschweige denn es erneut zu kopieren.

Vorläufer der modernen Zeitungskorrespondenzen kann man in den sogenannten Vijnaptis sehen. Es sind dies Briefe, die von Jainas am letzten Tage der Paryushana-Woche an ihre geistlichen Oberen geschrieben wurden. Bekanntlich sollen die Jainas keinen Streit über diesen letzten Tag ihres Jahres hinaustragen und keine Sünde des alten Jahres ungebeichtet lassen. Sie schicken deshalb Briefe in die Ferne an Personen, welche mit ihnen einen Zwist gehabt haben, um sich mit ihnen zu versöhnen, und senden ihrem Guru ein Schreiben, in welchem sie ihre Sünden beichten, um Vergebung zu erhalten. In der Vergangenheit wurden die an den Guru gesandten Vijnaptis oft zu ausführlichen Berichten über die Ereignisse der letzten Zeit. Mitunter wurden sie geradezu zu kleinen literarischen Arbeiten, die in kunstvollem Sanskrit abgefasst waren, so sind z. B. die in Nachahmung von Kalidasas „Meghaduta" verfassten Gedichte Indu-duta und Ceto-duta ursprünglich Vijnaptis gewesen. Die Vijnaptis von Mönchen waren oft von beträchtlicher Länge; so gibt es welche, die eine Rolle von fast 60 Fuß Länge bedecken. Sie sind mitunter mit hübschen Bildern geschmückt, die freilich (ebenso wie in den modernen indischen Büchern) oft in keiner Beziehung zum Inhalt stehen, wie Darstellungen von Moscheen, Akrobaten usw. Als authentische Dokumente sind die Vijnaptis mitunter von historischem Interesse, weswegen die Jaina-Atmananda-Sabha in Bhavnagar in jüngster Zeit einige von ihnen in der Sammlung „Itihasamala" hat drucken lassen. Eine solche Vijnapti schildert z. B. die Reise eines Mönches nach Kangra, einer ganz im Norden am Himalaya gelegenen Stadt des Panjab, im 15. Jahrhundert es.

In der Gegenwart ist die Tagesliteratur der Jainas sehr bedeutend und bei der Größe ihres Umfangs kaum übersehbar. Eine Reihe von Zeitungen und Zeitschriften in den verschiedensten Sprachen suchen ihre Interessen wahrzunehmen. Ich nenne hier nur die wichtigsten. Die Digambaras unterhalten eine Reihe von Blättern: die in Surat erscheinende Monatsschrift „Digambara Jain" mit Aufsätzen in mehreren Sprachen, die „Hindi Jain Gazette", den „Jain Mitra" und die Frauenzeitschrift „Jain Nari Hitkari". Offizielles Organ der Interessenvertretung der Shvetambaras ist der hauptsächlich Aufsätze in Gujarati enthaltende „Shri Jain Shvetambar Kanpharans Harald" (Conference Herald); andere ihrer Blätter sind das in Benares herausgegebene „Jain Shasan" und der „Jain Dharm Prakash", Die Sthanakavasis geben einen „Conference Prakash" und eine Monatsschrift „Jain Hitecchi" heraus. Die Central Jain Library in Arrah, welche der Mittelpunkt der Bestrebungen aller Richtungen sein will, lässt eine Monatsschrift „Jaina Siddhanta Bhaskara" in der Hindi-Sprache in Kalkutta erscheinen. Die All-India Jaina Association veröffentlicht eine englische Monatsschrift „Jaina Gazette" in Madras usw.

Neben diesen periodisch herauskommenden Schriften werden alljährlich noch eine Fülle von Flugschriften, Aufsätzen und Artikeln in den verschiedenen Teilen Indiens publiziert, welche zu aktuellen Fragen Stellung nehmen und diese vom Jaina-Standpunkte beleuchten.

11. Ethik.
Die theoretische Grundlage der Ethik.
Das Leiden und die Möglichkeit einer Erlösung.

„Asarah sansarah" = nichtig ist das Leben in der Welt – das ist die große Gleichung, die nach der Lehre der Jainas den Wert alles Daseins in körperlichen Existenzformen ausdrückt. Alle Jivas, gleichviel, ob sie in den

Höllen, in der Tier- und Menschenwelt oder in den Himmeln weilen, sind dem Leid unterworfen, unterliegen dem Drang nie gestillter Begierden und fallen dem Schmerz und dem Tode anheim. In zahllosen Schriften und Predigten, in Erzählungen und Sinngedichten verkünden die Jaina-Lehrer diese Wahrheiten immer aufs Neue und werden nie müde, sie den Gläubigen wieder und wieder auf das nachdrücklichste einzuschärfen. In systematisch-umständlicher Weise lässt Hemacandra in seinem „Trishashti-shalaka-purusha-caritra" IV, 3, 82 ff. den Tirthankara Padmaprabha in einer großen Predigt ausführlich dartun, dass alle Wesen, von den niedrigsten bis zu den höchsten, dem Leide unterworfen sind.

Schreckliche Qualen erdulden die Jivas, die in den heißen und kalten Höllen für ihre Missetaten büßen. Furchtbare Asuras zersägen ihre Leiber und zermartern sie mit entsetzlichen Folterwerkzeugen, sie braten sie an Spießen und reißen ihnen die Augen aus. Unerträgliche Pein verursacht ihnen das Jucken ihres Körpers, der Durst, den sie vergeblich im Höllenfluss zu stillen suchen, in dem glühendes geschmolzenes Blei an Stelle des Wassers fließt. Wenn sie unter den Bäumen eines Waldes Schatten suchen, dann fallen scharfe Schwerter, die deren Blätter bilden, auf sie herab und zerreißen sie in tausend Stücke. Unnennbar sind auch die Schmerzen, die sich die Höllenbewohner gegenseitig, von Zorn und Gram verzehrt, zufügen, und die Plagen, denen sie unter der Wirkung ihrer eigenen Leidenschaften und ihres bösen Karma unterliegen. Alles Leid in den Höllen aber ist um so schlimmer, weil es nie zu einer vorzeitigen Beendigung des Daseins führt; die misshandelten und zerrissenen Leiber fügen sich immer von Neuem zusammen, denn sie sind unzerstörbar, solange das Karma seine Wirkung ausübt, und zerfallen erst, wenn dieses seine Kraft erschöpft hat, was bis zu 33 Zeitozeanen in Anspruch nehmen kann.

Die Leiden der Tiere sind zwar gering im Verhältnis zu denen der Höllenbewohner, doch sind auch sie in ihrer Art schrecklich. Die Elementarwesen mit einem Sinn sind jedem Angriff schutzlos preisgegeben. Die Erdwesen werden von Rossen und Elefanten zertrampelt, von Pflügen zerrissen, von Wasserfluten ertränkt; die Wasserwesen von der Sonne verbrannt, von der Kälte zum Erstarren gebracht, von den Durstigen verschluckt; die Feuerwesen werden von Wasser aufgesogen. Die Windwesen belästigen sich gegenseitig, wenn sie verschieden gerichteten Stürmen angehören, der aus dem Munde anderer Wesen ausströmende Hauch beschädigt sie, und die Bewegung von Dingen im Raum und das

Schwingen von Fächern setzt ihrem Leben ein Ende. Die Pflanzenseelen werden von der Sonne versengt, durch das Wasser ertränkt, durch die Winde verletzt und von Wesen der verschiedensten Art zertreten, entwurzelt und verzehrt. Die Tiere mit 2, 3, 4, 5 Sinnesorganen unterliegen dem mannigfachsten Schmerz und Ungemach, Würmer werden achtlos gestoßen und zermalmt, Wanzen und Läuse zerdrückt, Bienen von nach Honig Lüsternen erschlagen, Fische gefangen und an Spießen gebraten, Vögel von ihresgleichen getötet. Bei den fünf sinnigen Tieren der Erde werden die schwächeren von den stärkeren gefressen, manche werden von Menschen dazu gezwungen, schwere Lasten zu tragen und werden mit Peitsche und Stachel misshandelt.

Glücklicher als das Tier ist der Mensch, denn ihm ist es möglich, der Aufhäufung von neuem Karma ein Ziel zu setzen und die Erlösung zu erreichen. Wie wenige aber nutzen diesen unendlichen Vorzug menschlichen Daseins, der nur durch gutes Karma in früheren Existenzen schwer zu erlangen ist! Statt gute Werke zu vollbringen, gehen sie der Gier nach Gewinn, der Sucht nach Vergnügen nach. Nichtigem und unwürdigem Tun ergeben, sind die meisten Menschen als Kinder Schweine, die sich im Kote wälzen, in der Jugend Liebesesel und alte Ochsen in reiferen Jahren. Armut, Sklaverei, Krankheit, Altersbeschwerden und Todesqual vergällen Ariern und Nichtariern das Leben, das schon mit furchtbaren Qualen beginnt, wenn der Jiva in die Hölle des Mutterschoßes eingegangen, aus der drangvollen Enge den Weg heraus zu finden sucht.

Auch bei den Göttern herrscht das Leid. Wohl sind die Himmlischen frei von den Beschwerden der Irdischen und verbringen ihre Tage in Glanz und Wonne, aber auch sie sind nie ganz glücklich. Wenn die Devas der niedrigeren Klassen die Pracht und die Herrlichkeit derjenigen der höheren Rangstufen sehen, dann werden sie von Neid erfüllt und machen sich Gedanken darüber, warum sie es selber nicht so gut haben, wie jene. Wenn die Zeichen erscheinen, die ihnen ankündigen, dass sie ihre himmlischen Stätten verlassen müssen, um auf Erden eine neue Geburt zu erlangen, dann fürchten sie sich davor, in einen Mutterleib gebannt zu werden, und die Sorge um die unbekannte Zukunft, die ihnen bevorsteht, vergällt ihnen all die Genüsse, deren sie sich zu erfreuen haben.

So ist alles Leben Leiden, und jede der unendlich vielen Seelen, die seit anfangsloser Zeit aus einer Existenz in eine andere ziehen, wie aus einem Mietshaus in ein anderes, ist dessen gewiss, dass sie überall viel Leid und wenig Lust findet. Obwohl aber im Sansara der Schmerz so groß ist wie der

Meru-Berg, und die Freude nur so klein wie ein Senfkorn, obwohl alles Glück schwankt wie eine Woge und so schnell entschwindet wie ein Blitzstrahl, hängt jedes Wesen doch mit allen Fasern seines Herzens am Leben und vergisst über den kleinen Freuden, die es ihm gewährt, das ganze schreckliche Unheil, das im ewigen Wechsel Geburt, Alter, Krankheit und Tod über es bringt.

So gleicht jedes Wesen dem Mann im Brunnen, von dem eine viel verbreitete Parabel erzählt. Ein Mann – so heißt es in dieser Geschichte – wurde in einem großen Walde von einem riesigen wilden Elefanten bedroht. Er flüchtete sich zu einem großen Feigenbaum, vermochte diesen aber nicht zu erklettern und sprang deshalb in einen neben ihm befindlichen alten, mit Gras überwachsenen Brunnen. Im Sprung erhaschte er ein Rohrbüschel, das aus der Brunnenwand herauswuchs, während der Elefant seinen Rüssel nach ihm ausstreckte und schon sein Haupt berührte, ohne ihn packen zu können. Als er um sich sah, gewahrte er auf dem Boden der Grube eine gewaltige Riesenschlange, die ihn zu verschlingen drohte, und vier kleinere Schlangen mit geblähten Hauben, die ihm entgegenfauchten. Angstvoll umklammerte er das Rohrbüschel, um ja nicht in die Tiefe hinabzusinken. Da fiel sein Blick nach oben, und er erkannte zu seinem Schrecken, dass eine weiße und eine schwarze Maus mit spitzen Zähnen an dem Rohr nagten und dass der Elefant mit aller Macht gegen den Baum schlug. Aus einem Ast des letzteren aber flogen, durch die Gewalt des Stoßes aufgescheucht, zahllose Bienen heraus, die den Mann im Brunnen mit ihren Stacheln stachen. So von allen Seiten gepeinigt, bemerkte der Unglückliche plötzlich, dass ein Honigtropfen aus dem Baum herniederfiel, seine Stirn berührte und ihm langsam in den Mund quoll. Gierig schlürfte er ihn, kostete mit Wonne seine Süßigkeit und vergaß darüber all das Unheil, das ihn bedrängte.

Dem Mann im Brunnen gleicht die Seele: Der Wald ist der Sansara, der Baum das Leben, der Brunnen das Menschendasein. Der Elefant, der ihn bedroht, ist der Tod, die Riesenschlange die Hölle, die vier andern Schlangen bedeuten die vier elementaren Leidenschaften, die beiden Mäuse die hellen und dunklen Monatshälften, die Bienen die Krankheiten. Der Honigtropfen aber stellt das Glück vor, das die Welt zu bieten vermag.

So wie der Mann im Brunnen vergisst auch die Seele oft über den flüchtigen Genuss der Sinne die schreckliche Lage, in der sie sich befindet. Wenn sie ihr aber zum Bewusstsein kommt, dann sehnt sie sich heraus aus all dem Leid und strebt nach der Befreiung von allem Schmerz, nach der

Erlösung.

Nur ein Teil der Wesen in der Welt ist freilich dazu geeignet, das Heil zu erreichen, denn nicht bei allen setzt die Entwicklung ein, die sie aus dem Zustande völliger Gleichgültigkeit heraushebt, und nicht alle führt sie bis zur Heilsgewinnung.

Von den vielen, ganz kleinen, feinen Lebewesen (Nigoda), die das Weltall erfüllen, haben viele indifferenzierten Irrglauben, in dem sie weder zum Guten und zum Bösen neigen. Erst wenn diese durch irgendwelche zufällige Umstände aus ihrer Gleichgültigkeit aufgerüttelt werden, nimmt ihr Irrglaube eine bestimmte Form an. Damit aber ist erst die Voraussetzung geschaffen für eine geistige Entwicklung, die schließlich zur Erlösung führen kann, aber nicht zu führen braucht. Denn es gibt in allen Wesensklassen nicht erlösungsfähige (abhavya) Jivas, die niemals über den Irrglauben hinauskommen und gar nicht danach streben, das Heil zu erreichen. Nur die Wesen, die vom Schicksal zur Erlösungsfähigkeit (Bhavyatva) prädestiniert sind, erkennen schließlich die Wahrheit der Religion der Jinas, werden des Umherirrens in immer neuen Daseinsformen müde, üben Selbstzucht und Askese und gewinnen schließlich das Heil.

12. Die Ursachen des Karma.

Das notwendige Erfordernis für das Herauskommen aus dem Sansara ist die Kenntnis der Ursachen, welche die beständige Bindung neuer Karmas hervorrufen, und die Ausschaltung eben dieser Ursachen. Die Ursachen der Bindung sind:
1. Mithyatva, Irrglaube,
2. Avirati, mangelnde Selbstzucht, d. h. Nichtbeachten der Gebote,
3. Kashaya, Leidenschaft.
4. Yoga, Betätigung.

Jede von diesen Ursachen wird wieder in eine große Zahl von Unterteilen zerlegt; einer jeden von ihnen wird die Bindung von bestimmten Karmas zugeschrieben. Da nun jedes dieser Karmas naturgemäß nur so lange gebunden werden kann, als die Ursache seiner Bindung vorhanden ist, so hört seine Bindung auf, sobald seine Ursache entfernt ist. Die Bindungsursachen können aber nur der Reihe nach entfernt werden, nicht außer der Reihe. Auf Grund dieser Theorie wird der Weg vom völligen Irrglauben bis zur Erlösung in 14 Stufen (Gunasthana) zerlegt, von denen sich stets die höhere von der ihr vorhergehenden dadurch unterscheidet, dass bei ihr eine der Bindungsursachen ganz oder zum Teil eliminiert worden ist und dementsprechend eine Reihe von Karmas nicht mehr gebunden werden. Sind die Leidenschaften und alle vorausgehenden Bindungs-Ursachen beseitigt, so bindet der Jiva nur das Karma Lustgefühl – das einzige, das ihn die Betätigung (Yoga) für sich allein assimilieren lässt; ist auch die Betätigung geschwunden, so wird überhaupt kein Karma mehr gebunden, und die Erlösung ist erreicht.

13. Der Weg zur Erlösung.

Die geistige Entwickelung der Seele ist bedingt durch die Ausmerzung der Glauben und Wandel störenden Karmas. Da nun die Realisation eines derartigen Mohaniya-Karma die Bindung eines neuen Karma derselben Art, das noch dazu eine bedeutende Dauer (Sthiti) besitzt, verursacht, so kann die Bindung von neuem Mohaniya-Karma nicht durch einen an sich guten Gemütszustand verhindert werden. Der Jiva muss vielmehr zu diesem Zweck drei Prozesse durchlaufen, die alle, nur den Bruchteil eines Muhurta (48 Minuten) während, eine Reduktion des Karma zur Folge haben. Befähigt hierfür sind nur vernünftige, vollständig entwickelte fünfsinnige Wesen aller vier Daseinsstufen, die eine Betätigung von Leib, Rede und Denkorgan, formaliter bestimmte Erkenntnis und eine der besten Leshyas haben.

Der 1. Prozess „Yathapravritti-karana" hat eine Verringerung der Dauer und Intensität der Karmas zur Folge. Er kann öfters wiederholt werden, führt jedoch nur zum Ziel, wenn die beiden anderen Prozesse ihm folgen.

Der 2. Prozess „Apurva-karana" wirkt in ähnlicher Weise fördernd auf die Reinheit der Seele. Mit der Ausführung desselben wird der Knoten (Grantha) in unserem Inneren, d. h. die im Herzen wurzelnde Störung von Glauben und Wandel, gespalten und damit dem geistigen Fortschritt das Tor geöffnet.

Der 3. Prozess „Anivritti-karana" reduziert wieder Dauer und Intensität des Karma, außerdem aber wird ein Teil des auf den Irrglauben entfallenden Karma-Stoffes in drei Haufen zerlegt, einen unreinen für den Irrglauben, einen halbreinen für den Mischglauben und einen reinen für den niederen (kshayopashamika) Glauben. Nach kurzer Zeit kommt dann einer von diesen zur Realisation und bestimmt dadurch das weitere Schicksal der Seele, die entweder wieder zum Irrglauben zurückkehrt – so dass der ganze Prozess ohne nachhaltige Wirkung war – oder schließlich die niedere Form des wahren Glaubens erlangt.

In ähnlicher Weise geht auch durch die drei Prozesse die Abtrennung der Karmas der lebenslänglichen Leidenschaften vor sich; derjenige, welcher den (kshayopashamika) Glauben erreichte, kann bis zum Apramatta-samyata-gunasthana, d. h. bis zur 7. Tugendstufe, auf welcher er Selbstzucht ohne Fahrlässigkeit besitzt, vordringen; wenn er weiter kommen will, muss er einen der beiden methodischen Wege beschreiten, die es verursachen, dass das Karma nicht zur Realisation kommt: Die Upashama-shreni oder die Kshapaka-shreni.

Upashama heißt Beruhigen, Besänftigen; wer den Upashama von Karmas ausübt, vermag sich soweit zu beherrschen, dass die Karmas ihre Wirkung nicht äußern können. Das aufgestapelte potentielle (Satta-) Karma wird unterdrückt, so dass es sich nicht manifestieren kann, es wird aber nicht mit der Wurzel ausgerottet, besteht deshalb in latentem Zustande noch immer weiter und kann bei Gelegenheit wieder hervorbrechen. Wird die Unterdrückung von Karmas in systematischer Weise in einer bestimmten Reihenfolge vorgenommen, so besteht eine Upashama-shreni, eine Stufenleiter, die schließlich mit der vollständigen Unterdrückung aller Mohaniya-karmas endet. Diese Stufenleiter kann von einer Seele im 4. bis 7. Gunasthana „bestiegen" werden, bei regulärem Verlauf passiert diese dann die folgenden Gunasthanas bis zum 11. und wird so ein Upashanta-moha. In diesem Zustande verweilt die Seele nur ganz kurze Zeit, mitunter nur 1 Samaya lang. Sobald diese Zeit um ist, stürzt sie aus dem Gunasthana herab. Der Herabfall kann aus zwei Ursachen erfolgen: Entweder durch die Beendigung der Existenz, durch den Tod des Individuums, oder den Ablauf der für diesen Upashantamoha-Zustand möglichen Zeit. Tritt das erstere ein, d. h. stirbt ein Wesen in diesem Gunasthana, so wird es als Anuttarasura-Gott wiedergeboren, fällt aber sofort aus dem 11. in das 5. Gunasthana. Tritt der zweite Fall ein, d. h. also, endet der mögliche Zeitabschnitt, so sinkt der Jiva auf das 7., unter Umständen aber auf eines der noch tiefer liegenden Gunasthanas zurück.

Die Upashama-shreni dauert im ganzen nur 48 Minuten; sie kann während einer Existenz zweimal bestiegen werden; ist dies der Fall, so ist eine Erlösung während dieser Geburt unmöglich. Wird sie hingegen nur einmal bestiegen, so hat das Individuum immer noch die Chance, nach seinem Herabfall die Kshapaka-shreni zu erlangen, die zum Nirvana führt.

Die Kshapaka-shreni ist die Stufenleiter zur Vernichtung der Karmas. Fähig, den Aufstieg auf ihr zu beginnen, ist nur ein über acht Jahre alter, mit der besten Fügung der Gelenke versehener Mensch, der sich im 4.-7. Gunasthana befindet. Derselbe vernichtet sukzessive die verschiedenen Arten des potentiellen Karma. Schließlich wird er ein Sayogi-kevali, ein allwissender Heiliger, der noch eine Zeitlang körperlich auf Erden wandelt, um dann in die Erlösung einzugehen.

14. Die 14 Gunasthanas.

Vom Zustande der vollkommenen Abhängigkeit vom Karma bis zu dem der gänzlichen Loslösung von ihm lassen sich 14 Stadien, die schon vorher erwähnten Gunasthanas unterscheiden. Diese sind in logischer Weise angeordnet, nach dem Prinzip der abnehmenden Sündhaftigkeit und der zunehmenden Reinheit, nicht in der chronologischen Reihenfolge, in der sie durchlaufen werden können. Denn bei jeder Seele sind Rückfälle möglich, die sie von den erklommenen Stufen herabstürzen und die bisherige Entwicklung ganz oder teilweise aufheben können. Dies wird noch verständlicher, wenn man in Betracht zieht, dass der Aufenthalt in manchen Gunasthanas nur wenige Minuten zu dauern braucht, so dass es sehr wohl möglich ist, dass jemand am Morgen eines Tages sich auf einer hohen Stufe befindet, am Mittag von ihr herabsinkt und am Abend wieder zu ihr emporsteigt. Aber selbst wenn man von der Möglichkeit eines Rückfalls absehen würde, wäre es unmöglich, alle 14 Stufen hintereinander zu passieren, weil ein direkter Übergang von der 1. in die 2. Stufe ausgeschlossen ist und die 11. Stufe nicht unmittelbar vor der 12. bis 14. durchlaufen wird. Auf die verschiedenen Möglichkeiten der Aufeinanderfolge der Gunasthanas ist bereits im vorhergehenden Abschnitt hingewiesen worden.

Im folgenden führe ich die einzelnen Gunasthanas in der üblichen Ordnung auf und gebe eine kurze Charakteristik eines jeden.
1. Mithyadrishti-gunasthana. Diese Stufe ist durch völligen Irrglauben gekennzeichnet. Viele Seelen, d. h. alle nicht erlösungsfähigen, kommen nie über dieses Stadium hinaus, ebenso auch diejenigen, welche als voll entwickelte, nicht vernunftbegabte Tiere mit 1 bis 5 Sinnen geboren sind, solange ihre Existenz in dieser Wesenklasse währt. Andere erheben sich von hier, und zwar zumeist unmittelbar bis zum 4. Gunasthana, können aber wieder hierher zurücksinken und verbleiben dann hier eine Zeit, die im Minimum den Bruchteil eines Muhurta (48 Minuten), im Maximum etwas weniger als ½

PudgalapaniYarta beträgt.
2. Sasyadana-samyagdrishti-gunasthana, die Stufe, auf welcher ein Geschmack des rechten Glaubens vorhanden ist. In diesem Stadium, das im Minimum nur 1 Samaya, im Höchstmaße 6 Ayalikas dauert, befinden sich Wesen, die den Bruchteil eines Muhurta lang den Aupashamika-Glauben besessen, diesen aber infolge des Herverbrechens der lebenslänglichen Leidenschaften wieder verloren hatten. Es ist demnach der nur ganz kurzfristige Zustand, der zwischen einer Stufe, auf welcher der Irrglaube unterdrückt war (wie der 4.), und der untersten, auf welcher er in voller Kraft ist, liegt; nach Ablauf der Zeit desselben sinkt die Seele wieder in das I. Gunasthana zurück. Sasvadanas können alle vernunftbegabten Wesen mit 5 Sinnen werden, sowie unentwickelte Tiere jeder Art.
3. Samyagmithyadrishti-gunasthana, das Stadium des Mischglaubens. Der Aufenthalt auf dieser Stufe, auf welcher sich entwickelte vernunftbegabte Wesen aller Art befinden können, dauert nur den Bruchteil eines Muhurta; ist die Zeit um, so erlangt die Seele je nach den Umständen den rechten oder den falschen Glauben. Gewöhnlich wird dieses Gunasthana von Jivas durchlaufen, die von der 4. Stufe herabfielen.
4. Avirata-samyagdrishti-gunasthana. Die Wesen, die sich auf dieser Stufe befinden – d. h. vernunftbegabte Fünfsinnige jeder Art –, besitzen den rechten Glauben (und zwar eine Form der unter Nr. 4, 5, 6 angegebenen), aber noch keine Selbstzucht. Hier kann die methodische Unterdrückung oder Vernichtung des Karma auf einer der beiden Shrenis begonnen werden. Die Dauer dieses Gunasthana beträgt im Minimum den Bruchteil eines Muhurta, im Maximum 33 Sagaropamas und etwas mehr (d. h. das Höchstmaß des Lebens der Götter und Höllenwesen, welche sich auf dieser Stufe befinden können).
5. Deshavirata-samyagdrishti-gunasthana. Hier ist der rechte Glaube und teilweise Selbstzucht vorhanden. Der Aufenthalt auf dieser Stufe, auf welcher sich im Gegensatz zu den vorhergehenden Götter und Höllenwesen nicht mehr befinden können, sondern nur vollentwickelte vernünftige Tiere und Menschen, beträgt im Maximum etwas weniger als eine Purvakoti, im Minimum den Bruchteil eines Muhurta. Die Wesen auf dieser Stufe sind entweder

ohne Shreni oder beginnen eine der beiden Shrenis hier, bzw. befinden sich auf einer von ihnen.

6. Pramatta-samyata-gunasthana. In diesem Stadium, das wie alle jetzt folgenden nur Menschen zugänglich ist, ist die vollkommene Selbstzucht erreicht, doch wird diese noch durch Fahrlässigkeit (Pramada), entstanden durch Realisation der aufflammenden Leidenschaften, des Schlafes usw. gestört. Von diesem Gunasthana an kann die transzendente Erkenntnis der Gedanken anderer in die Erscheinung treten. Die Dauer des Aufenthalts auf dieser Stufe beträgt im Minimum 1 Samaya, im Maximum einen Muhurta. Stirbt jemand nach einem Samaya, so wird er ein Avirata (Stufe 4), stirbt er, nachdem ein Muhurta fast vorüber ist, so wird er ein Deshavirata (Stufe 5). Ist der Muhurta hingegen ohne Zwischenfall verstrichen, so gelangt die Seele in das folgende, 7. Gunasthana, woselbst sie den Bruchteil eines Muhurta hindurch verbleibt, um dann wieder in das Pramatta-gunasthana zurückzukehren, worauf das Spiel von neuem beginnt. Dieses Schwanken zwischen dem 6. und 7. Gunasthana währt im Höchstmaße etwas weniger als eine Purvakoti. Dies bezieht sich auf Asketen, die keine Shreni bestiegen haben; wird eine solche bestiegen oder fortgeführt, so findet ein derartiges Schwanken nicht statt. Charakteristisch für diese Stufe ist es, dass nur auf ihr sich der Versetzungsleib (Astralleib) entfaltet.

7. Apramatta-samyata-gunasthana. Auf dieser Stufe ist vollkommene Selbstzucht ohne Fahrlässigkeit vorhanden. Es währt 1 Samaya bis 1 Muhurta. Die Seelen in diesem Gunasthana haben nicht mehr, wie diejenigen in den vorhergehenden, irgendeine von den 6 Leshyas, sondern nur noch eine von den drei höchsten.

8. Apurva-karana-gunasthana. Diese Stufe ist, wie die folgenden, nur einer Seele, die sich auf einer Shreni befindet, zugänglich; von hier ab kommt nur noch die weiße Leshya vor. Auf ihr wird der Apurva-karana genannte Prozess ausgeführt; die Gedanken, denen sich der ihn Vollziehende dabei in seiner Meditation hingibt, erfüllen ihn mit früher nie gekannter Freude. In diesem Stadium bleibt der auf der Upashama-shreni Befindliche im Minimum 1 Samaya, im Maximum bis zu 1 Muhurta, der auf der Kshapaka-Shreni Befindliche den ganzen Zeitraum eines Muhurta.

9. Anivritti-badara-samparaya-gunasthana. Hier vollzieht die auf der

Upashama- oder Kshapaka-shreni befindliche Seele den Anivritti-karana genannten Prozess. Die erstere hält sich hier im Minimum 1 Samaya, im Maximum den Zeitraum eines Muhurta, die letztere den Zeitraum eines Muhurta auf. Charakteristisch für dieses Stadium ist es, dass auf dieser Stufe die 6 sogenannte Nichtleidenschaften nicht mehr auftreten, während die 4 aufflammenden Leidenschaften noch vorhanden sind.

10. Sukshma-samparaya-gunasthana. Auf dieser Stufe treten die drei aufflammenden Leidenschaften: Zorn, Stolz, Trug sowie der Geschlechtstrieb nicht mehr in die Erscheinung, hingegen ist die aufflammende Gier noch in ganz geringem Maße vorhanden. Der Aufenthalt in diesem Gunasthana währt beim Upashamaka I Samaya bis 1 Muhurta, beim Kshapaka den Zeitraum eines Muhurta,

11. Upashanta-kashaya-vitaraga-chadmastha-gunasthana. Dieses ist die höchste Stufe, die auf der Upashama-shreni erreicht werden kann. Hier sind sämtliche Leidenschaften unterdrückt. Dies währt im Minimum 1 Samaya, im Maximum den Zeitraum eines Muhurta. Danach stürzt die Seele von der Upashama-shreni herab und gelangt in eines der niederen Gunasthanas.

12. Kshina-kashaya-vitaraga-chadmastha-gunasthana. Diese Stufe wird wie alle folgenden nur von Seelen erreicht, die auf der Kshapaka-shreni alle Leidenschaften vernichtet haben. Wenn im letzten Samaya die letzte vorhandene Gier zerstört worden ist, befindet sich der Kshapaka (der also das 11. Gunasthana überspringt!) in diesem Stadium, auf dem er den Zeitraum eines Muhurta verbleibt. Er bindet fortan nur noch intensitätsloses Momentan-Karma. Im letzten Samaya seines Aufenthalts schwindet alles Karma, das sein Wissen, sein Schauen und seine Energie beschränkte.

13. Sayogi-kevali-gunasthana. Der Heilige ist auf dieser Stufe ein Kevali, ein Allwissender. Liegt der seltene Fall vor, dass er in einer seiner früheren Existenzen das Tirthankara-karma gebunden hat, so kommt dieses hier zur Realisation; er wird dann ein Tirthankara, ein Stifter oder Erneuerer der Jainakirche. Der Sayogi-kevali weiß alles, schaut alles und vermag alles, doch besitzt er noch einen Leib und eine gewisse stofflich-bedingte Betätigung, und eine Reihe von früher erworbenen Karmas realisieren sich noch an ihm; sobald aber das das Lebensquantum (Ayus) bestimmende Karma erschöpft

ist, tilgt er diese alle. Der Sayogi-Zustand dauert dementsprechend im Minimum den Zeitraum eines Muhurta, im Maximum etwas weniger als eine Purvakoti. Sobald die ihm bestimmte Zeit abgelaufen ist, versinkt der Heilige in tiefe Meditation und bringt die gröbere und feinere Betätigung von Denkorgan, Rede und Leib zum Stillstand.

14. Ayogi-kevali-gunasthana. In diesem nur den Zeitraum eines Muhurta umfassenden Durchgangsstadium hat der Heilige keine Betätigung (Yoga) und keine Leshya mehr.

Dann tritt er in den Shaileshi-Zustand ein, der nur solange währt, als man bedarf, um 5 kurze Silben (a, i, u, ri, li) auszusprechen. In reine Meditation versunken, vernichtet er dann die letzten noch vorhandenen Reste des Karma. Er ist damit von allem Stofflichen frei geworden – er ist erlöst.

15. Die praktische Ethik.
1. Verdienst und Schuld.

Die Lehre vom Karma liegt, wie die vorigen Abschnitte zeigen, der theoretischen Heilsordnung der Jainas zugrunde; in gleicher Weise beherrscht sie aber auch ihr ganzes System der praktischen Ethik. Alle Vorschriften über das Handeln beruhen auf der Vorstellung von dem Einströmen der Karma-Stoffe in die Seele und auf der Annahme, dass man durch geeignetes Verhalten diese Infizierung mit schädigenden Stoffen zum Stillstand bringen oder aufheben könne.

So wie durch Kanäle beständig Wasser in einen See fließen, so fließt durch die Betätigung von Leib, Rede und Denken beständig Karma in die Seele. Eine gute Betätigung ist das Einströmen, die Influenz (Asrava) von Verdienst (Punya), eine schlechte Betätigung die Influenz von Schuld (Papa).

Die Influenz geht auf 42 Wegen vor sich. Die 17 bedeutendsten derselben sind: Die 5 Sinne, die 4 Leidenschaften, die 3 Arten der Betätigung, die Verletzung der 5 Gebote. Zu diesen kommen noch 25 Handlungen verschiedenster Art.

Eine Vorstellung davon, welche Tätigkeiten die Seele mit bestimmten Karmas behaften, gibt die folgende Aufzählung:

Feindseligkeit gegen das Wissen und Schauen, gegen die Wissenden und die Hilfsmittel des Erkennens, Verleugnung, Vernichtung und Hinderung derselben, Nichtachtung der Lehrer und ihrer Gebote, Zerstörung von

Büchern, Ausreißen der Augen usw. – solche Handlungen rufen Wissen und Schauen verhüllendes Karma hervor.
Frömmigkeit, Pietät gegen Eltern und Lehrer, Sanftmut, Mitleid, Einhaltung der Gelübde, achtbares Benehmen, Überwindung der Leidenschaften, Spendung von Almosen, Glaubenstreue – bewirken Lust-Empfindung, das Gegenteil Unlust-Empfindung.
Das Lehren einer falschen, die Hemmung der wahren Religion, die Lästerung der Jinas, Heiligen, Götterbilder, der Gemeinde und des Kanons, der Raub von geweihten Gegenständen – alles dies erzeugt Glaubensstörung. Ausbrüche der Leidenschaften und der Nichtleidenschaften rufen die entsprechenden Wandelstörungen hervor.
Geringe Leidenschaftlichkeit, eheliche Treue, Anlage zum rechten Wandel verleihen männliches, Eifersucht, Kleinmut, Lügenhaftigkeit, große Sinnlichkeit verleihen weibliches, heftige Genusssucht und starke, auf den Geschlechtsverkehr mit Männern und Frauen gerichtete Leidenschaften verleihen drittes Geschlecht.
Wer andere Wesen peinigt und tötet, übermäßig nach Besitz strebt und von lebenslänglichen Leidenschaften beherrscht wird, erlangt die Wiedergeburt in der Hölle und ein entsprechendes Lebensquantum (Ayus). Der Betrügerische, Hinterlistige, der dem Irrglauben nachgeht, sich der Sinnenlust ergibt und seine Sünden nicht beichtet, wird als Tier wiedergeboren, der Demütige, Aufrichtige, der nur in geringem Maße nach Besitz strebt und wenig andere Wesen schädigt, als Mensch. Einer, der den rechten Glauben besitzt, aber nur teilweise oder gar nicht Selbstzucht übt, einer, dessen Leidenschaften klein sind, ein Ketzer, der törichte Askese übt und einer, der unfreiwillig Karma tilgt, indem er ohne Absicht Hunger und Durst erträgt, Keuschheit übt, Mühsale erduldet, von Bergen stürzt, in Feuer und Wasser umkommt, – der erreicht ein für Götter geeignetes Lebensquantum.
Ehrlichkeit, Sanftmut, Begierdelosigkeit und Lauterkeit geben gutes Nama-karma, das Entgegengesetzte schlechtes Nama-karma.
Gerechte Anerkennung der Vorzüge anderer, Bescheidenheit, Ehrfurcht vor Lehrern und Meistern, das Bedürfnis, zu lernen und zu lehren, ruft hohen, das Gegenteil niederen Geburtsrang hervor.
Das Verhindern der Verehrung der Jinas, das Vorenthalten von Speise, Trank, Wohnung, Kleidung, das Kraftlosmachen eines anderen mit Hilfe von Zaubersprüchen, überhaupt das Bereiten von Hindernissen jeglicher Art bewirkt die Karmas Hinderung.

Entsprechend derartigen Aufzählungen unterscheiden die Jainas die Karmas in gute, welche durch Verdienst (Punya) entstanden sind, und schlechte, welche die Folge böser Taten (Papa) sind. Im ganzen werden dann 42 gute und 82 schlechte Karmas angenommen.

Das Bedürfnis, das Wesen des Verdienstes und der Schuld möglichst genau zu umschreiben, hat die Jainas dazu geführt, die Inhalte beider Kategorien zu klassifizieren. So werden denn 9 Arten des Verdienstes und 18 Arten der Sünde unterschieden.

Die 9 Arten des Verdienstes (Punya) bestehen in dem Spenden von Speise, Trank, Kleidung, Obdach, Lagerstätten; in dem Wohltun mit Gedanken, Worten und Werken, sowie in der Ehrerbietung, die den Vorgesetzten erwiesen wird.

Die 18 Arten der Sünde (Papa) sind: Die Tötung lebender Wesen, Unwahrhaftigkeit, Diebstahl, Unkeuschheit, übermäßiges Hängen am Besitz, Zorn, Stolz, Trug, Gier; Zuneigung, Hass, Streitsucht, Verleumdung, Hinterbringerei, Tadelsucht; Vergnügen bzw. Missvergnügen; Heuchelei und Irrglaube.

16. Die sittlichen Gebote.
a. Die Pflichten des Laien.

Ein Laie, der die Erkenntnis der wahren Lehre, des wahren Gottes (Deva-Jina), des rechten Meisters (Guru) besitzt und der frei ist von den 5 Vergehen: Glaubenszweifel, Verlangen nach anderen irdischen und überirdischen Lehren und Dingen, Unentschiedenheit in der Anerkennung der Wahrheiten des Jainismus, Bewunderung und Anerkennung Andersgläubiger – ein solcher Laie kann es auf sich nehmen, die 5 kleinen Gelübde (Anuvrata) zu erfüllen:
1. Ahinsa, kein lebendes Wesen absichtlich zu töten oder zu verletzen. Dieses Gebot bezieht sich nicht nur auf die Mitmenschen, sondern auch auf die Tiere, die nicht zum Zweck des Fleischgenusses oder für die Veranstaltung von Opfern geschlachtet werden dürfen. Auch die unbeweglichen Wesen, wie die Pflanzen, sollen nach Möglichkeit nicht beschädigt werden. Die Befolgung dieses Gebotes schränkt die Zahl der Speisen und Getränke, welche genossen werden dürfen, stark ein, verbietet ferner eine Reihe von Beschäftigungen.
2. Satya, die Wahrheit zu sagen, d. h. nicht zu lügen.

3. Asteya, nicht zu stehlen, d. h. nehmen, was nicht gegeben ist.
4. Brahmacarya, keusch zu leben.
5. Parigraha-tyaga, nicht habgierig nach immer neuen Gütern zu verlangen, sondern sich mit einem Besitz zufrieden zu geben, dessen freiwillig selbst aufgestellte Grenze nicht überschritten wird.

Die Einhaltung der genannten Anuvratas wird unterstützt durch die Beobachtung der folgenden 3 Guna-vratas:
1. Dig-vrata. Der Laie verpflichtet sich, seine Reisen in jeder Himmelsrichtung nur bis zu einem bestimmten Punkt (z. B. dem Himalaya im Norden usw.) auszudehnen.
2. Upabhogaparibhoga-vrata. Er verpflichtet sich, nur eine bestimmte Anzahl von lebensnotwendigen Dingen zu gebrauchen, andere aber zu meiden. Dieses Gelübde umfasst auch die Einhaltung der Speisegebote, nach welchen nichts genossen werden soll, das durch die Schädigung von lebenden Wesen erlangt wird, und untersagt eine Reihe von Beschäftigungen, bei deren Ausübung Wesen verletzt werden könnten.
3. Anarthadanda-vrata. Er verpflichtet sich, sich von allem Schädlichen fernzuhalten, weder jemandem Böses zu wünschen, noch andere zu Schlechtem zu veranlassen, weder Waffen oder andere Dinge zu verwenden, durch welche Verletzungen hervorgerufen werden, noch leichtsinnige Handlungen zu begehen.

Zu diesen kommen dann noch die 4 Shiksha-vrata :
1. Samayika-vrata. Der Laie gelobt, einen oder mehrere Muhurtas (also 48, 96, 144 Minuten) täglich in gleichmütiger Ruhe zu meditieren. Dies geschieht morgens, mittags und abends.
2. Deshavakashika-vrata. Er gelobt, für eine bestimmte Zeit gewisse Grenzen (Haus, Dorf u. ä.) nicht zu verlassen, gewisse Dinge, Speisen usw. nicht zu verwenden.
3. Poshadha-vrata. Er gelobt, an gewissen Tagen (gewöhnlich viermal im Mondmonat) 24 Stunden hindurch zu fasten und als Mönch zu leben.
4. Atithisamvibhaga-vrata. Er gelobt, den Gästen, besonders den Mönchen das zu spenden, dessen sie bedürfen und wozu sie berechtigt sind.

Ein weiteres Gelübde wird von manchen Frommen genommen: Sie verpflichten sich, durch freiwilligen Verzicht auf jede Nahrungsaufnahme sich selbst dem Hungertode hinzugeben. Dieses Gelübde wird vielfach von alten Leuten, die ihr Ende nahen fühlen, ausgeführt, mitunter aber auch von Personen, die bei voller Gesundheit sind, weil sie durch diesen Akt höchster Entsagung überirdisches Heil zu erringen hoffen.

Zwecks weiterer geistiger Vervollkommnung begnügt der Laie sich nicht damit, diese Gelübde zu befolgen, sondern er beobachtet auch die 11 Pratimas, die ihn der Askese näher bringen. Diese sind:

1. Darshana, Glaube an die Tirthankaras, die rechten Lehrer und den Jaina-Glauben.
2. Vrata, genaue Befolgung der 12 Gelübde.
3. Samayika, dreimalige Meditation täglich.
4. Poshadhopavasa. Fasten am Vollmonds- und Neumondstag und am 8. und 14. Tag jeder Hälfte des lunaren Monats.
5. Sacitta-tyaga. Enthaltsamkeit vom Genuss von lebenden Wesen, d. h. nicht nur von Tieren, sondern auch von frischen Vegetabilien.
6. Ratri-bhukta-tyaga. Vermeiden jedes Essens und Trinkens zwischen Sonnenuntergang und Sonnenaufgang.
7. Brahmacarya. Vermeidung des Geschlechtsverkehrs, auch mit der eigenen Frau.
8. Arambha-tyaga. Aufgeben aller weltlichen Betätigungen, die irgendwie die Verletzung lebender Wesen zur Folge haben könnten (wie Bau eines Hauses u. ä.).
9. Parigraha-tyaga, Aufgeben des Besitzes (durch Verteilung an Kinder oder andere), Verzicht auf die Dienste des Hausgesindes u. a.
10. Anumati-tyaga (Anumodana). Verzicht des Frommen auf regelrechtes, für ihn selbst hergestelltes Essen und Genuss nur von dem, was andere ihm geben, oder was übrig bleibt.
11. Uddishta-tyaga. Annahme der Mönchstracht und Aufsuchen eines Tempels oder der Einsamkeit, um dort ungestört zu meditieren.

Die 11 Pratimas sind Stufen der Vollkommenheit, zu denen sich der Laie der Reihe nach erhebt, dabei das Gelübde jeder vorhergehenden beibehaltend. Die letzte Stufe entspricht praktisch schon dem Mönchtum, wenngleich noch die Ordensweihe fehlt. Bei den Digambaras, bei welchen nur die wenigen, welche alle Kleidung abgelegt haben, als Voll-Asketen gelten, ist die Bedeutung der Personen, welche die Vorschriften der letzten Pratimas befolgen, besonders groß; sie stehen ungefähr in demselben Ansehen wie die Asketen bei den Shvetambaras.

b. Die Pflichten des Asketen.

Der Asket hat dieselben Gelübde zu beobachten wie der Laie, jedoch ist die Ausdehnung derselben viel weitgehender. Die Asketenpflichten heißen deshalb nicht wie die des Laien: Anuvrata (kleine Gebote), sondern Mahavrata (große Gebote):

1. Ahinsa: Der Asket muss aufs ängstlichste bestrebt sein, auch unabsichtlich kein lebendes Wesen zu töten oder zu verletzen.
2. Asatya-tyaga: Er hat alle seine Worte aufs Genaueste zu prüfen, so dass er auch nicht unabsichtlich oder im Scherz etwas Unwahres sagt.
3. Asteya: Er darf nicht nur nichts nehmen, das ihm nicht gegeben wird, sondern er muss, selbst wenn ihm etwas angeboten wird, noch besonders um die Erlaubnis bitten, es nehmen zu dürfen.
4. Brahmacarya: Er muss nicht nur vollkommene Keuschheit bewahren, sondern muss auch alle Gedanken und Gespräche über geschlechtliche Dinge meiden und allem, was ihn irgendwie in Versuchung führen könnte, aus dem Wege gehen.
5. Aparigraha: Er muss allen Besitz aufgeben und allem Weltlichen, Personen wie Sachen, gleichgültig gegenüberstehen.

Ein jedes dieser Gelübde wird durch je fünf andere gestützt, deren ständige Vergegenwärtigung und Beherzigung dem Asketen die Befolgung der großen Gebote ermöglicht.

17. Die Mittel zur Abwehr des Karma.

Zweck des von den Tirthankaras gelehrten Heilspfades ist es, die Seele von dem verderblichen Einfluss des Karma-Stoffes zu befreien. Im Mönchsleben wird dieses Ziel erreicht durch die strikte Befolgung bestimmter Vorschriften. Diese macht das Einströmen von neuem Karma in die Seele unmöglich, indem sie die Influenz hemmt und dadurch eine Abwehr (Samvara) des Karma zur Folge hat. Der Abwehr (Samvara) des Karma dienen:

1. Gupti, Zucht, d. h. richtige Regelung der Betätigung des Leibes, der Rede und des Denkens.
2. Samiti, Behutsamkeit beim Gehen, Reden, Almosensammeln, beim Aufheben und Niederlegen einer Sache und bei der Entleerung des Körpers. Bei der Vornahme aller dieser Handlungen ist äußerste

Vorsicht am Platze, weil sonst (wie beim Reden und Almosensammeln) Verstöße gegen Gebote vorkommen können oder (wie beim Gehen, Aufheben, Niederlegen und beim Kot- und Harnlassen) lebende Wesen getötet werden können, wenn der Platz, wo etwas niedergelegt werden soll, nicht vorher genau untersucht ist und Lebewesen von ihm entfernt worden sind.
3. Die Beobachtung der 10 Pflichten (Dharma) eines Mönches, bestehend in: Nachsicht gegenüber Verfehlungen anderer, Demut im Verhalten gegen alle, Lauterkeit der Gesinnung, die sich von jeder Zweideutigkeit fernhält, Begierdelosigkeit, Wahrhaftigkeit, Selbstbeherrschung, Askese (namentlich Fasten), Entsagung gegenüber allen weltlichen Genüssen, Verzicht auf jeden Besitz an Personen und Sachen, und Keuschheit.
4. Hingabe an die folgenden 12 Reflexionen (Anupreksha):
a. Alles ist vergänglich, der Leib löst sich auf wie eine vom Sturm gejagte Wolke, alles Glück zerrinnt wie ein Traum usw.
b. Hilflos ist jedes Wesen bis zu den Göttern hin dem Tode preisgegeben.
c. Der Sansara gleicht einem Miethaus, in dem die Wesen in ständigem Wechsel ein- und ausgehen.
d. Für sich alle in trägt jedes Wesen die volle Verantwortung für sein Tun.
e. Verschieden ist der Leib und alles Materielle von der Seele.
f. Unrein ist der Leib, bestehend aus Saft, Blut, Fleisch, Fett, Knochen, Mark und Samen und voll von Schmutz, der aus den Öffnungen aus ihm herausfließt.
g. Beständig fließt Karma in die Seele als Folge früherer Taten.
h. Durch geeignetes Verhalten lässt sich das Einströmen des Karma verhindern.
i. Kasteiungen vermögen das Karma zu vernichten und die Seele rein zu machen wie Gold, das im Feuer geläutert wird.
j. Die Welt ist ewig und unvergänglich.
k. Die Erleuchtung ist das köstlichste und seltenste Gut und schwer zu erlangen in der Welt.
l. Wohl verkündet ist das Gesetz (Dharma) durch die erhabenen Jinas, es ist der einzige Freund der Freundlosen, der einzige Schutz vor Hölle und schlechter Wiedergeburt.
5. Geduldiges Ertragen der 22 Mühsale (Parishaha), welche den

Mönch entweder unmittelbar belästigen oder ihn vom Heilswege abzubringen drohen. Die Mühsale sind: Hunger, Durst, Kälte, Hitze, Stechfliegen (welche alle bei der Meditation stören), Nacktheit bzw. schlechte Kleidung, ungemütliche Umgebung, Weiber, das unangenehme Wanderleben, die Unbequemlichkeiten des Meditationsortes, harte Lagerstätten, Scheltworte (die gegen den Mönch, die Lehre usw. laut werden), Misshandlung, die Unwürdigkeit des Bettelns (die besonders von Leuten empfunden wird, die früher reich waren), Misserfolg beim Betteln, Krankheit, das Stechen der Grashalme (auf denen der nackte Asket steht oder liegt), Körperschmutz (der Mönch darf sich und seine Kleidung nicht in fließendem Wasser waschen, sondern höchstens in solchem, das ihm gegeben wird), Ehrfurchtsbezeugungen (er muss gleichgültig gegen sie sein), Wissensdünkel, Niedergeschlagenheit über die eigene Unwissenheit, Glaubenszweifel.

6. Caritra, die 5 Grade des guten Wandels:
a. Samayika, das Aufgeben alles Schlechten und das Sichhingeben an die Meditation.
b. Chedopasthapana, das Bereuen aller begangenen Verfehlungen, das Beichten derselben an den geistlichen Lehrer und die Unterwerfung unter die von diesem verhängte Buße.
c. Parihara-vishuddhi, die Reinheit des Geistes, die durch peinliche Schonung aller lebenden Wesen, durch den Heiligen gewidmeten Dienst und durch besondere Kasteiung erreicht wird.
d. Sukshma-samparaya, die weitgehende Loslösung von allem Weltlichen, die so weit fortgeschritten ist, dass sich die Leidenschaften nur noch in subtiler Form äußern.
e. Yatha-khyata, die höchste Stufe der sittlichen Selbstbesinnung, bei welcher die völlige Befreiung von allen weltlichen Leidenschaften eingetreten ist und alle Gebote vollkommen und ohne Hemmungen beachtet werden.

18. Die Mittel zur Vernichtung des Karma.

Die Erlösung, d. h. die vollkommene Reinigung der Seele von allen Karma-Stoffen, erheischt nicht nur, dass der nach dem Nirvana Strebende durch sein Verhalten das Eindringen neuen Karmas verhindert, sondern er muss auch das schon vorhandene Karma vernichten. Diese absichtliche Tilgung

des früher gebundenen Karma heißt Sakama-Nirjara. Zum Verständnis dieses für die Heilslehre der Jainas so wichtigen Begriffes ist es jedoch notwendig, zunächst einige Worte über das Wesen der Karma-Tilgung zu sagen. Jedes Karma kommt einmal zur Realisation, d. h. es gelangt in den Zustand der Reife (Vipaka), so wie aus einem Samenkorn einmal eine Frucht wird. Wenn das Karma seine Wirkung gezeitigt hat, schwindet es, es ist nicht mehr vorhanden, wie eine Frucht, die genossen worden ist. Bei einem Menschen, der das Zuströmen neuen Karmas in die Seele vollkommen unmöglich macht, müsste also im natürlichen Verlauf der Dinge schließlich der Zustand einmal eintreten, in dem alles von ihm früher aufgestapelte Karma verbraucht und seine Seele dadurch karma-frei geworden ist. Dieser Zustand kann aber in der Wirklichkeit nicht eintreten, weil ein Mensch aus seinen zahllosen Existenzen so viel Karma in seiner Seele birgt, dass dieses sicherst in sehr langer Zeit erschöpfen würde, zumal da ja manche Karmas ihre Kraft sehr lange Zeit hindurch bewahren. Es ist deshalb erforderlich, dass die Tilgung des Karma auf künstlichem Wege beschleunigt wird. So wie Mangos oder Früchte des Brotfruchtbaumes durch Anwendung künstlicher Mittel vorzeitig zur Reife gebracht werden können, so kann auch beim Karma auf bestimmtem Wege bewirkt werden, dass es sich in kurzer Zeit entfaltet und verzehrt. Das Mittel, das eine schnelle Tilgung des Karma herbeiführt, ist – neben der Befolgung der Vorschriften, die der Abwehr des Karma dienen – die Askese. Die Askese (Tapas) verbrennt nach allgemein indischer Anschauung die Samen der Werke; die Vornahme derselben, d. h. das Ausführen von Kasteiungen und Meditationen, hat deshalb jedenfalls eine Tilgung von Karma zur Folge. Damit diese Tilgung aber wirklich zur Erlösung führt, ist es notwendig, dass sie in der richtigen Weise geschieht. Denn es gibt auch törichte Askese, wie sie die Ketzer oder schlecht beratene Leute üben. Dieses sog. Bala-tapas, das auch in einem in falscher Weise (durch Herabstürzen von einem Abhang, durch Ertränken) vorgenommenen religiösen Selbstmord bestehen kann, führt natürlich ebenso wenig die Erlösung herbei, wie die falschgerichtete Meditation, von welcher noch gesprochen werden wird, wohl aber hat sie bestimmte segensreiche Wirkungen, indem sie die Wiedergeburt in einem Götterhimmel veranlasst. Die Askese ist zweifach: Äußere und innere.
A. Die äußere Askese (Bahya-tapas) ist von folgenden sechs Arten:
 1. Fasten (Anashana).
 2. Verringerung der Kost (Avamaudarya), indem statt einer vollen

Mahlzeit nur ein Teil derselben genossen wird.
3. Beschränkung der Kost (Vritti-sankshepa) nicht nur nach der Zahl der Speisen, sondern auch nach dem Ort, woher dieselben erhalten werden, nach der Zeit, zu der sie genossen werden, nach den Umständen, unter denen sie einem zuteil werden usw.
4. Verzicht auf leckere Kost (Rasa-parityaga), wie Milch, Zucker und andere Dinge, die besonders gut schmecken.
5. Vermeidung von allem, was die Sinne in Versuchung führen könnte (Samlinata), vor allem durch Vorsorge, dass nicht Personen aus einem anderen Geschlecht in der Nähe der Lagerstätte sich befinden.
6. Abtötung des Fleisches (Kaya-klesha) durch Meditieren bei großer Hitze und Kälte usw., durch Verzicht auf jegliche Körperpflege, Vermeiden des Sichkratzens bei entstehendem Juckreiz, des Ausspuckens usw.

Aus dem Vorstehenden ergibt sich, dass die äußere Askese der Jainas im Ertragen von Mühseligkeiten der verschiedensten Art besteht. Der Jaina-Asket nimmt allerlei Schmerzen und Unannehmlichkeiten auf sich, ohne sich gegen sie zu sträuben. Die bei brahmanischen Büßern gebräuchliche Übung, sich künstlich Schmerzen zuzufügen, indem sie sich auf ein Stachelbett legen u. a. dgl., wird von den Jainas verworfen.

B. Die innere Askese (Abhyantara-tapas) ist ebenfalls von 6 Arten:
1. Beichte (Prayashcitta), die einem Guru oder Sadhu gegenüber abgelegt wird.
2. Ehrfurcht (Vinaya), die den Dienern der Religion entgegengebracht wird.
3. Dienstbeflissenheit (Vaiyavrittya), die den Meistern und Lehrern, den Mönchen, der Gemeinde, den Laien, den Kranken usw. gegenüber erzeigt wird.
4. Studium (Svadhyaya).
5. Gleichgültigkeit (Utsarga) gegenüber dem Leib und seinen Leidenschaften und gegen alle von außen herantretenden Versuchungen. Diese völlige Nichtachtung alles dessen, das nicht der Seele angehört, findet seinen hervorragendsten Ausdruck in der gänzlichen Vernachlässigung alles Leiblichen, die zum freiwilligen Hungertode führt.
6. Meditation (Dhyana), d. h. das Festhalten und Konzentrieren eines Gedankens bis zur Dauer eines Muhurta, d. i. bis zu höchstens 48

Minuten, welche Zeit das Maximum desjenigen darstellt, was geleistet werden kann. Eine Meditation kann nur von demjenigen vorgenommen werden, der eine der vier besten Fügungen der Gelenke besitzt. Im ganzen werden vier Arten der Meditation unterschieden. Von diesen sind jedoch nur die beiden letzten geeignet, zum Heil zu führen.
1. Arta-dhyana, die trübselige Meditation, besteht in dem beständigen Nachsinnen über etwas Unangenehmes, das einem zuteil wurde. Hiervon werden 4 Arten unterschieden:
   a. Ishta-viyoga, das Gedenken an etwas Angenehmes, das man verloren hat,
   b. Anishta-samyoga, das Denken an etwas Unangenehmes, das einem zuteil wurde,
   c. Roga-cinta, das Denken an eine Krankheit,
   d. Nidanartha, das Denken an die Zukunft, besonders an Wünsche, die in einer späteren Existenz verwirklicht werden sollen. (Ein Asket denkt z. B.: Mögen meine Kasteiungen in der nächsten Existenz den Erfolg haben, dass ich als Weltbeherrscher wiedergeboren werde und schöne Frauen genieße. In der Jaina-Literatur spielen derartige Nidanas, die sich dann verwirklichen, eine große Rolle.)

Diese Arten der Meditation finden sich bei Wesen auf der 1. bis 6. Tugendstufe.

2. Baudra-dhyana, die böse Meditation, richtet sich auf vier schlechte weltliche Ziele, nämlich auf Mord, Lüge, Diebstahl und Bewahren von Gütern.

Diese Arten der Meditation finden sich bei Wesen bis zum 5. Guna-sthana. Im Gegensatz zu 1 und 2 wirken die beiden folgenden Meditationen heilfördernd.

3. Dharma-dhyana, die Meditation, bestehend in dem Nachdenken über die Religion, und zwar richtet sich
   a. Ajna-vicaya auf die heilige Lehre,
   b. Apaya-vicaya auf die Tatsache, dass die Seele durch etwas nicht ihr Angehöriges in der Entfaltung ihrer wahren Natur gehindert wird,
   c. Vipaka-vicaya auf die an der Seele zutagetretenden Folgen des Karma,
   d. Samsthana-vicaya auf den Bau und das Wesen des Weltalls.

Diese Meditation findet sich in in den Gunasthanas 7 bis 12.
4. Shukla-dhyana, die reine Meditation. Von dieser werden vier Stufen unterschieden:
   a. Prithaktva-vitarka richtet sich auf den Wandel und die Gegensätze im Weltprozess (Werden und Vergehen, Seele und Materie, Substanzen und Zustände usw.).
   b. Ekatva-vitarka richtet sich auf die Seele, als dasjenige, was in allem Wechsel beharrt.
   c. Sukshma-kriya-pratipati richtet sich auf die Unterdrückung der noch in minimalem Grade vorhandenen Betätigung.
   d. Uparata-kriyanivritti richtet sich auf die vollkommene Befreiung von allem Karma.

Die vier Stufen der reinen Meditation folgen einander; die erste fällt in die Gunasthanas 8 bis 11, die zweite in 12, die dritte in 13, die letzte geht im 14. der Erlösung unmittelbar voraus.

19. Die Erlösung.

Wenn im letzten Gunasthana alles Karma vernichtet worden ist, dann steigt der Erlöste zum Gipfel der Welt empor. Dies geschieht durch die der Seele von Natur eigene, geradlinig nach oben gerichtete Bewegung, die sich jetzt erst entfalten kann, weil die Stoffe nicht mehr da sind, welche durch ihre Schwere das natürliche Aufwärtsstreben der Seele hemmten oder seitwärts lenkten. So wie ein Flaschenkürbis, wenn er von allem Schmutz befreit ist, nicht mehr zu Boden sinkt, sondern zur Oberfläche des Wassers emporschnellt, so erhebt sich auch der Erlöste in einem Samaya bis zur Spitze des Weltalls. Hier bleibt er, denn über die Welt hinaus in die sie umgebende Nichtwelt zu gelangen, ist nicht möglich, weil in der Nichtwelt das Medium der Bewegung, der Dharma, fehlt.

Unberührt von dem Wechsel der Welt verweilen die Vollendeten, die Siddhas, für alle Ewigkeit in dem obersten Teil der heiligen Region Ishatpragbhara, weder leicht, noch schwer, selbst ohne sichtbare Gestalt, körperlos und darum durchdringbar, aber mit einer räumlichen (immateriellen) Ausdehnung von 2/3 derjenigen, welche sie in ihrer letzten Existenz gehabt hatten. Bei ihnen sind alle individuellen Verschiedenheiten dahingefallen, welche die Karmas den Seelen beigelegt hatten; dagegen haben sie alle die vier Unendlichkeiten: Unendliches Wissen, unendliches Schauen, unendliche Kraft und unendliche Wonne.

Die Siddhas stehen einander alle gleich, mit Rücksicht aber auf die Art und Weise, wie sie die Erlösung erlangen, lassen sie sich in 15 Gruppen einteilen, die jedoch nur zum Teil einander ausschließen.
- Tirthankara-siddhas sind solche, die vor ihrer Erlösung Tirthankaras waren.
- Atirthankara-siddhas solche, die nicht Tirthankaras waren.
- Tirtha-siddhas erlangten das Heil zu einer Zeit, zu der die Jainakirche bestand.
- Atirtha-siddhas kamen zur Vollendung zu einer Zeit, zu welcher es keine Jaina-Kirche gab (wie Marudevi, die Mutter des I. Tirthankara, die in das Nirvana einging, bevor Rishabha einen Tirtha begründet).
- Griha-linga-siddhas waren nie Asketen, sondern erreichten das Heil als Haushalter, wie die eben erwähnte Marudevi.
- Anya-linga-siddhas erlangten die Erlösung, ohne selbst dem Jaina-Glauben angehört zu haben.
- Sva-linga-siddhas kamen als Jaina-Asketen zum Heil.
- Purusha-linga-siddhas waren Männer vor ihrer Verklärung.
- Stri-linga-siddhas waren früher Frauen.
- Napumsaka-linga-siddhas gehörten früher dem 3. Geschlecht an.
- Buddha-bodhita-siddhas wurden durch die Bekehrung ihrer Gurus zum Heil geführt.
- Pratyeka-buddha-siddhas kamen zur Befreiung durch ein bestimmtes Erlebnis, das ihnen die Vergänglichkeit der Welt zeigte.
- Svayam-buddha-siddhas fanden den Weg zum Heil allein.
- Eka-siddhas gehen allein in die Erlösung ein.
- Aneka-siddhas tun dies gemeinsam mit zahlreichen anderen.

Über die Erreichung der Erlösung wird im Uttaradhyayana-Sutra 36, 51 ff. ausgesagt, dass das Heil zu gleicher Zeit erlangt werde von 10 Hermaphroditen, 20 Frauen und 108 Männern, von 4 Haushaltern, 10 Heterodoxen und 108 Jaina-Mönchen, von 2 Personen von größter, von 4 von kleinster und 108 von mittlerer Körpergröße. In der gleichen Zeit fänden 4 Individuen das Heil in der Höhe, 2 im Ozean, 3 im Wasser, 20 unter der Erde und 108 auf der Oberfläche des Erdbodens.
Diese Angaben entsprechen nur den Anschauungen der Shvetambaras; nach dem Glauben der Digambaras können nur Männer erlöst werden, den

Angehörigen anderer Geschlechter ist es nicht möglich. Allen gemeinsam ist die Meinung, dass nur Menschen zum Heil gelangen können; Götter und andere Wesen, welchen andere indische Systeme die Befähigung, in die ewige Seligkeit einzugehen, zuschreiben, besitzen diese nach der Jaina-Lehre nicht. Sie müssen vielmehr, wenn sie für diese höchste geistige Entwicklung reif geworden sind, noch einmal als Menschen geboren werden, um als solche die völlige Loslösung von allen irdischen Leidenschaften vollziehen zu können.

20. Die Sekten.
Die Schismen der älteren Zeit.

Die Jainas stellen keine einheitliche Religionsgemeinde dar, sondern zerfallen in eine große Zahl von Sekten. Spaltungen sind seit den ältesten Zeiten bei ihnen an der Tagesordnung gewesen. Die Shvetambaras wissen von 8 Schismen (Nihnava) zu berichten, welche in der Frühgeschichte der Kirche entstanden. Die beiden ersten von diesen fanden schon zu Lebzeiten Mahaviras statt. Der erste Schismatiker war der eigene Schwiegersohn des Tirthankara, Jamali. Dieser stellte im Gegensatz zum Meister die Theorie auf, dass ein Wirken erst dann als abgeschlossen gelten könne, wenn es vollendet sei. Er ließ sich von seinem Irrtum nicht abbringen und starb deshalb unerlöst.

Das zweite Schisma ging von dem Mönche Tishyagupta aus. Dieser leugnete die Lehre Mahaviras, dass die Seele alle Atome des Körpers umfasse, ließ sich aber schließlich von einem frommen Laien von der Irrigkeit seiner Anschauungen überzeugen.

214 Jahre nach Mahaviras Nirvana verkündeten die Schüler des Ashadha eine Ununterscheidbarkeitslehre, nach welcher Asketen und Götter ohne Unterschied zu behandeln seien. Die Aufstellung dieser Lehre erfolgte im Hinblick auf ein eigenartiges Vorkommnis. Ashadha war in einer Nacht plötzlich gestorben, ohne dass es jemand bemerkt hatte. Als Gott wiedergeboren, ging er sofort in seinen früheren Leichnam ein. Die Schüler erwiesen ihm darauf die üblichen Ehrenbezeugungen, im irrigen Glauben, ihren noch lebenden Lehrer vor sich zu haben. Als der zum Gott Gewordene dann wieder den Leichnam verließ und die Jünger über ihren Irrtum aufklärte, behaupteten letztere seitdem, man könne nie wissen, ob jemand ein der Askese Beflissener oder ein Gott sei. Da sie von ihrer Ketzerei nicht lassen wollten, wurden sie aus der Gemeinde ausgestoßen.

Schließlich wurden sie von König Balabhadra wieder zur rechten Ansicht zurückgeführt.

Sechs Jahre später verbreitete Ashvamitra eine Theorie, welche besagte, dass einmal alle Wesen verschwinden würden. Wegen seines Irrtums exkommuniziert, wurde er später von einem Zollwächter belehrt und leistete Abbitte.

Acht Jahre danach kam Ganga zu der falschen Ansicht, dass zwei einander widersprechende Empfindungen, wie kalt und warm, zu gleicher Zeit möglich seien. Ganga wurde deswegen ausgestoßen, sah aber später seinen Fehler ein und leistete Buße.

Während die letzten Schismen nur geringfügige Punkte betrafen und mit der schließlichen Bekehrung der Häretiker endeten, war das folgende (6.), welches in das Jahr 544 nach dem Nirvana Mahaviras verlegt wird, von größerer Bedeutung. Der Mönch Rohagupta vertrat die Ansicht, dass es außer Lebendem (Jiva) und Leblosem (Ajiva) noch eine dritte Seinsklasse Nojiva (Nichtleben) gäbe. Nach der Meinung der Jainas ist das Vaisheshika-System, die brahmanische Atomistik, aus dieser Trias-Lehre hervorgegangen.

40 Jahre später behauptete Goshtamahila, die Seele ginge mit dem Karma-Stoff keine enge Verbindung ein, sondern würde von ihm nur berührt, da sonst ein Ausscheiden desselben und somit eine Erlösung unmöglich sei. Er lehrte auch, ein Entsagungsgelübde dürfe man nicht für einen begrenzten Termin auf sich nehmen, sondern nur auf unbegrenzte Zeit. Seine Anschauungen wurden auf einer Kirchenversammlung verworfen; er selber wurde, da er nicht widerrief, ausgestoßen.

Das 8. große Schisma führte zu der noch heute bestehenden Spaltung der Gemeinde in zwei Konfessionen.

Der legendäre Bericht der Shvetambaras über die Entstehung der Digambaras besagt folgendes: In der Stadt Rathavirapura lebte ein Krieger Shivabhuti. Dieser hatte sich in den Schlachten des dortigen Königs als tapferer Kämpe bewährt und war deshalb vom Fürsten ausgezeichnet worden. Hierdurch übermütig geworden, schwärmte er umher und kam erst nach Mitternacht oder später nach Hause. Seine unglückliche Gattin, die ihn nachts immer erwartete, klagte seiner Mutter ihr Leid. Da blieb diese selbst nachts auf, schalt ihn, als er spät nach Hause kam, und hielt die Haustür verschlossen. Auf der Suche nach einer Unterkunft ging er schließlich in das einzige Haus, dessen Türen offenstanden, in ein Kloster, und wurde Mönch. Als er sich dann beim Könige abmeldete, schenkte ihm dieser einen kostbaren Mantel. Der Abt befahl ihm, denselben zurückzugeben; Shivabhüti gehorchte ihm jedoch nicht. Da zerriss der Abt den Mantel und machte Sitzteppiche daraus. Hierüber wurde Shivabhuti sehr zornig und erklärte, er wolle fortan wie Mahavira selbst ohne jede Kleidung umherziehen. Er legte deshalb alle Gewänder ab. Seine Schwester Uttara wollte ihm hierin folgen, sehr zum Ärger der Stadthetären, die sich dadurch in ihrem Geschäft benachteiligt fühlten. Shivabhuti verbot das Nacktgehen der Frauen und erklärte, kein Weib könne die Erlösung erreichen. So entstand im Jahre 609 nach Mahaviras Nirvana die Botika-Irrlehre, auf der alle Digambara-Sekten fußen.

Ganz anders als die Shvetamharas erzählen die Digambaras die Entstehung des großen Schisma. Ihr Bericht knüpft an die Geschichte von der Hungersnot in Magadha an. Danach waren die nicht nach Maisur ausgewanderten, in Bihar verbliebenen Mönche von der strengen Norm Mahaviras abgewichen und ließen sich von ihrer laxen Auslegung der Vorschriften durch nichts abbringen. Als Sthulabhadra sie auf den richtigen Weg zurückzuführen suchte, ermordeten sie ihn. Die abtrünnigen Asketen bildeten fortan eine eigene Sekte, die der Ardhapalikas (vielleicht: Leute, die halbe Lumpen tragen). Mönche dieser Gemeinschaft unterrichteten Candralekha, die Tochter des Königs Candrakirti von Ujjain. Als diese Prinzessin den König Lokapala von Valabhi heiratete, berief sie Ardhapalikas zu sich in ihre neue Heimat. Ihr Gatte zog ihnen entgegen, um sie zu empfangen. Als er die Mönche weder nackt, noch bekleidet kommen sah, kehrte er entrüstet um. Die Königin sandte den Asketen darauf Kleider, und nun empfing sie der Herrscher huldvoll. Seitdem behielten die Ardhapalikas die Gewohnheit, Kleider zu tragen, bei und wurden Shvetambaras genannt.

Beide Berichte über die Entstehung der beiden Konfessionen sind tendenziös. Jede Partei sucht sich als die alleinige wahre Hüterin der Tradition und die gegnerische Kirche als eine ketzerische Neubildung hinzustellen; eine jede von ihnen will auch die Gründung der feindlichen Gemeinde auf eine nichtige weltliche Veranlassung zurückführen.

21. Die Sekten der späteren Zeit.

Die großen Konfessionen der Shvetambaras und Digambaras zerfallen beide in eine Anzahl von Schulen, Orden und Sekten. Die Ursachen, welchen diese ihre Entstehung verdanken, und die Unterschiede, welche zwischen ihnen bestehen, sind sehr verschiedener Art. Nur einige von ihnen sind durch Lehrer ins Leben gerufen worden, welche Anschauungen vertraten, die von den allgemein-anerkannten abwichen; viele entstanden lediglich dadurch, dass die Schüler eines Lehrers oder die Mönche eines Ortes sich zu einer Gruppe zusammenschlossen, die sich anderen gegenüber als eine zusammengehörige Einheit fühlte.

Schon im Kalpasutra des Bhadrabahu werden eine Reihe von Ganas „Schulen", Kulas „Unterabteilungen der Schulen" und Shakhas „Zweigen", in welche diese sich spalteten, genannt. Die in Mathura gefundenen Inschriften geben ebenfalls die Namen zahlreicher Schulen und ihrer Unterabteilungen und bestätigen dadurch die Angaben des Kalpasutra. Aus Inschriften und literarischen Quellen ergibt sich, dass diese Verhältnisse auch für die ganze folgende Zeit bis zur Gegenwart gelten. Durch sorgfältige Zusammenstellung epigraphischer und anderer Nachrichten lässt sich ein Verzeichnis zahlreicher solcher Gruppen gewinnen; eine solche Liste wird jedoch kaum je alle Schulen umfassen können, die im Jainatum existiert haben oder existieren, weil manche von ihnen zweifellos so unbedeutend gewesen sind, dass uns ihre Namen nicht erhalten blieben. Die Zahl der Schulen ist, wie die Jainas selbst meinen, eben nicht bestimmbar. Wenn von den Shvetambaras gesagt wird, bei ihnen gäbe es 84 Gacchas, so ist dies nicht dahin zu verstehen, dass es tatsächlich gerade 84 gegeben habe, sondern es soll damit wohl nur das Vorhandensein einer großen Zahl von Gacchas zum Ausdruck gebracht werden. (Die Zahl 84 spielt in Indien bei Aufzählungen stets eine große Rolle.) Dass die Angabe der Zahl 84 an sich nicht richtig sein kann, ergibt sich nicht nur aus den Aufzählungen selbst, welche vielfach variieren und in welchen die Namen von einigen anerkannten Schulen fehlen, sondern auch daraus, dass alle diese Gacchas auf die 84 Schüler des Uddyotana Suri (937 n. Chr.) zurückgehen sollen; natürlich sind aber auch in späterer Zeit noch Gacchas entstanden, weshalb auch Nahar und Ghosh in ihrer Liste deren weit über hundert aufführen.

Die Zahl der heute existierenden Gacchas ist gering. Die wichtigsten Gacchas der bilderverehrenden Shvetambaras sind Tapa, Kharatara, Payacanda und Ancala. Bei ihnen gibt es reformierte (gelbe) und nichtreformierte (weiße) Mönche (Sadhus und Yatis); die Zahl der letzteren ist beträchtlich größer als die der ersteren, die Yatis machen eben das eigentliche Groß eines Ordens aus, während die Sadhus nur eine Minderheit von Reformern darstellen.

Die Organisation eines Gaccha hat H. Jacobi nach den Mitteilungen des Pannyasa Gulab Vijaya in Ahmedabad folgendermaßen beschrieben:
„An der Spitze des Gaccha steht ein Großmeister, der Bhattaraka (oder wie er seit Ende des 16. Jahrhunderts auch genannt wird: Der Shripujya), dem alle Mönche (Yatis) gehorchen sollen. Er bestimmt, wo die Mönche während der Regenzeit wohnen sollen, und kann allein die Exkommunikation verhängen. Der Orden besteht aus einer Anzahl Gruppen von Mönchen, die sich um einen Meister, Acarya, bilden. Unter diesem steht der Lehrer, Upadhyaya (Vacaka, Pathaka), der die Texte überliefert; unter diesem der Pannyasa, der über das Ritual, soweit die Mönche in Betracht kommen, die Aufsicht zu führen hat. Niedriger als der Pannyasa ist der Gani, der bis zur Bhagavati inkl. studiert hat und die äußere Askese beobachtet. Alle übrigen Yatis werden Munis genannt; diejenigen von ihnen, welche bis zum Mahanishitha studiert haben, dürfen den Laien asketische Übungen auferlegen."

Ein Asket, der Mitglied eines bestimmten Gaccha geworden ist, darf unter gewissen Umständen in einen anderen übertreten. In diesem Fall hat er eine besondere Formel zu sprechen, in welcher ausdrücklich gesagt wird, dass ihn keine Aussicht auf irgendeinen Vorteil dazu bestimme, um seine Zulassung in den neuen Gaccha nachzusuchen.

Im Rahmen des vorliegenden Buches erscheint es nicht als notwendig, ein Verzeichnis aller bekannten Schulen und Sekten zu geben; ich begnüge mich daher hier damit, nur die wichtigsten von ihnen anzuführen, über welche sich nähere Angaben machen lassen. Leider ist das ganze zur Verfügung stehende Material nur wenig ergiebig, es ließen sich daher zumeist nur knappe und oft wohl auch ungenaue Angaben machen, für deren Richtigkeit ich die Verantwortung meinen Gewährsmännern überlassen muss.

22. Shvetamharas.
Bilderverehrer.

1. Upakesha-Gaccha führt seinen Ursprung auf Parshvanatha zurück; einer von dessen Nachfolgern in der Führung der Gemeinde war Keshi, der sich den Reformen Mahaviras anschloss. Die Laienanhänger sind Osvals.
2. Kharatara-Gaccha zweigte sich nach einer Version in der Zeit nach Uddyotana Suri (bis 937 n. Chr.) ab. Das erste Oberhaupt des

Gaccha war dann Vardhamana Suri (bis 1031). Dessen Schüler Jineshvara, der 1022 von ihm zum Meister (Acarya) eingesetzt worden war, erhielt den Ehrentitel Kharatara (sehr scharf), weil er im Redekampfe mit Suracarya, dem Führer der Caityavasis, bei einer Disputation am Hofe des Königs Durlabha von Anahilavada in Gujarat (1023 n. Chr.) Sieger geblieben war. Sein Ehrenname soll dann auf den Gaccha übergegangen sein. Nach einer anderen Überlieferung soll der Begründer des Gaccha Jinadatta Suri (1147 n. Chr.) gewesen sein. Mitglieder dieses Gaccha leben hauptsächlich in Rajputana und Bengalen; in der Präsidentschaft Bombay sind sie nur in geringer Zahl vertreten. Die Zahl der Sadhus wird auf 50-75, die der Sadhvis auf 300 geschätzt. Zahlreich sind die Yatis, deren Shripujyas bei den Anhängern dieses Gaccha in hohem Ansehn stehen.

3. Tapci-Gaccha zweigte sich nach Uddyotana Suri (bis 937 n. Chr.) ab. Da Uddyotana seinen Schüler Sarvadeva unter einem Feigenbaum (Vata) zum Suri gemacht hatte, hieß die Schule zuerst Vata-Gaccha. Ein Nachfolger Sarvadevas war Jagaccandra (gest. 1228 n. Chr.). Ein König sah diesen nach alter Sitte Kasteiung (Tapas) üben und legte deshalb der Schule den Namen Tapa-Gaccha bei. Der Tapa-Gaccha ist heute die bedeutendste unter den Shvetambara-Sekten. Seine Anhänger leben in der Präsidentschaft Bombay, im Panjah, in Rajputana und in Madras. Ihm gehören zurzeit 400 Sadhus und 1200 Sadhvis an, die unter 13 Acaryas stehen. Sehr groß ist ferner die Zahl der Yatis, die Shripujyas gehorchen. Im ganzen sollen 12 Gaddis (Throne, d. h. Sitze) der letzteren gezählt werden; der oberste Shripujya soll im Fürstentum Jaipur leben.

4. Parshvacandra (Pashacandra)-Gaccha ist eine Abzweigung des Tapa-Gaccha. Der dem letzteren angehörige Lehrer Parshvacandra (geb. 1480 in Hamirpur, gest. 1555) trennte sich 1515 von diesem, weil er eine neue Lehre über das Tun aufstellte und eine Reihe von Schriften (Niryuktis, Bhashyas, Curnis, Chedagranthas) nicht als autoritativ anerkannte. Die Sekte hat heutzutage noch Anhänger im Distrikt Ahmedabad. Es sollen ihr 8-10 Sadhus und 20-25 Sadhvis angehören, dazu noch eine größere Zahl von Yatis, deren Shripujya in Bikaner seinen Sitz hat.

5. Paurnamiyaka-Gaccha wurde 1102 n. Chr. von Candraprabha

gegründet, der über das Ritual abweichende Lehren aufgestellt hatte und das Mahanishitha-Sutra nicht als kanonisch anerkannte. Die Sekte wurde auf Betreiben Hemacandras von König Kumarapala aus seinem Reiche vertrieben. Als die beiden Gegner gestorben waren, kam der Paurnamiyaka Sumatisinha nach Anahilvada und erweckte die Schule zu neuem Leben; sie hieß dann Sardha-(=Halb-) oder Sadhupaurnamiyaka (1180 n. Chr.). Paurnamiyakas und Sardhapaurnamiyakas scheint es heute nicht mehr zu geben.

6. Ancala-Gaccha (auch Vidhi-paksha genannt) führt seine Lehrerreihe bis auf Uddyotana zurück; sein Begründer war der Upadhyaya Narasinha, später Aryarakshita Suri genannt (1157 n. Chr.). Nach der Tradition war dieser vorher ein Paurnamiyaka gewesen. An der Entstehung des Gaccha soll die blinde Shravika Nati bedeutenden Anteil gehabt haben.

Der Name der Sekte ist von dem Brauch abgeleitet, dass bei ihr der Saum (Ancala) des Gewandes die Stelle des Mundtuches vertreten kann. Der Sekte gehören heute 10-15 Sadhus und 30-40 Sadhvis an. Die Sadhus haben zurzeit keinen Acarya, doch haben die Yatis einen Shripujya. Shripujyas stehen beim Ancala-Gaccha hoch in Ansehen.

7. Agamika-Gaccha, gegründet 1193 von Shilaguna und Devabhadra, die zuerst Paurnamiyakas, dann Ancalikas gewesen waren. Sie brachten den Kshetradevatas keine Verehrung dar. Aus dieser Schule ging 1507 die von Katuka begründete der Katukas hervor, die auch Munyaris (Asketenfeinde) genannt werden, weil die Sekte nur aus Laien bestehen soll.

23. Bilderfeinde.

1. Lumpaka (Lonka-) Gaccha, gegründet 1451 von Lonka Sha, der gegen die Bilderverehrung auftrat.
2. Die Veshadharas, die aus den Lumpakas hervorgegangen sind, führen ihren Namen von ihrer eigenartigen Tracht (Vesha). Sie wurden von den aus der Gegend von Sirohi stammenden Bhanaka 1467 (oder 1476) gestiftet. 1511 spaltete sich von ihnen ein Zweig unter Rupa ab; die alte Gruppe nannte man Nagapuriya Veshadharas, die andere Gujarati Veshadharas.

3. Die Vandhyas sind eine von Bija 1513 ins Leben gerufene Sekte von Veshadharas.
4. Die Sthanakavasis (im Gemeindehaus, nicht im Tempel wohnenden) oder Bistolas, mit ihrem Spottnamen auch Dhundiyas (Sucher) genannt, verdanken der Reform des Lava, Sohnes des Vira, ihren Ursprung, der 1653 gegen die bei den Anhängern Lonkas eingerissenen Missstände auftrat.
5. Die Terapanthis sind eine um 1761 von Bhikham in Marvar gegründete, streng bilderfeindliche Sekte; ihr Name soll von der Zahl der Urheber ihrer Gemeinde (terah = 13) abgeleitet sein. H. Jacobi schreibt über sie: „Sie suchen den Wandel der Mönche in genaue Übereinstimmung mit den Vorschriften der kanonischen Schriften zu bringen und verlangen unverbrüchliche Befolgung derselben. Ja, mir ist ein Fall mitgeteilt worden, dass Yatis derselben auf der Wanderschaft umkamen, weil sie nicht solches Wasser bekommen konnten, wie es nach ihren Vorschriften den Mönchen zu trinken allein gestattet ist, obschon sonst an Wasser dort kein Mangel war. Sonderbar ist, dass es die Terapanthis nicht für eine Pflicht oder auch nur für ein gutes Werk halten, ein in Lebensgefahr befindliches Wesen zu retten; denn man müsse dem Karma seinen Lauf lassen. Das Merkwürdigste in dieser, bisher bei uns noch fast gänzlich unbekannten Sekte ist, dass ein äußerst straffes geistliches Regiment bei ihnen waltet. Das jeweilige Oberhaupt, der Pujyaji Maharaj, hat eine dem Jesuitengeneral vergleichbare Stellung(!): Alle Mönche schulden ihm unbedingten Gehorsam und müssen sich täglich durch einen unterschriebenen Revers dazu verpflichten. Die Sekte soll über 70 Mönche und etwa dreimal soviel Nonnen zählen; denn viele Witwen ziehen den geistlichen Stand dem beschwerlichen Lose einer Witwe vor. Sie ist hauptsächlich im Westen Indiens verbreitet; doch finden sich Laien der Terapanthis auch in allen großen Handelsstädten bis Calcutta."

24. Digambaras.
Die großen Schulen.

Nach der Überlieferung der Digambaras soll der Mula-Sangha (d. h. die ursprüngliche Gemeinde) von dem großen Lehrer Arhadbali (mit seinem anderen Namen auch Guptigupta oder Vishakha genannt) im Samvatjahre

26 aus praktischen Gründen in 4 Schulen geteilt worden sein, deren Führer vier seiner Schüler wurden. Diese Schulen waren:
1. Nandi-sangha, gestiftet von Maghanandi. Die Schule soll ihren Namen daher haben, dass ihr Begründer während einer Regenzeit unter einem Feigenbaum (Nandi) meditiert hatte.
2. Sena-sangha, gestiftet von Jinasena.
3. Sinha-sangha, gestiftet von Sinha, der die Regenzeit in der Höhle eines Löwen zugebracht haben soll.
4. Deva-sangha, gegründet von Deva, der in einem einer Kurtisane Devadatta gehörigen Dorfe gelebt hatte.

Ein jeder dieser Sanghas zerfällt wieder in mehrere Unterschulen. Die Mönche fügen ihren Namen bestimmte Worte bei, die ihre Zugehörigkeit zu dem betreffenden Sangha kennzeichnen. Diese Titel sind bei 1: Nandi, Candra, Kirti, Bhushana; bei 2: Raja, Vira, Bhadra, Sena; bei 3: Sinha, Kumbha, Ashrava, Sagara; bei 4: Deva, Datta, Nilga, Tunga. Die Asketen führen einen Pfauenwedel und begrüßen sich mit dem Worte Dharmavriddhi.

Im Gegensatz zu den Schulen des Mulasangha, die sich als allein orthodox betrachten, entstanden einige Sekten, die in einigen Punkten der religiösen Praxis von ihnen abwichen und deshalb als heterodox angesehen werden. Die wichtigsten derselben sollen folgende sein:
1. Dravida-sangha (auch Dramila-sangha genannt), gestiftet in Madura von Vajranandi, einem Schüler des Pujyapada, angeblich im Jahre 526 nach Vikrama (583 n. Chr. ?). Das Schisma soll durch einen Streit über die Frage, ob man gewisse Pflanzen essen dürfe, entstanden sein; angeblich sollen die Anhänger dieser Schule das Baden in kaltem Wasser zulassen und sich mit Handelsgeschäften abgeben.
2. Yapaniya-sangha (auch Gopya-sangha genannt), gestiftet von dem ehemaligen Shvetambara-Mönch Shri-kalasha, im Jahre 705 nach Vikrama (?) in der Stadt Kalyana. Die Mönche begrüßen sich mit dem Worte Dharmalabha, glauben, dass die Frauen die Erlösung erlangen können und dass die Kevalis Speise genießen; sie stimmen also in diesen Punkten mit den Shvetambaras überein.
3. Kashtha-sangha, nach einer Version in dem Nanditata genannten Dorfe im Jahre 753 nach Vikrama (?) von Kumarasena, Schüler des Vinayasena begründet; nach einer andern Tradition jedoch bereits 515 nach Vira von Loha I gestiftet, und zwar auf Grund des

folgenden Ereignisses. Loha war in Hisar bei Agroha todkrank geworden und hatte das Bewusstsein verloren. Im Glauben, dass er sterben werde, legten die Laien für ihn das Gelübde der Samlekhana ab. Wider Erwarten wurde Loha aber wieder gesund. Als er bettelte, verweigerten ihm die Shravakas im Hinblick auf das Samlekhana-Gelübde die Almosen. Da ging Loha nach Agroha und bekehrte dort durch seine Predigt König Divakara und 125.000 Agravalas zum Jaina-Glauben. Diese verehrten ihn als Acarya und gaben ihm seinen Lebensunterhalt. Da die Idole, welche er im Kult verwandte, aus Holz waren, wurde seine Gemeinde Kashtha-(Holz-)Sangha genannt. Die Mönche begrüßen sich mit dem Worte Dharmavriddhi und tragen statt der Pfauenwedel solche aus Kuhhaaren.
4. Mathura-sangha, gestiftet im Jahre 953 nach Vikrama (?) in Mathura durch Ramasena. Die Mönche begrüßen sich mit dem Worte Dharmavriddhi und tragen keinerlei Wedel.

Von diesen 4 Sekten scheint heute nur noch der Kashtha-sangha zu existieren.

25. Die heutigen Sekten.

Die heutigen Digambara-Jainas zerfallen in eine größere Zahl von Sekten, die sich in nebensächlichen Punkten der Lehre und in einigen wesentlichen Punkten des Rituals voneinander unterscheiden.
Die beiden wichtigsten Digambara-Sekten der Gegenwart sind die der Vishvapanthis oder Vishapanthis (Bispanthis), wie sie heute zumeist genannt werden, und Terapanthis. Die Hauptunterschiede zwischen beiden Sekten sind die folgenden: Die Vishapanthis erkennen Bhattarakas als geistige Führer an, stellen Bilder von Kshetrapalas, von Göttern wie Bhairava u. a. in ihren Tempeln auf, bestreichen die Idole mit Safran, schmücken sie mit Blumen, bringen ihnen Süßigkeiten dar, verehren sie des Nachts mit Gaben und schwenken vor ihnen Lichter. Die Terapanthis erkennen keine Bhattarakas an, stellen keine Bilder von Kshetrapalas im Tempel auf, bringen vor den Idolen keine Blumen und Süßigkeiten dar, salben sie nicht mit Safran, verehren sie nachts nicht mit Gaben und Lichtern, sondern begnügen sich mit der Rezitation des Aratrika-patha. Nach J. 1. Jaini verehren die Vishapanthis in sitzender, die Terapanthis in stehender Stellung; die Terapanthis sitzen nur, wenn sie die Perlen ihres

Rosenkranzes unter leisem Hersagen von Mantras abzählen. Die Terapanthis stellen, wie sich aus all diesem ergibt, eine Reformsekte dar, die sich gegen eine Anzahl von Riten richtet, welche ihrer Auffassung nach nicht dem echten Jainatum angehören; mit den Terapanthis der Shvetambaras haben sie nichts zu tun. Der Gegensatz zwischen Vishapanthis und Terapanthis ist so groß, dass die Anhänger der einen Sekte nicht die Tempel der anderen besuchen.

Die Vishapanthis sind zahlreich in Maharashtra und Gujarat, die Terapanthis überwiegen in Rajputana, den Vereinigten und den Zentral-Provinzen.

Andere Digambara-Sekten der Gegenwart sind: Die Taranpanthis oder Samaiyapanthis, deren Gemeinde von Taranasvami (1448-1515) gestiftet wurde. Sie sind bilderfeindlich, verehren aber die vierzehn Bücher (Grantha) ihres Gründers, indem sie dieselben auf den Altar stellen. Ferner die Gumanpanthis, die ihren Ursprung von Guman Ram (Ende des 18. Jh.) nahmen, endlich die Totapanthis, über welche nähere Angaben fehlen.

26. KULTUS
Allgemeiner Teil.
Voraussetzung und Gegenstand des Jaina-Kultus

Die Jainas leugnen das Dasein eines persönlichen Gottes, der die Welt geschaffen hat und regiert, sie glauben nicht, dass die Heiligen, welche die Vollendung erlangten, in die Geschicke der Menschen eingreifen können, sie messen den zahllosen Devas, die in den vielen Himmeln thronen, nur begrenzte Lebensdauer und begrenzte Macht bei. Trotzdem besitzt ihre Religion einen ausgebildeten Kultus, ein reiches Ritual und prächtige Tempel. Der Widerspruch, der für den nur mit den abendländischen Religionssystemen Vertrauten hierin zu liegen scheint, löst sich, wenn man die eigenartige geistige Einstellung in Betracht zieht, von der aus die Jainas ihren Kult betrachtet wissen wollen.

Der Zweck aller religiösen Handlungen ist es, die Seele von der ihr anhaftenden Unreinheit, von Karma und Leidenschaft zu befreien und dadurch in ihrem wahren, lauteren, fleckenlosen, seligen Zustand herzustellen. Der Erreichung dieses Zieles dienen alle die vielen Gebote, Gelübde, Kasteiungen, Begehungen und Riten, welche die Tirthankaras den Gläubigen vorschreiben. Gewiss wenden sich viele nur an den einzelnen, sind nur für den einzelnen bestimmt und nur von dem einzelnen an sich zu verwirklichen. Die psychologische Erkenntnis, dass das Individuum als Glied einer Gemeinde leichter die Widerstände in sich überwindet, welche Schwäche und Gleichgültigkeit der Durchführung religiöser Observanzen entgegensetzen, veranlasste die Jainas, gleich den Bekennern anderer Religionen, ihre religiösen Übungen gemeinsam, systematisch und unter Einhaltung bestimmter Formen vorzunehmen. Erfahrungsgemäß befeuert aber nichts so stark den Eifer der Gläubigen, als das Beispiel eines Großen, dem der einzelne, soweit dies in seinen schwachen Kräften steht, nachstrebt, der allen seinen Bemühungen als ein Vorbild leuchtet, das er später einmal zu erreichen hofft, den er als Meister verehrt und dem er mit der ganzen Glut seines Herzens in Liebe ergeben ist. Das unerreichte, aber erreichbare Ideal des Jaina ist der weltentrückte Vollendete, der Hass und Liebe überwand, der alle Betörung besiegte und dadurch allwissend wurde. Ein solcher Mensch, der nach restloser Vernichtung des Karma das Nirvana gewann und dem deshalb alle Wesen dienen, ist allein ein wahrer Gott (Deva), weil er den Gesetzen des Daseins nicht mehr unterworfen ist.

> Nur der Allwissende, des Ruhm die Welt durchdrungen,
> Weil er die Leidenschaft und Sünde hat bezwungen,
> Der alles, was da lebt, in Weisheit unterwiesen,
> Der einzig wird als Gott und höchster Herr gepriesen.

Ein solcher Weltüberwinder und Heilsverkünder, dem selbst die Himmelskönige mit Ehrfurcht nahen, ist allein würdig, als weltentrücktes Vorbild der Menschheit verehrt zu werden und als Wegweiser zur Erlösung zu dienen. Wer ihn ständig vor Augen hat, wer sich immerwährend in seine unendlichen Tugenden und Vorzüge versenkt, der wird dadurch selbst gefördert und erhoben, der nähert sich dadurch langsam, aber sicher dem Zustande, der jenem eignet, der wird ihm ähnlich und darf hoffen, ihm schließlich gleich zu werden. So wie das Erblicken einer schönen Frau das Gefühl der Liebe, das Sehen eines Freundes die Empfindung der Freundschaft weckt, so werden in dem, der sich in Gedanken mit einem Jina beschäftigt oder sich auf sein Abbild konzentriert, Gefühle der Heiligkeit hervorgerufen, durch die sein Inneres geläutert wird. Durch die andauernde Beschäftigung mit den erhabenen Arhats nimmt sein Geist schließlich deren Eigenschaften an, so wie ein Kristall die Farbe eines in seiner Nähe befindlichen Gegenstandes widerspiegelt.
Die Verehrung der Tirthankaras hat demnach, der Theorie der Jainas

zufolge, keinen objektiven Zweck, sondern nur einen subjektiven: Die Tirthankaras selber bedürfen keiner Anbetung, weil sie über alles Irdische erhaben sind, und der Gläubige erhält durch sie keine Gnadenerzeigungen, weil sie in ihrer seligen Vollendung dem Treiben in der Welt keine Aufmerksamkeit schenken; der Jina-Kultus ist aber deshalb segenspendend und heilsnotwendig, weil der, welcher ihn vollzieht, dadurch gebessert und geheiligt wird.

Die hier zugrundeliegende Anschauung, dass der, welcher all sein Denken in einen anderen versenkt, schließlich eine so große Wandlung in seinem Wesen erfährt, dass er jenem ähnlich oder schließlich gleich wird, ist echt indisch; deutlich spricht sie sich in dem vielgebrauchten Vedanta-Gleichnis von dem Wurm aus, der dadurch, dass er beständig über die Wespe, die er gesehen, nachsinnt, schließlich selbst zur Wespe wird.

Der erhabene Grundgedanke der Jina-Verehrung ist freilich in dieser seiner Reinheit nicht von allen Jainas bewahrt geblieben. Dem gemeinen Mann genügt es nicht, einen Tirthankara zu verehren und um Erleuchtung zu bitten, wenn er sich letzten Endes sagen muss, dass der ganze ihm geweihte Dienst nur eine propädeutische Fiktion ist, die den Verehrenden fördern soll. Er will selber mit dem weltenfernen, seligen Heiligen reden wie zu einem Könige, er will ihm sein Herz ausschütten, seine Leiden bekennen und erhofft von seiner Gnade Hilfe auch in den kleinen und großen Nöten des Lebens. Im volkstümlichen Jaina-Glauben hat die den Arhats dargebrachte Verehrung deshalb oft die Formen des hinduistischen Götterkults angenommen; der Fromme spendet dem Tirthankara Blumen und andere Weihgaben und erwartet von ihm dafür eine entsprechende Gegenleistung. Die rechtgläubigen Jainas verurteilen jedoch einen solchen „do ut des"-Kult als Ausfluss des Irrglaubens und bekämpfen ihn.

Verehrt werden alle Tirthankaras, die in den verschiedenen Teilen der Welt erschienen sind, erscheinen oder erscheinen werden. In erster Linie sind es aber selbstverständlich die 24 Tirthankaras, die in unserer Weltperiode in Bharatavarsha auftraten, die sich eines besonderen Kultus erfreuen; nach der Zahl der ihnen geweihten Hymnen und Heiligtümer sind unter ihnen Adinatha (Rishabha) der 1., Shantinatha der 16. sowie die drei letzten Neminatha, Parshvanatha und Mahavira die beliebtesten. Von den Tirthankaras anderer Weltteile genießt vor allem Simandhara, der gegenwärtig in Mahavideha lebt, eine besondere Verehrung.

Die Tirthankaras sind die hervorragendsten unter den 5 Parameshthis oder Oberhäuptern des Jainismus. Neben ihnen stehen die 4 anderen: Die

Siddhas oder Vollendeten, die Acaryas oder Meister, die Upadhyayas oder Lehrer und die Munis oder Asketen. Auch diesen wird im Kult die gebührende Ehrerbietung erwiesen, wenngleich ihr Dienst infolge des unpersönlichen Charakters, den die Verehrung einer Gruppe mit sich bringt, nicht so hervortritt. Von einzelnen Personen, die zu dieser Gruppe gehören, sind bemerkenswert Bahuhali oder Gommata, der Sohn Rishabhas, von dessen Erlösung vorher gesprochen wurde, ferner die Ganadharas, d. h. Schüler der Tirthankaras, vor allem Gautama. Dazu kommen noch eine Reihe von Heiligen der späteren Zeit, die durch ihre Frömmigkeit dieser Auszeichnung teilhaftig wurden. Auch heilige Frauen gehören zu diesen Kategorien, wie die Mütter der Tirthankaras und die hervorragenden Nonnen der Legende, die (nach der Anschauung der Shvetambaras) die Erlösung erlangten.

Alle die bisher besprochenen Gestalten, denen der Jaina-Glaube einen Kultus weiht, sind selige Wesenheiten, die über das Treiben im Sansara erhaben sind. Außer und neben diesen verehren die Jainas noch andere überirdische Personen, die zwar nicht denselben Grad der Vollkommenheit besitzen wie diese, dafür aber dem irdischen Leben größeres Verständnis entgegenbringen. In erster Linie sind unter ihnen die himmlischen Begleiter der Tirthankaras zu nennen, ein Yaksha (Geist) und eine Shasanadevata (Göttin der Lehre), die jedem Jina zur Seite stehen und, als sie auf Erden wandelten, ihrer Befehle gewärtig waren. Die Namen der Yakshas und Shasanadevatas der 24 Tirthankaras der gegenwärtigen Weltperiode sind bei den Shvetambaras und Digambaras teilweise verschieden. Sie lauten (die Zahl links entspricht der des Tirthankara, zu dem diese Gottheiten gehören, also 1. Rishabha, 2. Ajita usw. (siehe nächste Seite):

Die Namen von einigen von diesen stimmen mit denen der Shasanadevatas überein, besonders denen in der Liste der Digambaras.

Den Jainas eigentümlich ist die Verehrung der Indras, d. h. der Könige der Götter der verschiedenen Himmel. Die Zahl derselben wird bei den Shvetambaras mit 645, bei den Digambaras mit 100 angegeben; doch passen diese Zahlen nicht zu den oben bei Besprechung der Kosmologie angeführten.

Die heutigen Jainas verehren auch eine Fülle von Göttern des Hindu-Pantheons. Ich lasse hier die Namen der wichtigsten folgen, welche in Handbüchern des Rituals aufgeführt werden.

	Yaksha		Shâsanadevatâ	
	Shvetâmbara	Digambara	Shvetâmbara	Digambara
1.	Gomukha			Cakreshvarî
2.	Mahâyaksha		Ajitabalâ	Rohinî
3.	Trimukha		Duritârî	Prajnapti
4.	Yaksheshvara		Kâlikâ	Vajrashrinkhalâ
5.	Tumbura		Mahâkâlî	Purushadattâ
6.	Kusuma		Acyutâ (Shyâmâ)	Manovegâ (Manogupti)
7.	Mâtanga	Varanandi	Shântâ	Kâlî
8.	Vijaya	Shyâma	Bhrikutî	Jvâlamâlinî
9.	Ajita		Sutârakâ	Ajitâ (Mahâkâlî)
10.	Brahmâ		Ashokâ	Mânavî
11.	Manuja oder Îshvara		Shrîvatsâ (Mânavî)	Gaurî
12.	(Sura-) Kumâra		Candâ	Gândhârî
13.	Shanmukha		Vijayâ (Viditâ)	Vairotî
14.	Pâtâla		Ankushâ	Anantamatî
15.	Kinnara		Pannagâ (Kandarpâ)	Mânasî
16.	Garuda	Kimpurusha	Nirvânî	Mahâmânasî
17.	Gandharva		Balâ	Vijayâ
18.	Yakshendra	Kendra	Dhârinî	Ajitâ
19.	Kubera		Dharanapriyâ	Aparâjitâ
20.	Varuna		Naradattâ	Bahurûpinî
21.	Bhrikuti		Gândhârî	Câmundî
22.	Gomedha	Sarvâhna	Ambikâ	Kûshmândinî
23.	Dharanendra (Pârshvayaksha)			Padmâvatî
24.	Mâtanga			Siddhâyikâ

Als Dikpalas oder Digadhishas (Beherrscher der Himmelsgegenden) werden in Vardhamanasuris „Acaradinakara" aufgezählt: Indra, Agni, Yama, Nirriti, Varuna, Vayu, Kubera, Ishana, die Nagas (Schlangengötter), Brahma; ein Segensspruch in Sukhalaljis „Pancapratikramana" nennt 8 Lokapalas (Welthüter): Soma, Yama, Varuna, Kubera, Indra, Aditya, Skanda, Vinayaka (Ganesha). Im „Acaradinakara" werden verschiedene Götter mit den Mondhäusern in Verbindung gebracht; außer den Namen von schon genannten figurieren hierbei noch: Brihaspati, Pitaras (die Manen), Yoni, Aryama, Vishvakarma, Mitra, Jala, die Vishvedevas, Vishnu, die Vasus, Ajapada, Ahirbudhnya, Pasha. Zu diesen kommen die Götter der 9 Planeten: Surya (Sonne), Candra (Mond), Mangala (Mars), Budha (Merkur), Guru (Jupiter), Shukra (Venus), Shani (Saturn), Rahu und Ketu (auf- und niedersteigender Knoten), sowie die Genien der Tierkreiszeichen und der Mondhäuser (Nakshatra) und schließlich die Schirmherrn von

Ländern, Städten und Dörfern (Kshetrapala; Desha-, Nagara- und Gramadevata). Von den weiblichen Gottheiten sind in erster Linie die sechs Göttinnen Shri, Hri, Buddhi, Dhriti, Kirti und Lakshmi zu nennen, welche nach der Tradition der Digambaras auf den Inseln auf den sechs großen Bergen des Jambudvipa wohnen, ferner Sarasvati, die Schirmherrin der Gelehrsamkeit, und die zahlreichen Muttergöttinnen. Auch jede Kaste und jede Familie hat ihre Schutzgöttin (Jnatidevi, Kuladevi). Die Familien-Gottheit der Vishas Ushvas ist z. B. Ushadevi, deren Bild rechts am Eingang von Hathisinghs Tempel in Ahmedabad steht.

Schließlich ist auch heiligen Tieren, wie den Schlangengöttern, heiligen Bäumen, wie denjenigen, welche den Tirthankaras heilig sind, heiligen Orten und heiligen Symbolen religiöser Dienst geweiht, auch werden die Tempel, die Bilder, die Bücher zum Gegenstand eines Kults gemacht.

Die Verehrung von hinduistischen Gottheiten – in erster Linie Ganesha, Skanda, Sarasvati, den Müttern sowie auch Bhairon und Hanuman – hat im heutigen Jainatum einen solchen Umfang angenommen, dass der Kult der Tirthankaras dahinter stark zurücktritt. So berichtet das „Jaina Hostel Magazine" IV (1923) Nr. 2 P: 60 von Champat Rai Jain aus Delhi, heute einem der eifrigsten Vorkämpfer der Jainalehre: „Obwohl ein Jaina von Geburt, wusste Mr. Champat Rai, gleich so vielen anderen, nichts vom Jainismus, als dass es 24 Götter in ihm gäbe. Die Religion seiner Familie war zweifellos der Jainismus; aber das Familienoberhaupt verehrte fast ausschließlich die Hindu-Gottheit Hanuman, deren Tempel er täglich besuchte, während er den Jaina-Tempel nur dreimal im Jahr, bei festlichen Gelegenheiten, aufsuchte." Ähnliche Angaben machen auch die Census-Reports und District-Gazetteers über die Verhältnisse in den verschiedensten Landesteilen. Überall zeigt sich eine starke Hinduisierung des Kultes, gegen welche jetzt von aufgeklärten Jainas mit Eifer angekämpft wird.

Die Verehrung der Gottheiten der verschiedensten Art, mögen diese hinduistischen Ursprungs sein oder nicht, unterscheidet sich von dem Kult der Tirthankaras sehr wesentlich dadurch, dass diese mit den verschiedensten weltlichen Wünschen behelligt werden, wodurch die oben besprochene Theorie des Kults in Fortfall kommt. Vom Standpunkt des strengen Jainatums kann ihr daher nur ein geringer Wert zugeschrieben werden, zumal da alle diese Devas ja nicht unvergängliche, erlöste Wesenheiten sind, sondern nur Seelen, welche für eine große, aber beschränkte Zeit im Besitze einer bedeutenden, wie wohl begrenzten Amtsgewalt sind. Da sich der Kult der Götter nach Form und Inhalt wenig von demjenigen unterscheidet, mit dem die Hindus ihre Götter umgeben, wird in diesem Buche auf ihn nicht ausführlich eingegangen werden, zumal da er von manchen Jainas als unerlaubt bekämpft wird. Wir können uns daher in der Hauptsache darauf beschränken, vom Kult der Tirthankaras zu sprechen.

Wie alles Existierende kann auch ein Tirthankara nach den vier Gesichtspunkten Nama, Sthapana, Dravya, Bhava betrachtet werden. Nama-tirthankara ist dann das, was als Tirthankara benannt wird, Sthapana-tirthankara das, was als ein Tirthankara figürlich dargestellt wird, Dravya-tirthankara ein Tirthankara an sich, ohne Rücksicht auf den Zustand, in dem er sich befindet, Bhava-tirthankara ein Tirthankara im Hinblick auf seinen derzeitigen Tirthankara-Zustand. Dementsprechend lassen sich auch vier Arten der Verehrung eines Tirthankara unterscheiden. Dadurch, dass der Name eines Tirthankara ausgesprochen oder gehört wird, erscheint die Gestalt des Propheten vor dem geistigen Auge des Gläubigen, und es werden Gefühle der Ehrfurcht, Heiligkeit usw. in letzterem hervorgerufen. Die Verehrung durch Bilder macht den Tirthankara sinnlich vorstellbar und bringt das Ideal heiligen Menschentums dem irdischen Herzen näher. Der Kult vom Gesichtspunkt des Dravya (Substanz) aus umfasst alle Seelen, welche ihrem Wesen nach zu Tirthankaras prädestiniert sind, gleichgültig, welche Stellung sie jetzt einnehmen. Er entspricht also der dem Kronprinzen als einem späteren Könige dargebrachten Ehrerbietung und richtet sich auf zukünftige Tirthankaras. Die Verehrung vom Gesichtspunkte des derzeitigen Zustandes (Bhava) aus ist eine solche, wie sie z. B. Mahavira von seinen Zeitgenossen erwiesen wurde, als er auf Erden wandelte.

Ihren praktischen Ausdruck findet die Verehrung der Jinas in der mannigfaltigsten Weise. Die allgemeine Form des Kults ist die sogenannte Bhava-puja, d. h. das Meditieren über den Tirthankara und das Lobpreisen desselben durch Hymnen. Während diese Art der Verehrung die einzige ist, die von Asketen vorgenommen wird und von manchen Sekten als die einzig berechtigte angesehen wird, werden bei den Laien der bilderverehrenden Shvetambaras und Digambaras noch zwei Arten unterschieden: Angapuja, das Waschen, Salben und Schmücken der Glieder eines Jinabildes, und Agrapuja, das Niederlegen von Früchten, Reis, Süßigkeiten, Lampen, Räucherwerk vor dem Idol des Heiligen. Zu diesen drei Arten der Puja treten dann noch andere hinzu, von denen allen später ausführlich die Rede sein wird.

Als die erste und vornehmste Art der Verehrung der Tirthankaras bezeichnen die Jaina-Texte aber die Befolgung der von den Jinas erlassenen Gebote; nur derjenige, der sie einhält, kann hoffen, sein Karma zu verbessern oder zum Schwinden zu bringen. Die Betonung des ethischen Moments und der Notwendigkeit der Erfüllung bestimmter sittlicher Pflichten tritt, wie wir sehen werden, im Jaina-Kult stark hervor, indem derselbe nicht nur die Vornahme bestimmter Riten verlangt, sondern auch Beichte, Gelübde und Askese in den Kreis der sakralen Handlungen einbezieht.

27. Ausdrucksformen der Andacht.
Gebet, Hymnus, Mantra.

Im Christentum und in anderen Religionen ist das Gebet die einfachste und am häufigsten in Anwendung gebrachte Form der Andacht. In ihm hält der Gläubige Zwiesprache mit dem Gott, dem er seine Verehrung weiht, er preist ihn und erzeigt ihm seine Liebe und Ergebenheit, trägt ihm seine Leiden vor und erhofft von ihm Erlösung und Rettung oder eine gnädige Erfüllung von Wünschen der verschiedensten Art. Im rechtgläubigen Jainatum hat das Gebet hingegen keine Stätte; da der Jaina nicht an einen Tirthankara als an einen weltregierenden Gott glaubt, kann er ihn nicht anrufen und von ihm keine Einwirkung auf sein Leben und auf den Weltlauf erwarten. Aus diesem Grunde kann im Jainismus von einem Gebet strenggenommen nicht die Rede sein, der Jina-Verehrer kann sich vielmehr nur darauf beschränken, die in fleckenloser Reinheit erstrahlenden Arhats in Liedern und Sprüchen zu feiern, und sich bemühen, ihnen nachzueifern. Wie schon bemerkt wurde, ist dies aber im populären Jainismus vielfach nicht eingehalten worden.

Dem Lobpreis der Heiligen dienen eine Fülle von Liedern und Sprüchen. Die kürzeste Formel, in welcher sich die den Heiligen zu schuldende Ergebenheit ausdrückt, ist der im Prakrit abgefasste Parameshthi-Mantra (oder Runenformel!), der täglich mehrere Male von jedem Jaina wiederholt wird. Sie lautet:

„Namo Arihantanam, namo Siddhanam, namo Ayariyanam, namo Uvajjhayanam, namo loe savva-Sahunam!" = „Verehrung den Arhats, Verehrung den Vollendeten, Verehrung den Meistern, Verehrung den

Lehrern, Verehrung allen Mönchen in der Welt!"
Diese Formel, die sich an die 5 Parameshthis, d. h. Oberhäupter des Jainismus richtet, besteht aus 35 Silben. Sie kann in der verschiedensten Weise auf 16, 6, 5, 4, 2 oder 1 Silbe verkürzt werden, nämlich
- Arihanta Siddha A(y)iriya Uvajjhaya Sahu = 16 Silben.
- Arihanta Siddhä oder Arihanta Si Sa oder Om namo Siddhänam = 6 Silben.
- A Si A U Sa = 5 Silben.
- Arahanta oder A Si Sahu = 4 Silben.
- Siddha oder A Sa oder Om nhi = 2 Silben.
- Om = 1 Silbe.

Der zuletztgenannte Mantra, der in der Mystik aller indischen Schulen eine große Rolle spielt, wird von den Jainas als eine Kontraktion der Silben A + A + A + U + M erklärt. Das erste A bedeutet die Arhats, das zweite A die Ashariras (Körperlosen), d. h. die Siddhas, das A die Acaryas oder Meister, das U die Upadhyayas oder Lehrer, das M schließlich die Munis (= Sadhus) oder Asketen. Der Parameshthi-Spruch gilt als der bedeutendste und heilbringendste von allen; dies spricht ein Vers aus, der oft nach ihm rezitiert wird und der in deutscher Übersetzung lautet: „Diese den Fünf geweihte Huldigung vernichtet alle Sünden, unter allen Segenssprüchen ist sie der erste Segensspruch."

Während der Parameshthi-Mantra allen 5 Gruppen von Oberhäuptern des Jaina-Glaubens zugleich geweiht ist, wenden sich andere Lieder und Sprüche nur an die eine oder andere Gruppe oder an einzelne Mitglieder einer solchen.

Den 24 Tirthankaras der gegenwärtigen Weltperiode sind eine Reihe von Hymnen in gebundener und ungebundener Rede gewidmet. Einer der berühmtesten, der im Ritual viel Verwendung findet, ist der sogenannte Shakra-stava, der Lobpreis der Indras, nach seinen Anfangsworten auch „Namotthu nam" genannt. In diesem werden die Arhats mit allen ihren Titeln, als Tirthankaras, als Jinas, als Buddhas gepriesen und mit einer Fülle von schmückenden Beiworten beehrt, als da sind: „Löwen unter den Menschen, Lotosblumen unter den besten Menschen, Duftelefanten unter den besten Menschen, Kaiser der vier Himmelsrichtungen des besten Gesetzes" usw. Der mit den Worten „Logassa" beginnende, in metrischer Form abgefasste Prakrit-Hymnus feiert die Tirthankaras als die großen Welterleuchter und führt ihre Namen der Reihe nach auf. In ausführlicherer

Weise haben spätere Dichter in Sanskrit und den neuindischen Sprachen den 24 Propheten gehuldigt, indem sie einen jeden von ihnen in je einer oder in mehreren Strophen behandelten.
In ähnlicher Weise, wenn auch nicht so oft und so überschwänglich, werden auch die anderen Parameshthis gefeiert, die Siddhas, die Meister, die Sadhus, ferner die Shrutadevata, die Kshetradevata, die Yakshas usw. Auch Heiligtümer werden gebührend verherrlicht: Das berühmte Jam kinci-Sutra preist alle Tirthas und Jina-Bilder im Himmel, in der Unterwelt und in der Menschenwelt, und das Javanti ceiäim Sutra alle Caityas in Über-, Unter- und Tierwelt. Auch der Jaina-Lehre selbst sind Hymnen und Sprüche gewidmet. So lautet eine viel verwendete Strophe:

> Glückverheißende Segensspenderin,
> Wurzel der Tugenden, die ich verehre,
> Reinsten Glaubens Vollenderin,
> Siegreich blühe die Jaina-Lehre.

Schließlich gibt es auch noch Verse, welche der ganzen Welt Segen spenden. Ein solcher heißt:

> Heil und Segen sei der Welt gegeben,
> Möge jeder nach dem Höchsten streben,
> Jeder Fehler, jeder Mangel schwinden
> Und die Menschheit Glück und Frieden finden.

Eine Fülle von (Tantra-)Formeln in Prosa werden in den Ritualbüchern aufgeführt, die dazu dienen sollen, irdisches und überirdisches Heil herbeizuführen oder böse Einflüsse fernzuhalten.
Im Gegensatz zu den bisher genannten Mantras, deren Worte, mögen sie dem Sanskrit, dem Prakrit oder anderen Sprachen entstammen, aus sich heraus verständlich sind, bestehen andere aus einer oder aus mehreren Silben, denen keine eigentliche sprachliche Bedeutung innewohnt, denen vielmehr ein nur dem Eingeweihten erschließbarer Sinn zugeschrieben wird. Zu diesen mystischen Silben gehört der bereits erwähnte Laut „Om", dessen Erklärung oben mitgeteilt wurde. Andere derartige Formeln sind: hram, hrim, hrum, hrah, yah, kshah, phut, ram, rim, raum, rah, svaha, Derartige Silben finden im Ritual vielfach Verwendung; sie werden nicht nur hergesagt, sondern auch aufgeschrieben; so werden bei einer Shanti-

Zeremonie die folgenden Mantras gesprochen und auf die nachstehend
genannten Körperteile aufgetragen:
- auf den Kopf shrim,
- auf die Stirn bhrum,
- auf die Brauen hrim,
- auf die Augen hrim,
- auf die Nase aim,
- auf die Ohren hrim,
- auf den Hals hrim,
- auf das Herz hrum,
- auf die Arme khram,
- auf den Bauch klim,
- auf den Nabel hah,
- auf das Geschlechtsglied hvam,
- auf die Beine yah,
- auf die Füße blum.

28. Meditation.

Jeder Jaina soll mindestens einmal täglich meditieren. Gewöhnlich geschieht dies 48 Minuten lang am Morgen, doch bringen manche das Doppelte oder Dreifache dieser Zeit mit frommer Beschauung zu oder wiederholen diese auch am Nachmittag und am Abend. Zweck der Übung ist es, den Geist von allen irdischen Begierden und Leiden zu isolieren und in einen Zustand gleichmütiger Stille und Heiterkeit zu versetzen. Dieser Akt, der technisch Samayika heißt, kann in der Einsamkeit, zu Hause, in einem Upashraya oder in einem Tempel vorgenommen werden, allein und mit dem Gesicht nach Nordosten gewendet, oder vor einem Guru oder einem Jina-Bild.

An die Stelle der Versenkung kann auch die Lektüre eines heiligen Buches oder das Anhören einer Predigt treten.

Während der Jaina-Laie der Meditation gewöhnlich nur eine kurze Zeit am Tage widmet, hat derjenige, welcher in der geistigen Entwicklung fortschreiten will, um schließlich die Erlösung von den Wiedergeburten zu erlangen, häufig und systematisch sich der Versenkung hinzugeben.

Die Voraussetzung für das Gedeihen der Meditation ist Gleichgültigkeit gegen alles Irdische und eine lautere Gesinnung. Der Meditierende soll von Wohlwollen (Maitri) zu allen Wesen erfüllt sein, ihnen allen Gutes wünschen; er muss Erbarmen und Mitleid (Karunya) mit allen Unglücklichen und Bedrängten hegen, an den Tugenden der Heiligen und an allem, was gut ist, freudiges Interesse (Pramoda) nehmen und vollkommene Unparteilichkeit (Madhyasthya) auch seinen Gegnern gegenüber bewahren.

Die verschiedenen Arten der Meditation, welche die Jainas unterscheiden, sind bereits besprochen worden; an dieser Stelle seien noch die praktischen Beispiele von Meditationen angeführt, welche in den Jainatexten gegeben werden. Danach lassen sich die folgenden Meditationen unterscheiden:

1. Pindastha-dhyana: Der Meditierende sucht das transzendente Wesen der Seele dadurch zur Vorstellung zu bringen, dass er das Denken der Reihe nach auf bestimmte Bilder, die zu den Elementen in Beziehung stehen, fixiert. Die fünf Festlegungen (Dharana) sind:

   a. Parthivi Dharana: Der Meditierende stellt sich die **Erde** als einen ruhigen, wogen freien Milchozean vor. In der Mitte von diesem denkt er sich einen tausendblätterigen, goldenen Lotus von der Größe des Jambudvipa. Im Lotus befindet sich eine köstliche Samenkapsel, vergleichbar einem goldenen Berge, und im Zentrum davon ist ein prächtiger Thron von Silber, glänzend wie der Mond in der Herbstnacht. Der Kontemplierende denkt sich dann, er selber sitze auf diesem Thron, völlig ruhig und abgeklärt, frei von Liebe und Hass, und gerüstet, die Karmas niederzuringen.

   b. Agneyi Dharana: Der Meditierende stellt sich einen glänzenden, sechzehnblätterigen Lotus vor, der aus seinem Nabel hervorwächst. Auf den Blättern stehen die 14 Vokale des Devanagari-Alphabets (a, ä, i, i, u, ü, ri, ri, li, li, e, ai, o, au) und die Laute (Tantras) am und ah, in der Samenkapsel der große Mantra „arham". Aus dem „r" des letzteren bricht erst Rauch hervor, dann Funken und schließlich ein brennendes **Feuer**. Die Flamme wächst dauernd und verbrennt die im Herzen befindliche Lotusblume mit den 8 Blättern, welche die 8 Karmas darstellen. Dann denkt der Meditierende an eine Flamme von der Form eines Dreiecks mit dem Svastika (=Gibor-Rune) an seiner Spitze. Diese goldglänzende, rauchlose Flamme, die, unverlöschbar wie das Höllenfeuer, sich außerhalb des Körpers befindet, wird vom Winde auf diesen hingetrieben und verbrennt ihn von außen, während das Feuer auf dem Lotus ihn von innen durchglüht. Schließlich sind der Körper und der Lotus ganz von dem Feuer verzehrt worden, und es bleibt nur Asche übrig.

c. Maruti Dharana: Der Meditierende denkt sich, dass die Asche, die von dem Brande übrig blieb, durch einen großen **Sturm** verstreut wird.

d. Varuni Dharana: Der Meditierende stellt sich des Weiteren einen großen Wolkenbruch mit Donner und Blitz und eine Wasserflut, die den ganzen Weltraum überschwemmt, vor; durch die **Wasser** wird der ganze Staub seines Leibes fortgewaschen.

e. Rupavati Dharana: Schließlich denkt der Meditierende an sich selbst als einen **reinen Geist**, losgelöst von den 7 Grundbestandteilen des physischen Leibes. Mit göttlichen Vollkommenheiten begabt, sitzt er, glänzend wie der Mond, auf einem Löwenthron, und Götter und Dämonen beugen sich vor seiner Herrlichkeit.

2. Padastha-dhyana ist die Meditation über bestimmte heilige Silben (Mantra, Tantra oder Runen).
3. Rupastha-dhyana ist die Meditation, welche den Tirthankara zum Gegenstand nimmt. Derselbe wird vorgestellt als mit allen Vollkommenheiten versehen, auf einem Thron sitzend, während ihn dienstbare Geister mit Yak-Wedeln fächeln, wenn er Göttern und Menschen die Lehre predigt.
4. Rupatita-dhyana: Diese Meditation betrachtet das wahre Wesen der Seele des Meditierenden, stellt diese als rein geistig vor, als immateriell und in allem der der Siddhas gleich.

29. Posituren und körperliche Übungen.

Beim Meditieren hat der Jaina seinen Körper in bestimmte Stellungen zu versetzen. Der Zweck dieser Vorschrift leuchtet sofort ein; durch Einnehmen einer bequemen Positur soll für den in tiefes Nachsinnen Versunkenen jeder Gedanke an den Leib ausgeschaltet werden, so dass sich der Geist ganz und gar dem **Überirdischen** zuwenden kann. Die Meditationsstellung heißt Kayotsarga (Kaya = Leib, utsarga Vonsichwerfen), weil in ihr eine Loslösung des Psychischen vom Physischen eintreten soll. Gewöhnlich besteht sie darin, dass der Kontemplierende sich

mit gekreuzten Beinen niedersetzt und die lose herabhängenden Arme in den Schoß legt. Hierbei wird eine Formel gesprochen, in welcher der Fromme sagt, er wolle jetzt alle körperlichen Funktionen zum Stillstand bringen, um seine Seele zu reinigen. Während der Zeit, während welcher Kayotsarga geübt wird, hat er sich aller willkürlichen Bewegungen zu enthalten; unwillkürliche Bewegungen, welche für den Körper notwendig sind (wie Atmen u. ä.) oder welche sich nicht verhindern lassen (wie Blinzeln, Husten usw.), gelten nicht als Unterbrechung des Kayotsarga.
Außer in der gewöhnlichen hockenden Stellung kann der Geist auch in anderen Konzentration finden. So können Meditierende auch stehend in den Zustand der Vertiefung gelangen; dann werden die Arme steif nach unten gehalten, die Knie zusammengepresst, die Füße etwa vier Finger breit auseinandergesetzt und die Zehen vorgestreckt. Außer diesen beiden hauptsächlichsten Posituren gibt es noch eine Reihe anderer, die sich in Einzelheiten von den genannten unterscheiden. Große Bedeutung wird namentlich der Stellung der Hände beigelegt; die Gestikulationen (Mudra) spielen im Kult eine große Rolle, und die Lehrbücher des Rituals führen eine große Zahl von ihnen auf, die bei bestimmten Gelegenheiten Verwendung zu finden haben.
Eine Handbewegung, welche vor Beginn des Samayika auszuführen ist, ist das sogenannte Avartana; mit den Händen wird vor dem Gesicht ein Halbkreis vom linken Ohr zum rechten beschrieben, was als ein Ausdruck der den Tirthankaras oder Gurus erwiesenen Verehrung betrachtet wird.
Im Kultus gelangen ferner eine Reihe von anderen Körperbewegungen in Anwendung; Verneigungen, Kniebeugen und ähnliches, die alle nach genau festgesetzten Regeln vorzunehmen sind.
Unter den körperlichen Übungen ist schließlich noch die Atemregulierung (Pranayama) zu nennen, die von den Jainas in Übereinstimmung mit den Yogis der Hindus ausgeführt wird. Nach Hemacandra gibt es 5 Arten des Atems, die in verschiedenen Körperteilen lokalisiert sind. „Der Prana hat seinen Sitz in der Nasenspitze, in der Brust, im Nabel und in der Spitze der großen Zehe, Apana im Nacken, im Rücken, im Kreuz und in den Hacken, Samana in den Gelenken, in der Brust und im Nabel, Udana zwischen Kopf und Brust, Vyana in der ganzen Haut." Durch die Regulierung des Atems soll das Adernsystem des Leibes gereinigt und die vollständige Gewalt der Seele über den Leib erlangt werden.
Hervorgehoben zu werden verdient, dass Frauen, besonders Nonnen, die Vornahme einer Reihe von körperlichen Übungen, namentlich das

Einnehmen bestimmter Posituren, die den Männern anempfohlen werden, verboten ist, weil dadurch die Sinnlichkeit gereizt werden könnte.

30. Beichte und Buße.

Das Bereuen der Sünden, die bewusst oder unbewusst begangen wurden, bildet einen wesentlichen Teil der Andachtsübungen der Jainas. Die große Bedeutung, die der Beichte (Pratikramana) beigelegt wird, tritt sehr klar schon darin hervor, dass die Gesamtheit der der Erbauung dienenden Handlungen mitunter als Pratikramana bezeichnet wird und dass Ritualbücher den Titel Pratikramana führen.

Die Form, in der gebeichtet wird, ist sehr verschieden. Die Beichte besteht vielfach in dem Hersagen bestimmter Formeln, in welchen Vergehen schematisch aufgezählt werden und der Fromme seine Reue kundgibt. Bei jeder der täglichen Meditationen (Samayika) hat der Fromme zu sagen: „Von früher begangener Sünde komme ich zurück, ich tadle sie, ich bereue sie, ich sage mich von ihr los." In einer viel verwendeten Formel, die mit den Worten Sat-lakh beginnt, werden die 8.400.000 verschiedenen Arten von lebenden Wesen ihren Klassen nach (also 700.000 Erdwesen, 700.000 Wasserwesen usw., aufgeführt; der Beichtende sagt dann, wenn er mit Geist, Rede, Leib eines von diesen Wesen verletzt habe oder andere habe verletzen lassen oder geduldet habe, dass ein anderer sie verletze, so sei ihm dies Leid. Diese Form, für begangene Verstöße gegen das Gebot der Ahinsa generelle Abbitte zu leisten, ist vielfach die einzig mögliche, da ja niemand wissen kann, wie viele Insekten oder Elementarwesen er beim Gehen verletzt oder getötet hat, selbst wenn er, wie dies für die Asketen vorgeschrieben ist, noch so sorgsam auf den Weg achtet. Eine andere, bei den Shvetambaras viel gebrauchte Formel führt die **18** Quellen der Sünde (atharah papsthan) auf, als da sind die Verletzung der kleinen Gelübde, die Leidenschaften usw., und schließt mit einer Beteuerung der Reue.

Neben dieser generellen Beichte kennen die Jainas auch die Ohrenbeichte (Alocana), bei welcher spezielle Sünden aufgeführt werden. Diese Beichte legt der Laie seinem Guru oder einem anderen Mönche, der Asket seinem Oberen gegenüber ab. Die Häufigkeit der Ablegung der Beichte hängt von der Frömmigkeit des einzelnen ab; Mönche und Nonnen beichten natürlich häufiger als Laien. Manche Laien beichten täglich, andere nur alle 14 Tage, alle vier Monate oder nur alle Jahre. Die Beichte am letzten Tage des Jahres ist das Allermindeste, was ein Jaina zu tun hat, doch empfiehlt es sich,

möglichst oft seine Sünden zu bekennen, weil dadurch die Anhäufung von Karma verhindert wird.
Zur Sühnung der begangenen Sünden legt der Guru dem Beichtenden gewisse Bußen (Prayashcitta) auf. Die Buße besteht gewöhnlich in der Ausführung bestimmter Kulthandlungen, in der Übernahme besonderer Kasteiungen u. ä. Eine besondere Bedeutung haben die Bußen bei den Mönchsorden. Hier sind auch für die kleinsten Vergehen die zu verhängenden Strafen genau festgesetzt. Wenn einer seine Wohnung oder Kleidung nicht der Vorschrift gemäß säubert, eine Formel zu sprechen vergisst, beim Essen oder Studieren einen Fehler begeht, so wird ihm der Genuss bestimmter Gerichte oder Zutaten oder gar das Einnehmen einer bestimmten Zahl von Mahlzeiten untersagt. Für schwerere Vergehen treten strengere Strafen ein: Ein Mönch wird für einen bestimmten Zeitraum in Verruf erklärt, ihm darf kein Gruß erwiesen werden, und er darf nicht reden. In bestimmten Fällen tritt Kürzung der geistlichen Anziennität u. a. ein. Eine Nonne hat schwerer zu büßen als ein Mönch, ein Vorgesetzter schwerer als seine Untergebenen.

31. Entsagung und Kasteiung.

Beim täglichen Samayika erklärt der Jaina stets: „Ich entsage tadelnswerter Betätigung. Solange ich diese Observanz beobachte, will ich auf dreifache Weise: Mit Geist, Wort und Leib die zweifache Entsagung üben, dass ich keine tadelnswerte Tat ausführe oder durch einen anderen ausführen lasse." Im Anschluss an die Meditation nimmt der Fromme oft die Verpflichtung auf sich, sich von 4 Arten von Nahrung (Speise, Trank, Früchte, Gewürze, z. B. Betel) zu enthalten; diese Entsagung (Pratyakhyana) erstreckt sich auf eine oder mehrere Stunden, auf den ganzen Tag oder länger.
Bereits bei der Behandlung der ethischen Lehren der Jainas wurde ausgeführt, dass der Laie von einer Reihe von Handlungen abstehen muss und dass es als ein verdienstliches Werk gilt, wenn er das Gelübde auf sich nimmt, gewisse Dinge nicht zu verwenden. Derartige *Vratas* stehen in enger Verbindung mit dem Kult, weil sie oft in feierlicher Weise bei Gelegenheit von Festen übernommen werden.
Außerordentliche Bedeutung messen die Jainas der Kasteiung (Tapas) bei; die hohe Wertung derselben für die Reinigung der Seele und die Vernichtung des Karma ist seit der ältesten Zeit eine besondere Eigenart des Jainismus, der sich darin von dem Buddhismus sehr wesentlich

unterscheidet. Die am meisten geübte Kasteiung ist das Fasten, das zu einem vollständigen System ausgebildet worden ist. Von dem Verzicht auf bestimmte Speisen, wie Leibgerichte, die jemand besonders gern genießt, bis zur allmählichen Einschränkung der Nahrungsaufnahme, von der zeitweiligen oder periodisch betriebenen Enthaltung von jeder Nahrung bis zur vollständigen Entsagung, die den Hungertod zur Folge hat, gibt es eine Fülle von Stufen der verschiedensten Art des Fastens, die in den Ritualbüchern mit großer Ausführlichkeit unter Zuhilfenahme von Tabellen dargestellt werden. Was die Jainas im Fasten zu leisten vermögen, lehrt das Beispiel des siebenundvierzigjährigen Asketen Sundarlalji, der im Jahre 1923 nicht weniger als 81 Tage lang in Ghatkopar keine Nahrung zu sich nahm, nachdem er in den vorhergehenden Jahren 61 bzw. 44 Tage hintereinander gefastet hatte.

32. Yoga.

Der Yoga ist die systematische Zusammenfassung der verschiedenen körperlichen (seelischen) und geistigen Übungen zum Zweck der Befreiung der Seele vom Materiellen mit dem Endziel der Gewinnung der Erlösung. Wie im Hinduismus und im Buddhismus wird auch im Jainatum dem Yoga eine außerordentliche Bedeutung beigemessen; er ist die höchste aller religiösen Observanzen, der beste aller Wunschbäume, der größte aller Wunschedelsteine. Der Jaina-Yoga ist in vielen Punkten von dem brahmanischen abhängig; der bedeutendste Yoga-Lehrer der Shvetambaras, Haribhadra, zitiert Patanjali mehrfach und betont ausdrücklich seine Übereinstimmung mit ihm. Im Einzelnen aber ist der Yoga der Jainas ihrer metaphysischen Einstellung entsprechend und im Zusammenhang mit der Lehre von den drei heilfördernden Prozessen, von den Zuständen der Seele und den Gunasthanas entwickelt worden. Über das Wesen des hinduistischen Yoga habe ich ausführlich in meinem Buche „Der Hinduismus" gehandelt; vieles von dem dort Gesagten findet auch auf den Jaina-Yoga Anwendung, weshalb ich mich hier damit begnügen darf, darauf zu verweisen; an dieser Stelle kann ich mich auf eine kurze Darstellung der den Jainas eigentümlichen Lehren beschränken.

Ebenso wie die Meditation eine weltliche und eine weltabgewandte sein kann, so werden auch zwei Arten des Yoga unterschieden, je nachdem er Weltliches zum Ziele hat, mit den Leidenschaften verknüpft und mit der Bindung von Karma verbunden ist oder auf die Erlangung des Nirvana, die

Loslösung von allen Trieben, die Vernichtung alles Karma gerichtet ist. Der letztere, der wahre Yoga, besteht in Verinnerlichung, Reflexion, Meditation, Gleichmut (=Gleichgewicht!) und Hemmung der Karma hervorrufenden Regungen des Denkens. Er hat 8 Glieder der hochheiligen Acht entsprechend:
1. Zucht (Yama), d. h. Nichtschädigung anderer Wesen, Wahrhaftigkeit, Nichtstehlen, Keuschheit, Nichtannahme von Geschenken;
2. Beherrschung (Niyama), nämlich Reinlichkeit, Genügsamkeit, Askese, Studium, Ergebenheit gegen die Meister;
3. Einnahme bestimmter Posituren oder Stellungen (Asana);
4. Atemregulierung (Pranayama),
5. Zurückziehung der Sinnesorgane von den Objekten (Pratyahara);
6. Sammlung, Festlegung des Denkens auf einen bestimmten Punkt (Dharana);
7. Meditation (Dhyana) und
8. Versenkung (Samadhi).

Ein jedes dieser Glieder findet seine vollendete Ausbildung auf einer der 8 Stufen oder Schauungen (Drishti), welche das allmähliche Hinauswachsen der Erkenntnis über die indifferenzierte getrübte Schauung (Ogha-drishti) des gewöhnlichen, undisziplinierten Menschen hinaus repräsentieren. Auf der untersten Stufe, Mitra, wird durch die Ausübung der Zucht der Keim des Yoga gelegt; die Erleuchtung ist hier nur gering, wie ein Strohfeuer. In der 2. Schauung Tara, ist die völlige Beherrschung gewonnen, die Erkenntnis gleicht dem Feuer, das durch Entzündung von Kuhmist entstanden ist. Auf der 3. Stufe Bala, charakterisiert durch vollkommene Erfahrung in der rechten Sitzart (Stellung), wird die Erleuchtung mit dem Feuer von Hölzern verglichen; auf der 4., Dipra, welche durch die völlige Atemregulierung gekennzeichnet ist, entspricht das Wissen dem Glanz einer Fackel. Von diesen vier ersten Schauungen kann der Yoga-Übende wieder herabstürzen, da die Loslösung der Seele von allem Irdischen auf ihnen noch zu gering ist, um einen dauernden Erfolg zu verbürgen; bei den folgenden vier ist dies jedoch nicht mehr der Fall. Auf diesen Stufen, auf denen vollkommene Zurückziehung der Organe, Sammlung, Meditation und Versenkung erreicht wird, wächst die Erleuchtung ununterbrochen. Auf der 5. Stufe Sthira gleicht sie dem Glanz von Edelsteinen, auf der 6., Kanta, dem Leuchten der Sterne, auf der 7., Prabha, dem Strahlen der Sonne, auf der 8., Para, dem kühlen und milden Licht des Mondes. Die letzte

Schauung ist, wie ihr Name besagt, die höchste; bei ihr sind die Karmas geschwunden, die Wissen, Schauen, Wandel und Energie der Seele verhüllten, die völlige Erkenntnis ist erreicht und die Erlösung gesichert.
Die Erlangung der Meisterschaft im Yoga ist mit der Gewinnung übernatürlicher Kräfte verbunden; der Yogi läutert nicht nur seinen Geist, sondern erringt transzendente Fähigkeiten verschiedener Art, so kann er z. B. seine Seele von der Verbindung mit dem Leibe lösen und sie in einen anderen Körper eindringen lassen. Von dem berühmten Digambara-Lehrer Kundakunda wird in einer Inschrift berichtet, er habe, um zu zeigen, dass die Materie weder in seiner Seele noch an seinem Leibe hafte, vier Angulas hoch über dem Erdboden gehen können, ohne diesen zu berühren. Alle derartigen Wunderkräfte werden jedoch von dem Weisen nicht um ihrer selbst willen erstrebt, sein Ziel ist vielmehr die völlige Befreiung der Seele vom Stofflichen, die Vernichtung des Karma und das Nirvana (Gottverbundwenheit), welche diese Fähigkeiten von alleine hervorrufen.

33. Der Bilderkult.
Heilige Symbole.

Die Inder lieben es, ihren religiösen Überzeugungen durch äußere Zeichen einen sichtbaren Ausdruck zu geben. So wie die Shivaiten den Tiryakpundra, d. h. 3 horizontale Striche aus weißer Asche an der Stirn tragen oder die Vishnuiten den Urdhvapundra, zwei aus weißem Lehm hergestellte Striche von der Form eines U oder Y, mit einer schwarzen Senkrechten dazwischen, so tragen auch viele Jainas ein Zeichen ihrer Sektenzugehörigkeit an der Stirn. Dasselbe wird mit Sandelpaste in der Mitte zwischen den beiden Augenbrauen aufgemalt und hat die Gestalt eines Herzens; es soll den Träger als den Bekenner der Religion des Herzens kennzeichnen.
Die bei der Andacht Verwendung findenden Gegenstände haben ehenfalls eine symbolische Bedeutung. Die heilige Schnur (Yajnopavita, Janeo), deren 3 Strähnen bei den Brahmanen die drei Konstituenten der Urmaterie, Sattva, Rajas und Tamas versinnbildlichen sollen, erinnert bei den Jainas an die drei Edelsteine (Wissen, Glauben, Wandel) oder die drei Reihen von Tirthankaras in der vergangenen, gegenwärtigen und zukünftigen Weltperiode. Die 108 Perlen des Rosenkranzes, welche die Jainas mindestens fünfmal täglich durch die Finger gleiten lassen, gemahnen den Gläubigen an die 108 Eigenschaften der 5 Parameshthis (d. h. die 12

Qualitäten der Arhats, die 8 der Siddhas, die 36 der Acaryas, die 25 der Upadhyayas, die 27 der Sadhus).
Gleich den Bekennern anderer Glaubenslehren bedienen sich die Jainas des weiteren bestimmter Symbole und Bilder, um ihre Heilswahrheiten unter sinnlich-wahrnehmbaren Zeichen darstellen zu können. Von allen Symbolen tritt der Svastika, die Gibor-Rune, weitaus am meisten hervor, das Hakenkreuz, das in so vielen Religionen eine Rolle spielt. Der Svastika der Jainas hat folgendes Aussehen:

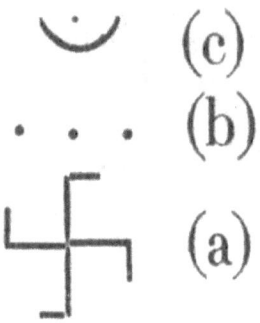

Tantrische Symbolik.

Das eigentliche Kreuz (a) soll die vier Daseinsstufen versinnbildlichen, in denen eine Seele geboren werden kann, die Existenz als Gott (oben) und Höllenwesen (unten), als Tier (heraldisch links) und als Mensch (rechts). Die drei Punkte über der Figur (b) sind die drei Juwelen oder Ebenen: Rechtes Wissen, rechter Glaube, rechter Wandel; der Halbmond mit dem Punkt darüber (c) bedeutet die Erlösung. Das Zeichen findet im Kultus eine ausgedehnte Verwendung, da jeder Verehrer, der den Tempel betritt, die von ihm den Idolen dargebrachten Häufchen von Reis in der Form eines solchen Svastika anordnet.
Ein dem Svastika verwandtes Zeichen ist der Nandyavarta.
Der Shrivatsa ist eigentlich ein Haarwirbel, den Tirthankaras auf der Brust tragen. Er erscheint auch als Shrivatsa-Svastika in der folgenden Gestalt:

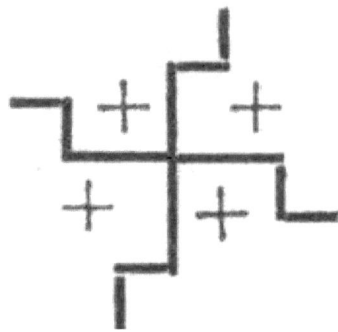

Svastika, Nandyavarta und Shrivatsa werden zu den acht Mangalas oder Glückzeichen gezählt, die in der Ikonographie der Jainas stark hervortreten Die übrigen 5 Mangalas sind:
1. Vardhamana, eine Puderdose,
2. Bhadrasana, ein Thron,
3. Kalasha, ein Wasserkrug,
4. Darpana, ein Spiegel,
5. Matsya-yugma, zwei Fische.

Die 8 Mangalas, die hochheilige Acht!, finden sich häufig in den Tempeln dargestellt und sind auch auf Prozessionsbannern u. ä. angebracht.

Ein Sinnbild des Jaina-Glaubens, das in keinem Tempel fehlen darf, ist das Heiligen-Rad (Siddha-cakra). dasselbe hat die Gestalt eines achtblätterigen Lotus. Das Zentrum und die acht Blätter sollen die 5 Parameshthis und die 4 großen Tugenden symbolisieren, und zwar bedeutet die Mitte (1) Arhat, das oberste Blatt (2) Siddha, das mittlere rechts (3) Acarya, das unterste (4) Upadhyaya, das mittelste links (5) Sadhu. Die anderen Blätter symbolisieren: (6) Wissen, (7) Glaube, (8) Wandel und (9) Askese (Tapas). Dem Siddha-cakra, das auf einer Silber- oder Kupferplatte dargestellt ist, wird so große Bedeutung beigemessen, dass ihm zu Ehren zweimal im Jahr ein Fest veranstaltet wird.

Auch heilige Laute – Tantras – werden in den Tempeln oft bildlich dargestellt. Die Silbe Om besteht aus einem oben und unten spitz zulaufenden gekrümmten dicken Strich aus schwarzem Stein, mit zwei heraldisch links von diesem verlaufenden, übereinander liegenden horizontalen Strichen, von denen der obere, der den schwarzen Strich überschneidet, rot ist und die Form eines Rechtecks hat, während der untere gelbe Farbe hat und auf der einen Seite sich an den schwarzen Strich anschließt, die andere Seite hingegen abgerundet ist. Über diesem Zeichen befindet sich ein gelber Halbmond mit einem schwarzen kreisförmigen Punkt darüber. Auf dem Punkt, dem Halbmond und den drei Strichen ist je ein sitzender Heiliger dargestellt.

Der Laut Hrim wird durch ein konventionelles Symbol dargestellt, das aus mehreren verschiedenfarbigen horizontalen und vertikalen Strichen besteht, die in bestimmter Form angeordnet sind. Über der Figur befindet sich ein weißer Halbmond und ein schwarzer Kreis. In den einzelnen Bestandteilen der Figur sind Bilder von Tirthankaras angebracht, und zwar: In dem schwarzen Kreis die beiden schwarzen Jinas Munisuvrata und Arishtanemi, in dem weißen Halbmond die beiden weißen Heiligen Candraprabha und Pushpadanta, auf dem oberen, roten, horizontalen Strich die beiden roten Trithankaras Padmaprabha und Vasupujya, auf der blauen vertikalen Graden die beiden blauen Propheten Malli und Parshva; auf dem anderen Teil der Figur, der von gelber (goldener) Farbe ist, sind die übrigen 16 Tirthankaras, die goldene (gelbe) Körperfarbe gehabt haben sollen, dargestellt.

Als Sinnbilder der Tirthankaras oder anderer Heiliger fungieren vielfach deren Fußstapfen, die bei den Jainas dieselbe Rolle spielen wie die Fußstapfen Buddhas oder Vishnus in den anderen Religionen Indiens.

Mystische Diagramme, die den verschiedenartigsten höheren Wesenheiten,

z. B. der Göttin Durga oder dem Bhairava geweiht sind, werden in Platten aus Gold, Silber, Kupfer, in Steine oder Holzstücke eingeritzt und aufgestellt.

Den heiligen Zeichen und Symbolen der verschiedensten Art, die hier besprochen worden sind, ist ein mehr oder weniger ausgeprägter Kult gewidmet. Sie werden feierlich geweiht und zum Teil in ähnlicher Weise verehrt wie die Götterbilder, von denen wir im nächsten Abschnitt handeln werden, gelten doch manche von ihnen geradezu als Ersatz für diese.

Nicht nur übersinnliche Wesen und bestimmte Begriffe werden von den Jainas durch Symbole dargestellt, sondern auch irdische Personen. So wird einem heiligen Buch an Stelle des abwesenden Lehrers Verehrung erwiesen, und die Mönche der bilderverehrenden Shvetambaras führen als Repräsentanten ihrer Gurus bestimmte Symbole – die Anhänger des Tapa-Gaccha gewöhnlich 5 Kaurimuscheln, die Mitglieder des Kharatara-Gaccha 5 Sandelstückchen – mit sich. Diese Sthapanacaryas versinnbildlichen die 5 Tugenden: Wissen, Glauben, Wandel, Askese und Energie.

34. Kultbilder.

Während alle bisher besprochenen Arten des Kults, wenn auch nicht überall in dem gleichen Umfange, allen Jainas gemeinsam sind, herrschen bei den verschiedenen Sekten über die Berechtigung der Verehrung von Standbildern der Tirthankaras tiefgreifende Meinungsverschiedenheiten. Während viele Shvetambaras und Digambaras den Bilderkult in vollem Umfange billigen, lehnen die Sthanakavasis ihn vollständig ab, und zwischen diesen beiden extremen Richtungen stehen andere, die eine vermittelnde Stellung einnehmen. Die Frage, ob der Bilderdienst von den Tirthankaras gelehrt worden sei oder nicht, hat zu lebhaften Kontroversen geführt und eine ganze Literatur hervorgebracht. Bevor wir daher zu einer Behandlung der Idole und des ihnen geweihten Kultes übergehen, muss das Für und Wider der Bilderverehrung kurz erörtert werden.

Die Anhänger des Bilderdienstes, die sogenannten Dehravasis (d. h. die sich bei ihren religiösen Übungen in Tempeln aufhalten), erklären diesen für uralt. Nach ihnen errichtete schon der erste Weltbeherrscher, Bharata, einen von Gold und Edelsteinen schimmernden Tempel und stellte in ihm 24 Jina-Statuen auf. Fromme Leute aller Zeiten seien seinem Beispiel gefolgt. Als Beweis dafür, dass auch Mahavira den Bilderdienst geboten habe, werden zahlreiche Stellen aus dem Kanon angeführt. Die Verehrung von Kultobjekten wird empfohlen, weil sie den Geist vom Weltleben und seinen Lüsten und Sorgen ablenke und auf überirdisches richte; so wie durch das Hören von heiligen Legenden die Gedanken des Frommen der Wirklichkeit entrückt und dem Transzendenten zugewendet würden, so würde auch Sinn und Herz des Gläubigen durch das Anschauen von bildlichen Darstellungen Vollendeter gereinigt und erhoben. Viele Ereignisse lehrten, dass dazu vorbereitete Personen durch das Erblicken von Jina-Darstellungen die Erleuchtung gewonnen hätten; nur Ochsen ohne Hörner und Schwänze könnten daher der Verwendung eines so bedeutenden Heilsmittels widerraten.

Die Gegner des Bilderkults, die Sthanakavasis (d. h. die, welche nur in den Gemeindehäusern, nicht in Tempeln ihrer Andacht nachgehen) behaupten demgegenüber, der Kult der Idole sei von den Tirthankaras nicht gelehrt worden. Sie bestreiten die Echtheit der heiligen Schriften, in welchen der Bilderdienst eine bedeutende Rolle spielt (wie z. B. des Mahanishitha-Sutra), und erklären Stellen in anderen kanonischen Werken, die von den Ikonodoulen auf die Bilderverehrung bezogen werden, für spätere Interpolationen oder legen sie anders aus. Es sei ungereimt, den weltentsagenden Jinas in derselben Weise zu huldigen wie den Göttern, welche die Genüsse der Welt durchkosteten. Der Bilderdienst widerspreche völlig dem Geist des Jainatums, der Zweck aller Andacht sei es, den Geist von Leidenschaft und Karma zu befreien, dies könne aber nur durch die Arbeit am eigenen Selbst, nicht durch Darbringung von Blumen und Früchten an die leblosen Abbilder weltentrückter Heiliger erreicht werden. Das prunkvolle Ritual der Tempel sei nicht dazu angetan, die Gedanken von der Welt abzuziehen, sondern kette sie in noch stärkerem Maße an diese. Es sei zudem ungereimt, wenn die Pujaris die stillen Abbilder der Tirthankaras durch Glockenläuten, Musik und Tänze aus ihrer serenen Ruhe weckten, in dem Glauben, dadurch selber die Ruhe zu erlangen. Der Bilderkult habe daher im alten, echten Jainatum keine Stätte; er sei eine Entstellung der wahren Lehre und verdanke seinen Ursprung einzig und allein dem Eigennutz selbstsüchtiger Priester, die dadurch auf Kosten irregeleiteter frommer Laien für sich weltliche Vorteile zu erreichen trachteten.

Wir können im Folgenden darauf verzichten, in eine Diskussion über den Wert oder Unwert des Bilderkults für das religiöse Leben einzutreten; über Fragen dieser Art lässt sich überhaupt nicht zu allgemeingültigen Urteilen gelangen, weil die religiösen Bedürfnisse der Menschen individuell und untereinander viel zu verschieden sind. Die Beurteilung des indischen Bilderdienstes vonseiten christlicher, zumal protestantischer Missionare beruht zumeist auf einem völligen Missverstehen seines Wesens; die Kritiker desselben stoßen sich an den Auswüchsen, die leicht mit ihm verbunden sind, und übersehen ganz den wertvollen Kern, der in ihm steckt. Mit Recht haben die Apostel des Hinduismus in den Ländern des Westens, Premanand Bharati und andere gezeigt, welch eine große Hilfe ein sakramentales Kultobjekt für den Meditierenden bedeute, und darauf aufmerksam gemacht, wie töricht es sei, wenn Leute gegen die Idolatrie eifern, die selbst mit der Landesflagge, dem Bild des Monarchen, der Fotografie einer Geliebten einen ausgedehnten Kultus treiben. Eine andere Frage ist es, ob die Verehrung der Jina-bimbas schon dem ältesten Jainatum eigen war oder nicht.

Von archäologischer Seite lässt sich diese Frage vorläufig nicht entscheiden. Die ältesten figürlichen Tirthankara-Darstellungen, die auf uns gekommen sind, reichen kaum über den Beginn unserer Ära hinaus. In eine frühere Zeit weist die vielleicht um 155 v. Chr. anzusetzende Inschrift des Königs Kharavela in der Hathigumpha-Höhle bei Kattak, aus welcher hervorzugehen scheint, dass jener Herrscher eine vom König Nanda geraubte Statue des Agra-jina (Rishabha?) wieder aufgerichtet hat. Daraus würde sich ergeben, dass schon zur Zeit der Nanda-Dynastie (seit 371 vor Chr.) Tirthankara-Statuen existierten; ja man hat geglaubt, den König Nanda sogar ein Jahrhundert früher ansetzen zu können, woraus dann zu folgern wäre, dass Jina-Statuen bereits vor dem 5. Jahrhundert v. Chr. verehrt worden seien. Dieses ist aber alles sehr unsicher, weil die Datierung der Inschrift fraglich ist.

Einen bündigen Beweis für das Vorhandensein eines Bilderkults zur Zeit Mahaviras würden uns alte Texte geben können, die aus der Zeit des Tirthankara oder der ältesten Gemeinde herrühren. Die meisten Schriften jedoch, die von der Verehrung von Idolen durch Zeitgenossen Vardhamanas oder seiner Vorläufer berichten, entstammen einer späteren Zeit, in der der Bilderkult schon allgemein verbreitet war, beweisen also nichts für das Vorhandensein desselben in der ältesten Periode des Jainatums. Nicht anders verhält es sich auch mit den kanonischen Schriften. Die uns vorliegende Redaktion der heiligen Bücher der Shvetambaras stammt der Tradition zufolge aus dem Jahre 980 nach Vira; in dem Jahrtausend, das sie von der Zeit des Propheten trennt, bot sich reichlich Gelegenheit zu Veränderungen.

Auffällig ist, dass in manchen von ihnen, auch an Stellen, an denen man es eigentlich erwarten sollte, nicht von Jina-Bildern die Rede ist, obwohl in einigen Tempel und Idole von Göttern erwähnt werden. Andere sprechen zwar von einer Verehrung von Tirthankara-Statuen, geben aber keine Vorschriften über die Riten, die in ihrem Kult gebraucht werden sollen. Eine eingehende Untersuchung der einzelnen Stellen des Kanons, in denen von Padimas und Bimbas gesprochen wird, und eine chronologische Scheidung derselben steht noch aus; bevor eine solche aber angestellt worden ist, lässt sich eine befriedigende Lösung der Frage nach dem Alter des Bilderdienstes nicht herbeiführen.

Ein für die Erforschung der indischen Kunst wichtiges, damit zusammenhängendes Problem ist, welche Rolle die Jainas in der Geschichte der Plastik gespielt haben. Die bilderverehrenden Jainas glauben, dass die Herstellung von Statuen zuerst von Jainas erfunden worden sei und dass andere Religionsgemeinschaften von ihnen gelernt hätten. Die gleiche Anschauung vertreten auch die Anhänger bilderfeindlicher Hindu-Reformer, diese natürlich in der Absicht, das Odium der Abgötterei auf Ketzer abzuwälzen. Die Sthanakavasis hinwiederum nehmen an, dass es sich bei der Anfertigung von Jina-Bildern um eine Nachahmung hinduistischer Vorbilder handele. Auch die meisten europäischen Forscher neigen zu der Ansicht, dass Herstellung und Kult von Tirthankara-Statuen der alten Mönchsgemeinde fremd waren und sich erst aus dem Bedürfnis der Laienwelt heraus in Anlehnung an den Idol-Dienst anderer Religionsgemeinden vor Beginn unserer Ära entwickelten. Dass die Jainas für das Kunstschaffen der Inder große Bedeutung erlangt haben, ist gewiss; ob sie aber die führende Rolle gespielt haben, die ihnen Berthold Laufer zuschreibt, bedarf noch eingehenderen Beweismaterials.

Die Jina-Standbilder sind zumeist aus Stein (mit Vorliebe aus Marmor) oder aus Metall gefertigt. Mitunter werden bei einem Bilde 5 Metalle (pancaloha) verwendet, unter denen oft das Silber vorherrscht. Die Tirthankaras werden vornehmlich in der sogenannten Lotus-Positur (Padmasana) dargestellt, d. h. der Heilige sitzt aufrecht mit untergeschlagenen Beinen; die Zehen eines jeden Fußes ruhen, die Sohlen nach oben gekehrt, dicht an dem Knie des andern Beines. Die Hände liegen im Schoß, die rechte über der linken. Bei den Digambaras werden die Jinas oft auch stehend in Meditation vertieft wiedergegeben. Die Statuen der Digambaras sind ganz nackt, die der Shvetambaras tragen Schmuckstücke aus Gold und Edelsteinen. Bei den Digambaras schlagen die Jinas ihre Augen nieder, bei den Shvetambaras sind die Augen der Heiligen geöffnet und werden durch eingesetzte Stücke von Glas oder durch Edelsteine hervorgehoben. Über die Beschaffenheit der einzelnen Körperteile der Tirthankaras und über deren gegenseitiges Größenverhältnis bestehen minutiöse Vorschriften, die von dem Künstler, der sie darstellen will, genau zu beachten sind. Genaue Schilderungen des Aussehens von Tirthankaras finden sich bereits in der kanonischen Literatur. So wird im Aupapatika-Sutra eine ausführliche Beschreibung Mahaviras gegeben, eine Beschreibung, die mit der Fülle von Details, die sie bietet, fast wie eine Anweisung für einen Bildhauer aussieht. Ich hebe einige interessante Einzelheiten aus ihr hervor: Das Haupthaar des Jina ist weich wie Wolle, schwarz, gelockt, am Scheitel mit einem dachähnlichen Wulst versehen. Die Ohren sind lang, symmetrisch und anliegend, die Wangen fleischig. Die Nase ist lang wie der Schnabel des Garuda, die Lippen passen genau aufeinander. Die Brust weist das Shrivatsa-Zeichen auf, auf dem Rücken ist die Wirbelsäule nicht sichtbar. Der Nabel ist tief ausgebuchtet und gleicht einem nach rechts gedrehten Wellen-Strudel. Die Hände zeigen die folgenden glückverheißenden Zeichen: Sonne, Mond, Muschel und Svastika. Die Schenkel sind wohlgewachsen wie Elefantenrüssel, die Sohlen zart wie rote Lotusse.

Die Tirthankaras haben alle die gleiche Gestalt; die meisten von ihnen sind nur durch ihre Farben und das Wappen (Siegel), das gewöhnlich unter ihren Statuen angebracht ist, zu unterscheiden. Suparshva und Parshva hingegen sind auf den ersten Blick daran erkennbar, dass Schlangenhäupter wie ein Baldachin ihren Scheitel umgeben.

Die Dimensionen der Jina-Standbilder sind überaus verschieden, von der kleinen Statuette, die im Hausgebrauch Verwendung findet, bis zu den großen Kult-Idolen der Tempel und den gewaltigen, aus dem Felsen ausgehauenen oder frei stehenden Skulpturen gibt es eine ganze Skala von Abstufungen. Ist ein Bild von dem Künstler fertiggestellt worden, so muss es noch einer besonderen Weihe teilhaftig gemacht werden, um als sakramentales Kult-Objekt dienen zu können. Zu diesem Zweck spricht ein Priester (Guru) zu einem astrologisch-günstigen Zeitpunkte, am besten nachts, gewisse heilige Tantra-Formeln über das Bild, berührt es mit einem goldenen Stabe, der in eine in einem silbernen Gefäß enthaltene Mischung von Ghi, Honig, Zucker und Mehl getaucht worden ist, und öffnet dadurch dessen Augen. Dann flüstert er siebenmal einen Mantra in das rechte Ohr der Statue und berührt sie mehrere Male mit der Hand. Bei der Aufstellung

eines Standbildes in einem Heiligtum werden bestimmte Zeremonien vorgenommen, von denen weiter unten gehandelt werden wird.
Einige Jina-Bilder gelten als besonders heilig, weil man ihnen einen übernatürlichen Ursprung zuschreibt. Sie sollen selbstexistent oder von Heiligen der Legende errichtet und durch ein Wunder aufgefunden worden sein. So wird in Stambhanaka (Cambay) ein Standbild des Parshvanatha verehrt, das auf folgende Weise entdeckt worden sein soll. Der Heilige Abhayadeva (11. Jh. n. Chr.) erkrankte einst auf einer Wallfahrt zu den Heiligtümern von Gujarat. In der Nacht erschien ihm die Göttin der Jaina-Lehre und gebot ihm, nach Stambhanaka zum Ufer des Sedhika-Flusses zu gehen, dort werde er inmitten eines Dickichts von Palasha-Bäumen ein Bild Parshvas finden und von seiner Krankheit genesen. Mit Mühe schleppte sich Abhaya in Begleitung mehrerer Pilger nach Stambhanaka, doch wurde die Statue nicht gefunden. Schließlich bemerkten Leute, dass eine Krähe etwas Milch stets auf eine bestimmte Stelle träufelte. Der Weise ging an diesen Platz und dichtete dort in der Begeisterung des Augenblicks die dreißig Strophen seines Lobliedes Jaya tihuyana. An der Rezitation von zwei weiteren Strophen, die er ebenfalls gedichtet hatte, wurde er von einer Göttin gehindert, weil er dadurch zu große Macht über die Götter erlangt hätte. Beim Hersagen der Verse erhob sich das Bild Parshvanathas langsam aus der Erde, wo es Jahrhunderte lang verborgen gelegen hatte, und die Frommen errichteten über ihm einen Tempel, der von Abhayadeva geweiht wurde.
Legenden dieser Art werden noch von einer ganzen Reihe von Tirthankara-Bildern erzählt.
In den Tempeln findet sich gewöhnlich neben einer großen Statue des Mulanayaka, d. h. des Tirthankara, dem das Heiligtum geweiht ist, noch eine vollständige Reihe von Statuen der anderen Jinas, doch haben diese geringere Dimensionen. Auch den Tirthankaras nahestehende Personen der heiligen Legende, wie ihre Mütter, sind in den Tempeln oft durch Bilder vertreten. Den Digambaras eigentümlich ist die Verehrung des Gommata oder Bahubali, eines Sohnes des ersten Tirthankara Rishabha. Die Kolossalstatuen dieses Heiligen, die sich in verschiedenen Orten der Westküste Indiens finden, gehören zu den merkwürdigsten Schöpfungen der Jaina-Kunst. Es sind gewaltige, freistehende Monolithen, welche, weithin sichtbar, die ganze Gegend beherrschen. Die größte dieser Statuen steht in Shravana Belgola (Maisur) auf einem Berge, der sich 400 Fuß über der Ortschaft erhebt. Sie ist 56 ½ Fuß hoch und hat an den Hüften eine

Breite von 13 Fuß. Das verwendete Material ist ein riesiger Gneißblock. Gommata ist dargestellt, wie er ein Jahr lang regungslos in Meditation verharrte. Ganz nackt, das Gesicht nach Norden gewendet, steht er aufrecht auf einem Piedestal von der Gestalt eines geöffneten Lotus. Seine Schenkel umgeben zwei große Ameisenhaufen, aus denen Schlangen hervorkriechen, Beine und Arme sind von einer Schlingpflanze umwunden. Einer Legende zufolge soll das Bildwerk uralt oder von Bharata errichtet und schon von Havana verehrt worden sein. Ein Kaufmann soll dem Minister Camundaraya des Königs Rajamalla aus der Ganga-Dynastie von dieser in Vergessenheit geratenen und in einem Berge verborgenen Statue erzählt haben, worauf dieser zusammen mit seiner Mutter und mehreren Begleitern eine Wallfahrt nach dem Hügel Vindhyagiri unternahm, um das kostbare Denkmal zu suchen. Im Traum erschien ihm dort Kushmandi, die Yakshini des Tirthankara Arishtanemi, und zeigte ihm den Ort, wo er es finden könne. Mit einem goldenen Pfeile spaltete Camundaraya den Berg, woraufhin Gommatas Bild sichtbar wurde. Der Minister ließ dieses freilegen und von Bildhauern kunstvoll verschönern, dann wurde es feierlich geweiht und dem Kultus übergeben. Andere Quellen berichten hingegen, Camundaraya habe die Statue selber herstellen lassen, wobei eine (unsichtbare) von Bharata in Potanapura errichtete als Vorbild gedient habe. Der Künstler, der sie schuf, hieß wahrscheinlich Arishtanemi (Aritto Nemi); die Herstellung erfolgte um das Jahr 980 n. Chr.
Der Fürst Virapandya von Karkala ließ im Jahre 1432 in Karkala (in Süd-Kanara, Madras) eine ähnliche Darstellung Gommatas ausführen, das gleiche tat Timmaraja, wahrscheinlich ein Nachkomme Camundarayas 1604 in Venur (oder Yenur in Süd-Kanara, Madras). Die Statue in Karkala ist etwas über 41, die in Venur 37 Fußhoch. Beide gleichen sie vollkommen der von Shravana Belgola, doch wird die ästhetische Wirkung derjenigen von Venur etwas dadurch beeinträchtigt, dass hier das Gesicht infolge von Grübchen in den Wangen einen grinsenden Ausdruck erhalten hat. Eine andere berühmte Gommatastatue, die jedoch nur 20 Fuß hoch ist, befindet sich auf einem Hügel 15 Meilen südwestlich der Stadt Maisur.
Obwohl diese Statuen nach Idee und Ausführung nicht den abendländischen Schönheitsbegriffen entsprechen, sind sich doch alle europäischen Reisenden darüber einig, dass sie außerordentlich eindrucksvoll sind. „Außerhalb Ägyptens gibt es nichts Größeres und Imposanteres als sie, und selbst dort überragt sie keine bisher bekannte Statue an Höhe", schrieb Fergusson von der von Shravana Belgola, und

auch heute noch wird diese mit Recht zu den Wundern der Welt gerechnet. Neben den Standbildern von Personen, die mit den Legenden der Tirthankaras verknüpft sind, werden auch solche von Gottheiten der verschiedensten Art errichtet, mögen diese in engerem oder entfernterem Zusammenhang mit dem Jaina-Glauben stehen, Idole von Yakshas und Kshetrapalas, von Indras und von den Gottheiten der Himmelsrichtungen, von Ganesha und Hanuman, von den zahlreichen Muttergöttinnen, von Planeten und anderen himmlischen Mächten. Auch Statuen verstorbener Meister und Lehrer werden aufgestellt und durch ein feierliches Zeremoniell verehrt.

Beliebt sind auch plastische Darstellungen von Gruppen, auf denen mehrere Tirthankaras nebeneinander figurieren, oder ein Tirthankara mit ihn anbetenden Menschen, umgeben von Musikanten, Cauri-Trägern usw., zu sehen ist.

Der bildlichen Wiedergabe der Tirthankaras und Götter dienen neben Skulpturen auch Reliefs der verschiedensten Art. Eigenartig sind die Ayagapatas, Ehrentäfelchen, die man in Mathura gefunden hat. Es sind dies längliche oder viereckige Steinplatten, mit der Darstellung eines Jina, eines heiligen Symbols wie des Dharma-Rades, oder eines Stupa, der von glückverheißenden Zeichen und verehrenden Göttern oder Menschen umgeben ist.

Schließlich werden auch Gemälde zur Ausschmückung von Tempeln und Häusern sowie zur Illustrierung von Büchern verwendet. Die ältesten Reste von Wandmalereien finden sich in einer der Orissa-Höhlen. Jaina-Fresken aus dem 7. Jahrhundert n. Chr. wurden von Jouveau-Dubreuil in Sittanavasal bei Pudukottai In Südindien aufgefunden. Die ältesten Buchillustrationen sind in einer Handschrift des Kalpa-Sutra aus dem Jahre 1237, die sich in Patan befindet, erhalten. Die ästhetischen Qualitäten der Jaina-Miniaturen sind von W. Hüttemann und Ananda K. Coomaraswamy gewürdigt worden. Die Jaina-Bilder, welche das Leben der Tirthankaras und ähnliches darstellen, tragen durchaus den Stempel hieratischer Kunstübung; sie sind der Ausdruck religiösen Geistes, Symbole mythischen Geschehens, in ihrer Weltentrücktheit entbehren sie des menschlichen Interesses, das die Fresken von Ajanta oder die Werke der Rajput-Kunst bieten. Die durch das Herkommen geheiligte Form der Wiedergabe der Ereignisse der Kirchengeschichte werden unverändert festgehalten und durch die Jahrhunderte wie unveränderliche Schablonen bewahrt. Bei der Behandlung von Legenden, welche nicht den bei der Darstellung kanonischer Geschichte vorgeschriebenen festumrissenen Regeln zu folgen brauchten, hatten die Künstler größere Bewegungsfreiheit. Die unter dem Einfluss der Mogulkunst entstandenen Illustrationen zur Erzählung von Shalibhadra zeigen die Jainas als Meister in der Wiedergabe der wechselvollen Ereignisse des täglichen Lebens. Der Gegensatz, der in der Auffassungsweise, Kleidung, Farbe und vielem anderen zwischen den in vor-mohammedanischer Zeit entstandenen Kalpasutra-Miniaturen und den von persischen Vorbildern beeinflussten Illustrationen des Shalibhadra-Carita besteht, ist kunst-historisch von hohem Interesse.

Der vor den Idolen der Tirthankaras vorgenommene Kultus ist sehr kompliziert und differiert bei den einzelnen Sekten in manchen Einzelheiten. Er beginnt zumeist mit der Vornahme bestimmter Verbeugungen und Körperbewegungen, mit dem feierlichen Umwandeln (Pradakshina) des Kultbildes, mit dem Rezitieren von Mantras und dem Absingen von Hymnen. Die eigentliche Puja (Verehrung) besteht in dem Darbringen bestimmter Gaben. Gewöhnlich ist sie achtfach; sie setzt sich aus 8 Akten zusammen, die jedoch nicht alle und nicht in einer bestimmten Reihenfolge vollzogen zu werden brauchen. Die 8 Akte sind:
1. Jala-puja, Besprengen und Waschen mit Wasser,
2. Candana-puja, Bestreichen und Salben mit Sandel,
3. Pushpa-puja, Bekränzen und Bedecken mit Blumen,
4. Dhupa-puja, Entzünden von Räucherwerk,
5. Dipa-puja, Schwingen von Lampen,
6. Akshata-puja, Darbringen von Reis,
7. Naivedya-puja, Darbringen von Süßigkeiten,
8. Phala-puja, Darbringen von Früchten, wie Bananen, Kokosnüssen, Orangen, Mandeln.

Zu diesen Hauptformen der Puja treten oft noch andere hinzu, wie das Errichten einer Flagge zu Ehren des Kultbildes, die Veranstaltung von rituellen Tänzen mit musikalischer Begleitung vor demselben u. a. m.

35. Der Tempeldienst

wird meist von Pujaris wahrgenommen, von Ministranten, welche für ihre Tätigkeit von der Gemeinde bezahlt werden und Anteil an den dargebrachten Opfergaben haben. Dieselben sind entweder Brahmanen oder Angehörige anderer Kasten, wie Baniyas (Kaufleute), Malis (Gärtner), Kanahis (Landleute), Barotas (Barden) usw. Während die Digambaras nur

Ministranten verwenden, welche Jainas sind, stellen die Shvetamharas auch Personen an, welche gar nicht an die Tirthankaras glauben, zu deren Ehren sie die heiligen Handlungen zu vollziehen haben, Hindus verschiedener Kasten, welche jedoch Vegetarier sein müssen und keinen Alkohol genießen dürfen. Mitunter werden einzelne Riten auch von frommen Jaina-Laien vorgenommen, die sich dieser Aufgabe unterziehen, um ein religiös-verdienstliches Werk zu vollbringen. Für das Recht, einzelne Zeremonien ausführen zu dürfen, werden oft beträchtliche Summen bezahlt. In großen Tempeln reflektieren oft so viele Laien auf die Ehre, ihren heiligen Eifer betätigen zu dürfen, dass das Privileg der Vornahme dieser oder jener Puja von den Ministranten regelrecht meistbietend versteigert wird. Bei diesen Auktionen werden gewöhnlich eine bestimmte Anzahl Sers (Name eines Gewichtes) von Ghi geboten; tatsächlich wird jedoch keine Butter gegeben, sondern es wird in Rupien bezahlt, wobei der als Äquivalent für das Quantum der Ghi gegebene Preis nicht der heute geltende, sondern ein traditioneller ist, der vielleicht vor vielen Jahren einmal Gültigkeit hatte.

Am Kult dürfen sich nur Personen beteiligen, die in jeder Hinsicht rein sind. Deshalb müssen die Verehrer, bevor sie die heiligen Handlungen vollziehen, baden oder Waschungen vornehmen und besondere Kleidung anlegen. Letztere wird vielfach in einem Vorraum des Tempels aufbewahrt. Sie besteht in einem Lendentuch (Dhoti) und einem Schultertuch (Uttarasana); als weitere Utensilien, die für das Ritual erforderlich sind, kommen noch hinzu ein Mundtuch, ein Tuch zum Sitzen und eine kleine Bürste. Die heilige Schnur (Janeo) wird von den dazu Berechtigten gewöhnlich nur beim Gottesdienst getragen. Da Dinge, die in den Tempel gebracht worden sind, für weltliche Zwecke nicht mehr verwendet werden sollen, vermeiden es die Verehrer, etwas in ihrer Tasche zu tragen. Zu den vor der Vollziehung heiliger Handlungen erforderlichen Vorbereitungen gehört es, dass der Verehrer sich an Stirn und Ohren mit einem gelben Pulver bestimmte zeremonielle Zeichen aufträgt und auf den Armen, in der Mitte der Brust und um den Hals Striche zieht.

Der Dienst im Heiligtum geht gewöhnlich dreimal täglich vor sich. Er besteht in der Hauptsache in der achtfachen Verehrung (Puja) der Jina-Bilder, die oben geschildert worden ist. Das Waschen des Idols wird nur einmal vorgenommen, die anderen Riten können beliebig oft wiederholt werden. Während die drei Arten der Puja, bei welcher das Kultobjekt berührt wird (das Waschen, Salben, Bekränzen), nur im Allerheiligsten und von Personen, die gebadet haben und besonders gekleidet sind, ausgeführt werden können, dürfen die übrigen Zeremonien in der Halle von Leuten ohne speziellen Anzug, auch von Frauen, vollzogen werden. Bei festlichen Gelegenheiten finden in manchen Tempeln pantomimische Aufführungen statt. Diese bestehen gewöhnlich darin, dass ein halbes Dutzend Knaben unter der Begleitung von Trommeln und anderen Instrumenten singen und tanzen. Die Knaben tragen ein schauspielmäßiges Kostüm und tanzen zuerst gemeinsam, dann zu zwei und zwei und gehen darauf unter den von den Händen ihrer Mitspieler gebildeten Toren hindurch. Das Absingen von Hymnen vor den Bildern der Tirthankaras und Verbeugungen vor den Idolen schließen jeden Akt der Vorführung. Bemerkenswert ist, dass (wenigstens bei den Shvetambaras) auch Frauen, sogar Witwen, am Kult regen Anteil nehmen dürfen.

36. Magie und Mantik.

Mit den Hindus und den Angehörigen anderer Religionen teilen die Jainas den Glauben an das Dasein von zahlreichen überirdischen Intelligenzen, welche fördernd oder störend in die Geschicke des Individuums und der Gesamtheit eingreifen können. Diese Wesenheiten haben zwar nur begrenzte Macht, sind selbst den Gesetzen der ewigen Welteinrichtung unterworfen und unterliegen dem Karma und der Wiedergeburt; aber vermöge der durch Taten in einem früheren Dasein erworbenen Stellung, die sie nun einmal einnehmen, sind sie in der Lage, sich den Menschen in der verschiedenartigsten Weise angenehm oder unangenehm bemerkbar zu machen. Den von den Banden der Welt losgelösten Heiligen vermögen sie natürlich nichts anzuhaben, alle anderen aber sind in gewissem Umfange in ihrem Wohl und Wehe von ihnen abhängig und tun deshalb wohl daran, sich mit ihnen gut zu stellen und sie sich gnädig zu stimmen.

Kult und Magie gehen bei allen Völkern leicht ineinander über; bei den Jainas ist eine Trennungslinie um so schwerer zu ziehen, als ja die Verehrung der dem Hindutum entstammenden Gottheiten an sich – zumal wenn an dem Tirthankara-Kult gemessen – einen stark magischen Charakter trägt. Denn wenn der Jaina dem Ganesha oder den Muttergöttinnen seine Verehrung erweist, dann tut er dies ja nicht, um sein Selbst zu läutern, sondern um sie gnädig zu stimmen und durch sie irdischer oder überirdischer Güter teilhaftig zu werden. Die den Gottheiten dargebrachte Verehrung ist bereits oben besprochen worden, und wir können uns deshalb hier darauf beschränken, nur von den

Zauberhandlungen zu reden, deren Gegenstand Geister niederer Ordnung sind.
Den ersten Platz unter den himmlischen Mächten, die auf das irdische Leben einen Einfluss ausüben, nehmen die Gestirne ein, nämlich die 9 Planeten (zu denen neben den fünf mit unbewaffnetem Auge sichtbaren auch Sonne, Mond sowie der auf- und der absteigende Knoten gerechnet werden), die 12 Tierkreiszeichen und die 28 Mondhäuser (siehe Bardons *Evokation*). Die Stellung am Himmel, die sie zur Zeit der Geburt eines Individuums innehaben, übt auf das Schicksal des Neugeborenen einen beherrschenden Einfluss aus; die planetare Konstellation ist aber auch sonst von großer Bedeutung, weshalb für alle wichtigen Riten, wie Initiation, Heirat, Asketenweihe, astrologisch günstige Momente auszuwählen sind. Die Sternlehre und Sterndeutung der Jainas entspricht zwar in vielen Grundzügen der der Hindus, weicht jedoch in einigen wesentlichen Punkten von dieser ab. Wie alle Inder erblicken auch die Jainas in der Annahme eines bestimmenden Gestirneinflusses keinen Widerspruch gegen den Glauben an das Karma; Karma und Sternenstunden stehen eben in einer tiefen inneren Harmonie zueinander, und die Astrologie macht es gewissermaßen möglich, das Karma eines Wesens aus den Sternen abzulesen. Dieser Anschauung entsprechend, wissen die Jainas auch für die fünf großen Zeitpunkte im Leben eines jeden ihrer Tirthankaras das Nakshatra (Mondhäuser) anzugeben, mit welchen der Mond damals in Konjunktion stand. Die Jaina-Astrologen setzen auch die einzelnen Planeten zu den 24 Jinas in Beziehung, und zwar wird die Sonne mit dem 6., der Mond mit dem 8., Mars mit dem 12., Merkur mit dem 13., 14., 15., 16., 17., 18., 21. und 24., Jupiter mit dem 1., 2., 3., 4., 5., 7., 10., 11., Venus mit dem 9., Saturn mit dem 20., Rahu mit dem 22. und Ketu mit dem 19. und 23. in Verbindung gebracht. Den Gestirnen wird durch Rezitation von Mantras und Darbringung von Spenden Verehrung erwiesen; ungünstige Wirkungen, die von ihnen ausgehen, sucht man durch geeignete Beschwichtigungsriten zu neutralisieren.
Während die Vorstellung von der Macht der Sterne in den Schriften der Jaina-Theologen allgemein anerkannt wird und somit als sanktioniert gelten kann, gehört der Glaube an die Wirksamkeit von Gespenstern mehr dem Volksglauben an und wird von philosophisch-gerichteten Jainas nicht allgemein gutgeheißen.
Die Vorstellung, dass allerlei böse Geister (Bhuta) den Menschen Übel zufügen können, ist allgemein verbreitet, besonders unter den Frauen und

den Ungebildeten. Für Kinder gefährlich werden namentlich die Jakhins (Yakshinis), d. h. Geister verstorbener Frauen. Wenn ein Kind von einer Krankheit befallen wird, von der man annimmt, dass sie dem Einfluss der verstorbenen ersten Gattin des Vaters zuzuschreiben sei, so verspricht man, ein Metallbild von ihr zusammen mit den Haus-Idolen aufzustellen und zu verehren. Ist das Kind gesund geworden, so wird das Gelübde erfüllt; bei der Aufstellung des Bildes werden einige verheiratete Frauen eingeladen, gespeist und beschenkt. Auch bei Erwachsenen werden allerhand Leiden und Krankheiten durch Geister der verschiedensten Art hervorgerufen. Zu ihrer Besänftigung ruft man Priester herbei, die durch Zaubersprüche (Runen), Verbrennen von Weihrauch und Bestreichen des Patienten mit Asche, durch Behängen des Kranken mit Amuletten und durch andere magische Methoden die Geister zu vertreiben suchen. Prophylaktisch wird die von Bhutas drohende Gefahr bekämpft, indem man die Geister an bestimmten Tagen durch Darbringung von Gaben erfreut, die Bäume, in denen sie leben sollen, begießt oder andere fromme Riten vollzieht.

Eine andere volkstümliche Anschauung, welche viele Jainas mit Angehörigen anderer Religionen teilen, ist der Glaube an den bösen Blick. Der böse Blick ist manchen Leuten von Natur eigen, seine Entstehung kann verschiedene Ursachen haben; so tritt er bei denen auf, welchen bei Durchschneidung der Nabelschnur, die sie mit dem mütterlichen Körper verband, etwas von dem dabei herabgefallenen Blut ins Auge traf. Den Angriffen des bösen Blicks sind besonders Menschen ausgesetzt, die durch Schönheit oder Klugheit auffallen oder die besonders glücklich sind. Der Einfluss des bösen Blicks wird am wirksamsten bekämpft durch Verwendung von etwas Schwarzem; so wird ein schwarzer Faden an den Schmuck der festlich gekleideten Frau gebunden, ein schwarzer Fleck auf die Wange eines hübschen Kindes gemalt usw. Einen ähnlichen Zweck hat der Brauch, bei Hochzeiten eine Zitrone in dem Turban des Bräutigams oder an dem Kleid der Braut zu befestigen, um so der Süßigkeit ihres Glückes einen sauren Beigeschmack beizumischen. Das Ausbrechen von Fieber bei Kindern wird oft der Wirkung des bösen Blickes zugeschrieben; um eine Heilung zu erzielen, wird ein Topf, der mit Asche, Salz, Körnern, Senf und anderen Ingredienzien angefüllt ist, unter das Krankenbett gestellt. Ist das Leiden behoben, so wird der Inhalt des Topfes an einem Kreuzwege ausgegossen.

Neben den hier genannten magischen Vorstellungen und Bräuchen finden sich bei den Jainas noch unzählige andere, die hier nicht aufgeführt werden

können. In Indien gelten die Jainas vielfach als in der schwarzen Kunst besonders erfahren. James Tod nennt sie die „Vediavan or Magi of Rajasthan" und bemerkt, den Jainas würde oftmals der Vorwurf gemacht, dass sie sich viel mit Zauberei abgäben. Ähnliche Beschuldigungen wurden auch in Südindien gegen die Jainas erhoben, wie sich aus dem Madurasthala-purana, den Annalen des Tempels von Madura, ergibt.
Mit der Magie aufs engste verknüpft ist die Mantik. Der bedeutendsten von allen Auguralwissenschaften, der Astrologie, wurde bereits gedacht. Neben dieser gibt es eine große Fülle von anderen Wahrsagekünsten, die mehr oder weniger systematische Ausbildung gefunden haben. Weit verbreitet ist der Glaube an Omina der verschiedensten Art. In Jaina-Erzählungen werden oft die Gegenstände und Wesen aufgeführt, denen jemand begegnet, der eine Reise angetreten hat; sie alle haben eine günstige oder ungünstige Vorbedeutung. Von den Auspizien sind Träume die bemerkenswertesten. Ihrem Ursprung nach werden 9 Arten unterschieden, solche, die der Sorge, der Krankheit, einem Erlebnis, der eigenen Natur des Träumenden, etwas Gehörtem, etwas Gesehenem, einem religiösen Werke oder einer Sünde ihre Entstehung verdanken, und solche, die auf der durch einen Gott oder ein anderes höheres Wesen gespendeten Belehrung beruhen. Träume der ersten sechs Arten sind bedeutungslos, während solche der drei zuletzt genannten Klassen gute oder böse Folgen zeitigen. Von den bedeutungsvollen Träumen sind 72 besonders bemerkenswert, 30 von diesen sind die sogenannte Großträume, welche die Geburt von großen Männern ankündigen, Die 14 (bzw. 16) Träume, welche der Geburt eines Tirthankara vorausgehen, die Geburt der anderen berühmten Männer und von großen Herrschern oder Weisen wird durch einzelne von diesen vorausgesagt.
Im Gegensatz zu diesen Träumen, welche etwas Erfreuliches prophezeien, verkünden andere Unheil. So soll Candragupta 16 böse Traumbilder gesehen haben, welche auf die kommende zwölf jährige Hungersnot in Magadha gedeutet wurden. Berühmt sind die 16 Träume Bharatas, aus denen der Verfall der Brahmanenkaste vorausgesagt wurde.

37. Die Riten der Laien.
Die täglichen Riten.

Vom Morgen bis zum Abend hat der fromme Laie eine Reihe von Riten auszuführen. Wenn er in der letzten Nachtwache sich von seinem Lager

erhebt, flüstert er den Parameshthi-Mantra und widmet sich frommer Betrachtung. Er hat dann die „6 notwendigen Pflichten" (Avashyaka) zu erfüllen. Diese sind:
1. Samayika, die 48 Minuten währende Andacht, welche der inneren Einkehr mit dem Gelöbnis, von allem Bösen abzustehen, gewidmet ist,
2. Caturvinshatijinastuti, das Lobpreisen der 24 Tirthankaras,
3. Vandana, die Verehrung des Guru,
4. Pratikramana, die Beichte,
5. Kayotsarga, das Verharren in der besonderen (Runen-)Stellung, durch welche eine Loslösung (Befreiung) des Geistes vom Körperlichen erzielt werden soll,
6. Pratyakhyana, das Aufsichnehmen des Gelübdes, bestimmten Genüssen zu entsagen.

Die Avashyakas werden entweder zu Hause oder in einem Upashraya erfüllt, und zwar morgens, mittags und abends, mitunter auch öfter. Der Besuch im Upashraya ist vielfach mit dem Anhören einer Predigt verbunden.

Während sich bei den Sthanakavasis die Teilnahme am öffentlichen Kultus auf den Besuch eines Upashraya beschränkt, nehmen die Anhänger der Bilderverehrung auch an dem Tempelkult teil, mindestens einmal am Tage, vielfach öfter.

Die Mahlzeiten – ganz fromme Leute begnügen sich mit einer einzigen – müssen vor Einbruch der Dunkelheit eingenommen werden, ihnen haben Gebete und, wenn möglich, Spenden an Asketen oder Bedürftige vorauszugehen.

Wenn sich der Jaina abends auf sein Lager niederlegt, so spricht er wieder fromme Sprüche (Formeln) und gibt sich frommen Betrachtungen hin, bis er in den Schlaf versinkt, der ihm, zum Lohn für gute Werke, durch glückverheißende Träume verschönt wird.

Unter hinduistischem Einfluss werden von manchen Jainas auch die vedischen Feueropfer vorgenommen; nach dem Adi-purana sollen die drei Feuer morgens, mittags und abends zur Erinnerung an die Verbrennung der Leiche Rishabhas entzündet werden.

38. Riten bei besonderen Gelegenheiten.

Das ganze Leben eines frommen Jaina, von seinem ersten bis zu seinem letzten Atemzuge, ist von heiligen Handlungen umgeben und begleitet. Viele von diesen Riten sind den Jainas mit den Hindus gemeinsam, zum Teil sogar unmittelbar von diesen übernommen. Die einzelnen Zeremonien differieren bei den verschiedenen Sekten und in den verschiedenen Landschaften in manchen Punkten, auch sind sie nicht zu allen Zeiten in der gleichen Weise ausgeführt worden. Die folgende Darstellung versucht es nur, eine ungefähre Vorstellung von den wichtigsten, heute bei den Shvetambaras üblichen Begehungen zu geben, ohne auf Details und Abweichungen in Einzelheiten einzugehen.

Die ersten Riten, welche mit dem Leben eines Menschen verbunden sind, werden an ihm vor seiner Geburt vollzogen. Wenn die Mutter fünf Monate schwanger ist, wird ein Brahmane geholt, der die Zeremonie des Garbhadhana (das Hineinlegen der Leibesfrucht) vornimmt. Bei dieser wird die Schwangere, welche links neben ihrem Gatten Platz genommen hat und deren Gewand mit dem seinigen zusammengebunden ist, mit geweihtem Wasser besprengt und durch Hersagen des Shantidevi-stotra und heiliger Mantras gesegnet. In den hierbei gesprochenen Sprüchen werden die himmlischen Mächte aufgefordert, Mutter und Kind vor Dämonen, wilden Tieren und allen Arten von Leid, und Ungemach zu schützen und ihnen Glück und Gedeihen zu spenden.

Im 8. Monat nach Eintritt der Schwangerschaft findet die Pumsavana – Zeremonie statt, welche die Erzielung männlicher Nachkommenschaft zum Zweck hat. Bei dieser besprengt der Guru die in neue Gewänder gekleidete werdende Mutter an einem für die Geburt von Knaben günstigen Tage in der 4. Nachtwache unter dem gestirnten Himmel mit geweihtem, wohlriechendem Wasser; dasselbe geschieht, wenn es hell geworden ist. In den hierbei gesprochenen Mantras wird der in den Leib der Mutter eingegangenen Seele eine leichte Geburt gewünscht und die Hoffnung konzentriert ausgesprochen, dass sie das Glück ihrer Eltern und die Zierde der Familie werden möge. Bei der Zeremonie werden Münzen und Süßigkeiten gespendet.

Die Schwangere zieht dann bald in ihr Elternhaus und sieht hier ihrer Niederkunft entgegen. Ist das erwartete Kind zur Welt gekommen, so wird die Nabelschnur durchschnitten, und Mutter und Kind werden gebadet. Ein Astrologe stellt dem jungen Erdenbürger das Horoskop, der Guru verbrennt Sandel- und Bilvaholz und tut die Asche, vermischt mit Senf und Salz, in ein Bündel, über welches siebenmal an Amhika gerichtete Sprüche gesprochen werden, in welchen diese Göttin dazu aufgefordert wird, das

Kind zu schirmen. In das Bündel werden noch ein Stück aus Eisen, roter Sandel, Otterköpfchen u. a. hineingelegt; dann wird es mit einem schwarzen Faden von einem älteren weiblichen Familienmitglied an die Hand des Kindes gebunden.

Am 3. Tage nach der Geburt führt der Guru, nachdem er ein Bild der Sonne verehrt hat, die schön geschmückte Mutter und das Kind, das sie im Arm trägt, vor die Sonne. Er zeigt beiden den tausendstrahligen Tagesgebieter, wobei er diesen in einem Spruch um Glück anfleht. Am Abend wird der nektarspendende Sternenkönig Mond in ähnlicher Weise gezeigt und verehrt. Dieses Sakrament heißt Suryendu-darshana.

Die Kshirashana-Zeremonie geht am gleichen Tage vor sich. Sie besteht darin, dass der Guru den Säugling Milch aus der Mutterbrust trinken lässt und ihm dabei in einem Mantra Gesundheit und langes Leben wünscht.

In der Nacht des 6. Tages nach der Geburt nimmt der Guru im Geburtshause den Shashti-sanskara, die feierliche Verehrung der 8 Mütter vor, nämlich der Schutzgöttinen Brahmani, Maheshvad, Kaumari, Vaishnavi, Varahi, Indrani, Camunda, Tripura. Sie werden durch Mantras zum Herbeikommen und Verweilen aufgefordert und durch Spenden von Wohlgerüchen, Blumen, Räucherwerk, Lichtern, Reis und Süßigkeiten erfreut. Dasselbe geschieht dann mit Shashti, der Schirmgottheit der Kinder. In der Nacht wachen dann Frauen, deren Gatte am Leben ist, mit der Mutter. Am anderen Morgen entlässt der Guru die Muttergöttinnen jede für sich mit den Worten: „Erhabene! Auf Wiedersehn! Heil!" Dann besprengt er das Kind mit geweihtem Wasser und spricht einen Segensspruch.

Durch die Geburt wird die Mutter unrein. Die Unreinheit schwindet erst nach einer Reihe von Tagen, deren Zahl bei den einzelnen Kasten verschieden ist: Bei den Brahmanen dauert sie 10, bei den Kshatriyas 12, bei den Vaishyas 16 Tage, bei den Shudras 1 Monat. Ist diese Zeit vorüber, so baden Mutter und Kind sowie alle Familienmitglieder und werden vom Guru für rein erklärt. (Shucikarma-sanskara).

Am gleichen Tage wie diese Zeremonie oder 2 bzw. 3 Tage darauf findet die Namengebung (Namakarana) statt. Zu diesem Zweck versammelt sich die ganze Familie, und der Guru erscheint in Begleitung eines Sterndeuters. Der Astrologe erklärt dann das Horoskop, das auf einem Papierbogen säuberlich aufgezeichnet ist; der Aszendent und die anderen der 12 Himmelshäuser werden von den Verwandten durch Spenden von 12 Gold-, 12 Silber-, 12 Kupfer-Münzen, 12 Betelnüssen, 12 Früchten, 12

Kokosnüssen verehrt, die 9 Planeten durch Gaben von je 9 von diesen Dingen. Der Guru sagt dann einer älteren Tante den im Einvernehmen mit den Familienmitgliedern festgesetzten Namen des Kindes ins Ohr. Alle ziehen dann in einen Tempel. Hier verehren Mutter und Kind die Tirthankaras, worauf die Tante vor dem Jina den Namen des Kindes bekannt gibt. Hieran schließen sich noch einige andere Riten. Die Zeremonie kann auch vor dem Jinabilde des Geburtshauses stattfinden.

Vielfach geht die Namengebung mit derartigem Gepränge nur bei dem ersten Sohn vor sich; bei späteren männlichen Kindern wird sie in vereinfachter Form vorgenommen, und Töchter erhalten ihren Namen ohne Weiteres von der Mutter.

Die Jainas führen mit Vorliebe Vornamen, die auf Personen ihrer heiligen Legende Bezug haben, wie Rikhadasa (Rishabhadasa, Diener des Rishabha), Ajitaprasada (von Ajita begnadet) usw. Wie bei den Hindus sind auch Namen üblich, die unscheinbare Dinge bezeichnen, wie Dhondu (Marathi) Stein, Kadappa (Kanaresisch) Wald. Zweck dieser eigenartigen Übung ist es, durch diese Namen böse Dämonen abzulenken, so dass sie dem Besitzer des Namens nichts Böses tun.

Im 6. Monat nach der Geburt findet bei Knaben, im 5. bei Mädchen die Speisedarbietung (Annaprashana) statt. Nachdem der Guru einige Riten ausgeführt hat, steckt die Mutter dem Kinde etwas von der der Familiengöttin geweihten Speise in den Mund.

Wenn das Kind 3, 5 oder 7 Jahre alt geworden ist, nimmt der Guru bei ihm die feierliche Stechung der Ohrlöcher (Karnavedha) vor. Die heilige Handlung geschieht nach gebührender Verehrung der Muttergöttinnen und hat, wie aus den dabei rezitierten Sprüchen hervorgeht, den Zweck, die Ohren für die Aufnahme der Lehren der Jaina-Religion geeignet zu machen.

Als nächstes Sakrament folgt dann – zu einer nicht festgesetzten Zeit – das Cudakarana, das Haarschneiden. Nachdem der Guru die Muttergöttinnen verehrt hat, stellt ein Barbier die übliche Haartracht her, indem er den Kopf kahl schert, bei Knaben der drei oberen Kasten aber einen Haarbüschel in der Mitte des Hauptes stehen lässt.

Die wichtigste Begehung zwischen Geburt und Heirat ist das Upanayana, die Aufnahme beim Lehrer, eine Art Jünglingsweihe. Das Upanayana findet nur bei männlichen Mitgliedern der drei oberen Kasten statt, und zwar bei Brahmanen im 8., bei Kshatriyas im 11., bei Vaishyas im 12. Jahre nach dem Garbhadhana. Shudras werden nicht zu dieser Zeremonie zugelassen, welche in der Bekleidung mit einer heiligen Schnur ihren sichtbaren Ausdruck findet. Der zu Initiierende hat einige Tage, bevor die heilige Handlung vor sich geht, zu baden und sich mit Sesamöl einzureiben. Am Festtage selbst wird ihm das Haar geschoren. Vor dem Hause wird ein Altar mit einem Jinabild darauf errichtet. Nachdem Mantras rezitiert und Zirkumambulationen ausgeführt worden sind, wird der Schüler geweiht. Dann fällt er dem Guru zu Füßen und sagt: „Ehrwürdiger. Ich bin ohne Kaste, ohne rechten Wandel, ohne Mantra, ohne Tugend, ohne Dharma, ohne Reinheit, ohne Brahma, unterweise mich in den Pflichten gegen Götter, Rishis, Väter und Gäste (d. h. Asketen)." Unter dem Hersagen bestimmter Sprüche wird er dann mit einem Gürtel aus Munjagras und der heiligen Schnur versehen, welche bei Brahmanen aus Gold, bei Kshatriyas und Vaishyas aus Baumwolle hergestellt sein soll. Darauf wird ihm dreimal der Pancaparameshthi-Mantra ins Ohr geflüstert. Es folgt danach die Weihe zum Brahmacari: Zu diesem Zweck wird der Schüler mit einem Bastgewand bekleidet und ihm ein Stab aus Palasha-Holz in die Hand gegeben. In einem Zwiegespräch mit dem Guru wird er über seine Pflichten und die Gelübde, die er einzuhalten hat, belehrt. Im Anschluss hieran tritt er den Bettelgang an, bei welchem er in den Häusern einiger Jainas, die er besucht, Gaben erhält.

Die Zeit, während welcher der Initiierte beim Guru als Schüler verbleibt, soll im Höchstmaße bei Brahmanen vom 8.-16., beim Kshatriya vom 10.-16., beim Vaishya vom 12.-16. Jahre dauern. Die Lehrzeit wird aber gewöhnlich nicht eingehalten, sondern auf wenige Tage oder auf einen Tag abgekürzt. Das Ausscheiden aus der Schülerstellung wird durch eine Vratavisarga (Entbindung vom Gelübde) genannte Zeremonie bewirkt. Der Schüler legt Stab, Büßergewand und Gürtel ab, empfängt Belehrung und wird gesegnet. Hierauf folgt die Zeremonie des Kuhschenkens (Godana), bei welcher der Initiierte dem Guru eine schön geschmückte Kuh oder anderes als Honorar verehrt. Dann spendet er den Mönchen Gewänder, Speisen, Gefäße oder ähnliches.

Bei den Shudras tritt an die Stelle des Upanayana und der Umgürtung mit der heiligen Schnur eine andere Zeremonie, das Übergeben des Obergewandes (Uttariyaka-nyasa), bei welcher ebenfalls Mantras gesprochen, Lehren erteilt und Gaben gespendet werden.

Als 13. Sakrament wird der Beginn des Studiums (Adhyayana) gerechnet. Dasselbe geht unter bestimmten Formalitäten vor sich. Der Schüler nimmt an der linken Seite des Guru auf einem Sitz aus Kusha-Gras in einem

Tempel oder unter einem Kadamba-Baum Platz. Der Guru flüstert ihm dreimal den Sarasvata-Mantra ins rechte Ohr. Dann führt er ihn in feierlichem Aufzuge zu einem Upadhyaya, der dann mit dem Unterricht beginnt. Den Brahmanen lehrt er den Ayurveda (Medizin), die 6 Angas, die Rechtsbücher und die Puranas, den Kshatriya Medizin, Bogenschützenkunst, Politik und das für die Gewinnung des Lebensunterhalts erforderliche Wissen (Ajivika), den Vaishya die Rechtsbücher und die Lebensklugheit, Angehörige anderer Kasten das für sie geeignete Wissen.

Von größter Bedeutung für die Gesellschaft ist das 14. Sakrament, die Heirat (Vivaha). Eine solche darf nur zwischen Personen abgeschlossen werden, welche derselben Kaste, jedoch einem verschiedenen Gotra angehören. Schon wenn ihre Kinder noch in zartem Alter stehen, sehen sich die Eltern nach einer passenden Heiratspartie für sie um. Ist etwas Geeignetes gefunden worden, so treten die Familien in Unterhandlungen, und die Horoskope der beiden Partner werden verglichen, um festzustellen, ob sie zueinander passen. Haben alle diese Verhandlungen ein befriedigendes Ergebnis gezeitigt, so finden offizielle Besuche statt und Geschenke werden ausgetauscht. Zwischen der Verlobung und der Heirat liegen meistens mehrere Jahre, letztere findet heute gewöhnlich statt, wenn der Bräutigam 15 Jahre oder älter, die Braut 12 Jahre oder älter ist. Vor Festsetzung des Datums der Hochzeit wird ein Astrologe zu Rate gezogen, der die günstige Konstellation ermittelt, unter welcher die Schließung der Ehe erfolgen kann. Dann gehen in den Häusern der Eltern der beiden Verlobten Riten zur Verehrung der Idole der Muttergöttinnen, der Shashthi, des Ganapati, des Kandarpa und der Kulakaras vor sich. Am Tage vor der Heirat haben die zu Vermählenden je für sich zu baden, sich mit Öl einzureiben und andere glückverheißende Zeremonien zu vollziehen.

Am Hochzeitstage reitet der Bräutigam prächtig geschmückt auf einem Ross oder einem Elefanten der Braut entgegen, von einer Eskorte von Freunden und Verwandten umgeben, die ihm zu Ehren Lieder singen. An der Spitze der Prozession marschieren Brahmanen, die einen Mantra zur Bekämpfung schlechter planetarischer Einflüsse (Grahashanti-mantra) rezitieren. Nach der Vollziehung einer Reihe von Riten nehmen dann Braut und Bräutigam nebeneinander Platz, und ihre Hände werden mit einer mit Safran gefärbten Schnur zusammengebunden; in dem hierbei hergesagten Hastahandhana-mantra wird die Hoffnung ausgesprochen, dass beide stets einig sein mögen.

Inzwischen ist auf dem Hofe oder vor dem Hause des Brautvaters aus Holz ein viereckiger Pavillon und ein Altar errichtet und geweiht worden. Auf letzterem wird ein Feuer angezündet. Nach Ausführung einer Fülle von Begehungen umwandeln Bräutigam und Braut mehrere Male das Feuer. Dann ergreift der Bräutigam die Hand der Braut, wobei wieder Mantras rezitiert werden. Nachdem auf diese Weise die Ehe vollzogen worden ist und Geschenke verteilt worden sind, führt der Guru das Paar in die Wohnung der Brautmutter, woselbst wieder einige Riten vorzunehmen und Gaben zu spenden sind. Das Paar besucht dann noch einmal die Halle des Holzhäuschens, wobei wieder einige Riten vollzogen werden, und begibt sich dann in das Schlafgemach, wo es die erste Nacht gemeinsam verbringen soll. Hier verehren die jungen Gatten den Liebesgott, genießen gemeinsam Milch und Reis und geben sich den Liebesfreuden hin. An den nächsten Tagen sind dann noch eine Reihe von Zeremonien zu erledigen und Gaben zu spenden. Die Hochzeit ist mit Veranstaltung von zahlreichen Festen und Schmausereien verbunden, die sich tagelang hinziehen. Die Kosten, welche das Ausrichten einer Hochzeit mit allem, was dazugehört, verursacht, sind sehr bedeutend; sie fallen in der Hauptsache dem Brautvater zur Last, der diesetwegen vielfach zur Entfaltung eines Aufwandes genötigt ist, der seine Verhältnisse übersteigt.

Die Menge der Zeremonien, welche bei einer Hochzeit vorgenommen werden sollen, ist außerordentlich groß; es konnte daher im Vorhergehenden nur das Wichtigste kurz herausgehoben werden. Eine Reihe von volkstümlichen Bräuchen, die landschaftlich stark variieren, sind mit ihr verbunden, zudem ist die starke Beeinflussung des Jaina-Kults durch den der Hindus, welche bereits in dem hier dargestellten Ritual aufs deutlichste hervortritt, in der Praxis teilweise noch viel stärker als in den Lehrbüchern. Wer sich die Mühe macht, die einzelnen Schilderungen der Heirat in den Darstellungen von Augenzeugen miteinander zu vergleichen, wird daher noch auf eine verwirrende Fülle von Riten stoßen, die im Vorhergehenden nicht behandelt worden sind.

Das Menschenleben wird nur dann zu einem Gefäß des Glücks und im Diesseits und Jenseits fruchtbringend, wenn in ihm fromme Gelübde zur Durchführung gelangen. Diese Vratas werden als das 15. Sakrament gerechnet und als das wichtigste von allen bezeichnet. Sie unterscheiden sich von allen bisher besprochenen in zwei wesentlichen Punkten; während jene durch einen Hauspriester (Grihya-guru), d. h. einen Jaina-Brahmanen oder einen Kshullaka erteilt werden, geht die Ablegung eines Gelübdes nur mit Hilfe eines Asketen, eines Nirgrantha-guru Yati, vor sich; und während die bei den anderen Sanskaras verwendeten Formeln in Sanskrit abgefasst sind, sind die bei Ablegung der Gelübde in Anwendung kommenden zumeist im Prakrit festgesetzt, da sie Männern und Frauen aller Kasten zugänglich sein sollen. Die Übernahme der Verpflichtungen, welche sie in sich tragen, geschieht nach einem genau festgesetzten Ritual. Der Laie geht zu einem Asketen und spricht ihm seinen Wunsch aus, ein Gelübde für eine bestimmte Zeit und in einem bestimmten Umfange auf sich zu nehmen, und verehrt die Tirthankaras, die Shrutadevata usw. durch Spenden und Zirkumambulationen. Dann empfängt er Belehrung und verpflichtet sich feierlich für eine bestimmte Zeit (Tage, Wochen, Monate, Jahre, unter Umständen lebenslänglich) bestimmte Dinge zu meiden, nur bis zu einer gewissen Grenze zu reisen oder Geld zu besitzen usw. Wer derartige Gelübde auf sich genommen hat, hat sie sich täglich mehrfach zu vergegenwärtigen und Verfehlungen gegen sie zu beichten.

Das letzte Sakrament (Antyasanskara), das dem frommen Jaina zuteil wird, ist die Bestattung. Wenn jemand im Sterben liegt, so erteilen ihm seine Verwandten geistlichen Zuspruch, und sein Guru wird geholt, um ihm die Tröstungen der Religion zu spenden, ihm Mantras vorzusprechen und ihn Sprüche sagen zu lassen. Beim Herannahen des Todes nimmt der Fromme das Gelübde, keinerlei feste oder flüssige Nahrung mehr zu sich zu nehmen und allem irdischen Begehren zu entsagen. Er macht Stiftungen für die Religion, für ihre Diener, für die Armen, und stirbt schließlich, die Gedanken auf die fünf Parameshthis richtend.

Der Leichnam wird auf die Erde gelegt, gewaschen, mit Wohlgerüchen gesalbt und neu bekleidet. Er wird dann auf eine Bahre gelegt und von vier nahen Verwandten auf den Schultern nach der Verbrennungsstätte getragen, auf der ein Scheiterhaufen bereitsteht, der auf einem Stein ruht, um die Vernichtung anderer Lebewesen zu verhindern. Der Holzstoß wird mit einem aus dem Hause des Entschlafenen mitgebrachten Feuer angezündet. Wenn der Leichnam zu Asche verbrannt ist, kehren die Leidtragenden nach Hause zurück. Am dritten Tage wird dann die Asche von nahen Verwandten in einen Fluss geworfen, während die Gebeine an geweihter Stätte niedergelegt werden. (Über denselben werden später oft pyramidenförmige Grabdenkmäler errichtet, die von einem Wassertopf (Kalasha) aus Stein überhöht sind.) Dann gehen die Hinterbliebenen in einen Tempel und verehren die Jinabilder, und in einen Upashraya, wo ihnen ein Mönch die Vergänglichkeit alles Irdischen predigt.

Die Verwandten sind durch den Todesfall bis zu zehn Tagen unrein.

Totenfeiern (Shraddha), wie sie bei den Hindus gebräuchlich sind, finden bei den rechtgläubigen Jainas nicht statt. Hinterlässt ein Verstorbener eine Witwe, so werden deren Armspangen zerbrochen, sie muss ihren Schmuck ablegen, darf kein Glückszeichen mehr auf der Stirn tragen, muss, irdischen Freuden entsagend, ihr Leben der Buße weihen und darf nie wieder heiraten.
Die im Vorhergehenden beschriebenen Riten sind die wichtigsten, die heute bei den bilderverehrenden Shvetambaras im Gebrauch sind, doch finden sich in den einzelnen Landschaften und bei den verschiedenen Sekten zahlreiche Abweichungen. Die Zeremonien der Sthanakavasis unterscheiden sich von ihnen in vielfacher Hinsicht, so namentlich durch den Verzicht auf den Gebrauch von Jina-Bildern. Bei den Digambaras sind ähnliche Sanskaras in Übung. Das Adipurana zählt 20 heilige Handlungen auf, die an dem frommen Laien bis zu seinem Tode vorgenommen werden. Das erste Sakrament ist das Garbhadhana, die Hineinlegung der Leibesfrucht; es wird der jungen Frau zuteil, bevor für sie das eheliche Leben beginnt. Es folgen dann die Zeremonien Priti, Supriti, Dhriti und Moda, die an der Schwangeren im 3., 5., 7. und 9. Monat vorgenommen werden, um ein gesundes Wachstum der Leibesfrucht zu erzielen. Bei der Geburt findet die Priyodbhava-Begehung statt, zwölf Tage danach die Namengebung, 3 oder 4 Monate später der erste Ausgang (Bahiryana) von Mutter und Kind, im Anschluss hieran der Nishadya-Ritus, bei welchem das Neugeborene feierlich auf ein Ruhebett niedergesetzt wird. Im 7. oder 8. Monat wird dem Kinde die erste Speise gereicht (Prashana), ein Jahr später wird die Vyushti-Feier durch Einladung der Verwandten begangen. Bald darauf werden dem Knaben zum ersten Male die Haare geschnitten. Mit 5 Jahren wird er in die **Geheimnisse des Alphabets** eingeweiht (Lipisankhyana-sangraha). Mit 8 Jahren oder später wird er mit der heiligen Schnur umgürtet und geht bei einem Guru in die Lehre, wobei er die Gelübde keusch zu leben, kein erhöhtes Lager zu benutzen u. a. auf sich zu nehmen hat. Nach Beendigung der Lehrzeit (12. bis 16. Jahr) wird er von diesen Gelübden wieder entbunden (Vratavartana) und kann heiraten. Durch besondere Riten werden weiter noch gefeiert: Die Erlangung der Selbständigkeit in der Kaste (Varnalahha), die Ausübung des rechten Wandels in der Familie (Kulacarya) und die Erreichung einer allgemein geachteten, bevorzugten Laienstellung (Grihlshita).
Besondere Familienereignisse erfordern besondere Riten. Wenn ein Mann oder eine Witwe jemanden adoptiert, so hat der Adoptierende zuerst eine

schriftliche, vor Zeugen ausgefertigte Erlaubnis der Eltern des an Sohnes Statt Anzunehmenden einzuholen, seinen Verwandten vorzulegen und von den Beamten des Königs durch Siegel beglaubigen zu lassen. Nachdem so die juristische Seite der Angelegenheit geregelt worden ist, wird ein Fest religiösen Charakters veranstaltet. Männliche und weibliche Verwandte werden geladen und durch Darbietung von Gesang und Tanz erfreut. Dann begeben sich die Festteilnehmer in den Tempel, woselbst verschiedene Riten vorgenommen und Gaben verteilt werden. Hierauf wird ein Mahl veranstaltet, an welches sich die Geburtszeremonie anschließt. Der Vater des zu Adoptierenden erhält dann ein Diadem, eine Kokosnuss und mehrere Münzen. Sobald die Übergabe und Annahme dieser Dinge beendet sind, gilt die Adoption als vollzogen, und der an Sohnes Statt Angenommene tritt in die Rechte eines leiblichen Sohnes bei seinen Adoptiveltern ein.

Die Beförderung eines Mannes zu einer hohen Stellung wird ebenfalls durch bestimmte Zeremonien gefeiert. Die Textbücher des Rituals geben ausführliche Anweisungen für die Königsweihe, die festliche Einführung eines Ministers, Feldherrn, Gouverneurs, Distriktbeamten, Dorfschulzen usw.

39. Die Riten der Asketen.
Die täglichen Riten.

Wenn der Mönch in der letzten Wache der Nacht (d. h. gegen 4 Uhr morgens) erwacht ist, soll er den Parameshthi-Mantra rezitieren und sich von seinem Lager erheben. Er geht dann aus dem Hause heraus, um seine Notdurft zu verrichten, zurückgekehrt meditiert er und denkt über die Sünden nach, die er in der Nacht sich hat zuschulden kommen lassen, wie unbeabsichtigte Verletzung von kleinen Lebewesen usw. Wenn es hell geworden ist, sucht er Leib, Kleidung und Wohnstätte nach Insekten ab und setzt diese an einen sicheren Ort. Er studiert dann, unterrichtet oder schreibt bzw. kopiert Bücher. Hierauf geht er zu einem Tempel und bringt dort den Tirthankaras seine Verehrung dar, indem er sich vor dem Idol verneigt, es umwandelt, Hymnen rezitiert und meditiert. Ein Mönch kann keine der im Tempel vollzogenen Arten der Puja verrichten, auch legt er nicht, wie der Laie, im Tempel eine besondere Kleidung an; sein Kult ist vielmehr rein geistig und innerlich. Er kehrt dann in seine Wohnung zurück, woselbst er meditiert.

Gegen 10 Uhr geht er aus, um Speise und Trank zu erbetteln. Vom

Almosengang zurückgekehrt, beichtet er die Sünden, die er beim Gehen durch Verletzung lebender Wesen begangen hat. Nach dem Hersagen von Sprüchen verzehrt er dann das erbettelte Mahl. Nach dem Essen wird das Geschirr gereinigt. Nach einer Zeit der Ruhe studiert er oder unterrichtet. Gegen drei Uhr werden wieder Insekten gesucht. Gegen ½ 5 wird ein zweiter Bettelgang gemacht, an den sich wieder eine Beichte, das Hersagen von Sprüchen und das Einnehmen der Mahlz.eit anschließt. Das Essen muss vor Sonnenuntergang beendet sein; während der Dunkelheit darf nichts genossen, auch kein Wasser mehr getrunken werden. Licht wird in den Upashrayas nicht gebrannt. Nachdem der Asket sich dann noch frommer Meditation hingegeben hat, spricht er den Parameshthi-Mantra und andere fromme Sprüche und legt sich (spätestens gegen 9 Uhr) zur Ruhe. Der erste Teil der Nacht soll frommen Gesprächen, der zweite der Ruhe, der letzte der Kontemplation gewidmet sein.

Der hier skizzierte Tagesstundenplan ist der bei den bilderverehrenden Shvetambaras übliche; bei den Shvetambara-Nonnen und bei den Asketen der anderen Konfessionen variiert er in Einzelheiten.

40. Riten bei besonderen Gelegenheiten.

Gleich dem Leben des Laien ist auch das des Mönches und der Nonne mit einer Fülle von Riten verflochten, deren erste bereits vor dem Eintritt in das Asketenleben stattfinden und deren letzte kurz vor und nach dem Tode vorgenommen werden. Die einzelnen Zeremonien, die bei den einzelnen Sekten und Orden in Gebrauch sind, sind sehr verschieden; sie zerfallen zudem in eine so große Zahl von Einzelheiten, dass es nicht möglich ist, sie an diesem Orte eingehend zu behandeln. Ich muss mich deshalb hier darauf beschränken, nur einiges aus der reichen Stofffülle anzuführen und beginne mit einer Darstellung der Asketen-Riten der Shvetamharas.

Der Weg, auf dem ein Jaina dazu kommt, in den geistlichen Stand zu treten, ist sehr verschieden. Das Gewöhnliche ist oder sollte sein, dass er durch die Predigt eines Asketen dazu gebracht wird, in sich zu gehen und dadurch in ihm der Entschluss reift, sich ganz der Weltentsagung zu weihen. Ein Mann, der willens ist, dies zu tun, wendet sich dann an einen Mönch mit der Bitte, ihn auf das Asketentum vorzubereiten. Hält ihn dieser für geeignet, so nimmt er ihn als Schüler an und macht ihn schließlich, nachdem er die vorbereitenden Stufen der Selbstzucht durchmessen und von der Unerschütterlichkeit seiner Absicht Proben abgelegt hat, durch eine feierliche Initiations-Zeremonie zum Asketen. Vielfach geschieht der Eintritt in den Stand des heimatlosen Büßers jedoch in anderer Weise. Einmal kann der, welcher die Weltentsagung vollziehen will, ohne von jemandem Belehrung empfangen zu haben, selbst zur Erkenntnis der Wertlosigkeit alles Irdischen erwachen und ohne menschliche Hilfe ein Asket werden. Dies ist z. B. bei den Tirthankaras der Fall, die, wie die Jainas stets betonen, als Svayambuddhas das Yatitum erreichten. Sodann aber, und das ist heute häufig der Fall, treten Kinder in den geistlichen Stand, Knaben, die schon im zarten Alter zu Mönchen erzogen worden sind und die deshalb von Jugend auf eine Schulung durchgemacht haben, die andere in kurzer Zeit absolvieren müssen. All dieses bedingt natürlich eine unterschiedliche Behandlung im einzelnen.

Nach Vardhamanasuris Acaradinakara wird jemand, der, nachdem er die Erlaubnis seiner Eltern, seiner Gattin, seines Sohnes oder seiner Oberen erhalten hat, sich dem Mönchsleben widmen will, zunächst ein Brahmacari. Nachdem er sich durch eine Reihe von Riten vorbereitet hat, wird an ihm mit großem Gepränge vom Guru die Weihe als Brahmacari vollzogen. Die Zeremonie besteht in der Rezitation von Sprüchen und Mantras und in dem Ablegen des Gelübdes, den Pflichten der teilweisen Selbstzucht zu genügen. Der Schüler verbleibt auf dieser Stufe während eines Zeitraums bis zu 3 Jahren; er trägt noch den Haarschopf auf dem geschorenen Schädel und eventuell noch die heilige Schnur. Wenn er sich bewährt, kann er zu einem Kshullaka werden, andernfalls tritt er in den Stand eines Haushalters zurück.

Die zweite Vorstufe des Mönchtums ist der Stand des Kshullaka. Der Brahmacari wird durch eine besondere Weihe (Diksha) zum Kshullaka befördert. Auch hierbei werden wieder besondere Formeln gesprochen, dann wird die Verpflichtung der Einhaltung der 5 großen Gelübde übernommen. Auf der Kshullaka-Stufe verbleibt der zukünftige Asket bis zu drei Jahren. Sein Wandel während dieser Zeit soll der der vorbereitenden Stufe der vollständigen Selbstzucht (Samayika-caritra) sein. Er hat während des Noviziats die heiligen Schriften zu studieren und eine Reihe von Prüfungen durchzumachen, welche zeigen, dass er für die große Initiation als Mönch reif ist. Besteht er diese Prüfungen nicht, so tritt er in den Stand des Haushalters zurück.

Das eigentliche Mönchtum beginnt erst mit der Vollziehung der Pravrajya-Zeremonie. Diese besteht aus einer Fülle von Riten der verschiedensten Art; dass die damit verknüpften Festlichkeiten und Begehungen sich lange

hinziehen, ersieht man aus einer Mitteilung des Acarva Vijaya Indra Suri, der mir am 10. November 1923 aus Belanganj, Agra, schrieb, er wäre damit beschäftigt, den Sadhu Himanshu Vijaya zu weihen, die Ausführung des Rituals nähme allein 27 Tage in Anspruch, und wenn es vollzogen sei, habe der neue Mönch noch eine Woche lang bestimmte Gelübde zu beobachten.
Die Mönchsweihe wird an einem astrologisch günstigen Tage mit dem Prunk einer Hochzeit vorgenommen; die hierdurch erwachsenden Kosten werden von dem der Welt Entsagenden oder dessen Verwandten getragen, falls die erforderlichen Mittel vorhanden sind, sonst werden sie von den Laien durch eine Umlage aufgebracht. Der Schüler wird von einem Zuge festlich gekleideter Männer und Frauen von seinem väterlichen Hause abgeholt und unter Paukenschall und Gesang in einer Sänfte oder hoch zu Ross zu dem Orte gebracht, wo der feierliche Akt stattfinden soll und wo der initiierende Geistliche, zumeist ein Acarya, bei manchen Orden unter Umständen auch ein Upadhyaya, ihn erwartet; es ist dies entweder ein außerhalb der Stadt gelegener Platz mit einem heiligen Baum, oder ein freier Platz vor der Wohnung des Guru. Dort ist ein Altar und die Nachbildung eines Samavasarana errichtet worden. Vor diesem findet in Anwesenheit von zahlreichen Asketen und Laien beiderlei Geschlechts ein Gottesdienst statt, bei welchem das Samavasarana umwandelt wird, Hymnen gesungen und heilige Sprüche rezitiert werden. Der Schüler legt dann seine Kleidung, seinen Schmuck und seine heilige Schnur (wenn er eine trägt) ab und zieht die Mönchsgewänder an. Er reißt sich hierauf selber den Haarschopf aus oder lässt den Guru oder einen anderen diese schmerzhafte Prozedur an ihm vornehmen. Nach dem Hersagen von Sprüchen und Formeln gelobt er die Erfüllung der Pflichten vollkommener Selbstzucht und empfängt einen neuen Namen (der jedoch bei den Shvetamharas oft mit seinem früheren Namen zum Teil übereinstimmen kann). Danach wird sein Kopf mit Vasa-Salbe eingerieben. Nach einer Umwandelung des Samavasarana verbeugt sich der neue Sadhu vor dem Guru und den Mönchen, während sich die anwesenden Nonnen sowie die Laien, Männer und Frauen vor ihm verneigen.
Etwas anders vollzieht sich die Mönchs- und Nonnenweihe bei den Terapanthis. H. Jacobi, der einer solchen in Ladnun beiwohnte, schreibt mir darüber: „Die beiden (zu weihenden Personen) waren Eheleute, nicht Schüler oder Novizen; die Szene spielte sich vor einer Karawanserai (Dharmshala) ab, vor der ein freier Platz war. Zum Eingang der Dharmshala führte eine Treppe herauf, etwa von Mannshöhe. Zu beiden

Seiten der Treppe war je eine Terrasse; auf der zur Rechten saß der Acarya mit den Yatis, auf der zur Linken die Nonnen. Dann wurde das Paar, schön eingekleidet, herbeigeführt. Sie stand ganz verhüllt neben den Nonnen, er auf ebener Erde vor dem Acarya. Eine Pradakshina (Umwandlung) war durch die Natur der Örtlichkeit ausgeschlossen. Der ältere Bruder des zu Weihenden stand hinter ihm und überreichte dem Acarya ein Schriftstück, das die Zustimmung der Familie aussprach. Der Acarya zitierte, als einigermaßen Ruhe in der nächsten Umgebung hergestellt war, mit großer Zungenfertigkeit eine lange Formel. Dann neigte der Mönch sein Haupt, das bis auf ein Haarbüschel geschoren war, und der Acarya riss ihm letzteres in fünf Zügen aus, ohne dass der Mönch eine Miene verzogen hätte. Der Mönch machte vor den Mönchen seine Verbeugung und setzte sich als letzter in deren Reihe; die Nonne wurde zu den Nonnen geführt. Sie hatte nur einige Verbeugungen bei der Ansprache des Acarya vor diesem zu machen, ehe die Weihe des Mönches vor sich ging."

Den Beschluss der Initiation macht gewöhnlich eine Predigt, an die sich dann noch einige weitere Riten anschließen. Der eigentliche Akt währt zwar nur etwa 4 Stunden, doch sind noch tagelang später eine Reihe von Begehungen vorzunehmen und Pflichten der verschiedensten Art zu erfüllen.

Von der Beendigung der Initiationszeremonie an rechnet die geistliche Anziennität des Mönches. Die Stufe des Wandels, die er damit erreicht hat, heißt Chedopasthapana. Durch Kasteiung, Ausrodung der Leidenschaften und Loslösung von allem Irdischen vermag er von hier aus zu den drei höheren Graden des Wandels emporzusteigen. Zu diesem Zweck hat der Asket eine Reihe von Pflichten zu beobachten, die ihm von seinem Guru auferlegt werden (vgl. die Anweisungen im *Adepten*!). Über sie gibt es eine große Fülle von Vorschriften. Ihre Außerachtlassung hat Strafen und Bußen der verschiedensten Art zur Folge, so kann z. B. auf Kürzung der geistlichen Anziennität erkannt werden.

Veranlassung zu festlichen Veranstaltungen geben die Beförderungen, die innerhalb des Sangha eintreten, wenn ein Mönch zum Vorleser (Vacaka), Lehrer (Upadhyaya) oder Meister (Acarya) gemacht wird. Die bei derartigen Gelegenheiten vorzunehmenden Riten sind das Umwandeln des Samavasarana, das Rezitieren von Hymnen und Sprüchen, das Bestreichen mit Vasa u. ä. Besonders feierlich ist die Weihe eines Acarya. Hierbei wird das von diesem anzulegende Kleid in der acht vor dem Feste geweiht; es werden dann zwei Sitze aufgestellt, auf deren einem der Guru Platz nimmt, während auf dem anderen ein Bündel mit Aksha niedergelegt wird. Nach einer Reihe von Begehungen, dem Hersagen von Sprüchen und Hymnen flüstert der Guru dem zum Meister zu Ernennenden den Suri-Mantra genannten Spruch dreimal ins Ohr und gibt ihm das Aksha-Bündel in die Hand. Dann verleiht er ihm einen neuen Namen (dieser ist zumeist nur eine Umstellung des früher erhaltenen Kirchennamens, dem der Titel Suri nachgestellt wird, so wird z. B. aus Indra Vijaya der neue Name Vijaya Indra Suri). Der neue Acarya nimmt dann auf dem einen der beiden Sitze Platz und wird von dem Guru und allen Anwesenden verehrt und in schwungvollen Versen als der Verkünder der Jaina-Lehre gepriesen, „welche wie ein Donnerkeil den Berg des Sansara zerspaltet". An die Meisterweihe schließen sich dann Predigten und andere Veranstaltungen religiösen Charakters, und die Laien begehen sie durch ein Fest, das zehn Tage währt.

Die für einen Asketen erstrebenswerte Todesart ist die Samlekhana, d. h. der freiwillige Hungertod. Die Samlekhana soll nach 12 Jahren härtester Askese in der Weise vorgenommen werden, dass der Todeskandidat sich auf einen Berg begibt, sich dort unter einem Baume niedersetzt und kein Glied mehr rührt, bis der Tod durch Mangel an Nahrung eingetreten ist. Diese Form der Samlekhana gelangt jedoch nur selten zur Ausführung. Die meisten Mönche (und mitunter auch Laien) begnügen sich damit, erst auf dem Totenbett in Anwesenheit des Meisters, Lehrers oder von Asketen das Gelübde zu nehmen, sich jeder Nahrung zu enthalten. Dies geschieht, nachdem sich der Sterbende, das Gesicht nach Nordosten gewendet, mit gekreuzten Beinen auf einen Sitz aus Gras niedergesetzt und ein herbeigebrachtes Jinabild verehrt hat, und die Tirthankaras und Gottheiten durch Hymnen und Sprüche gepriesen worden sind. Der Sterbende bittet dann alle Wesen, ihm zu verzeihen, wenn er ihnen etwas Böses zugefügt hat, wie er auch allen vergibt, die ihm Schlechtes getan haben. Dann wiederholt er die fünf großen Gelübde und verspricht, nicht mehr Speise und Trank zu genießen. Unter dem Rezitieren von Sprüchen oder heiligen Texten geht der Fromme, der die Samlekhana ausführte, in die Himmelwelt hinüber, gewiss, in einer späteren Geburt die Erlösung zu erreichen, welche in dem gegenwärtigen schlechten Zeitalter für ihn in unserem Weltteil nicht erreichbar ist. Der Mann, der so „im Zustande der Verzückung (Samadhi)" den freiwilligen Tod starb, wird von den Jainas in hohen Ehren gehalten, und die Frommen gehen zu ihm, im Glauben, dass seine gnadenreiche Nähe karmatilgend wirke, wie ein Wallfahrtsort.

Wenn ein Mönch gestorben ist, so wird seine Leiche unter Entfaltung von mehr oder weniger Pomp verbrannt. Die Mönche und frommen Laien fasten und hören Predigten über die Vergänglichkeit des Erdenlebens. Die besonderen Riten bei der Initiation und beim Tode einer Nonne, bei ihrer Weihe zur Pravartini, Mahattara usw. sind ähnlich wie die soeben besprochenen der Mönche.

Die andersgeartete Organisation des Asketentums der Digambaras kommt auch in ihrem Ritual zur Geltung. Der Übergang aus dem Laientum zum Mönchtum und die sukzessive Erlangung der höheren Grade desselben werden durch besondere Zeremonien gekennzeichnet. Das Adipurana führt die folgenden Etappen auf, welche der heilige Mann durchläuft: Zuerst tritt beim Laien die Prashanti ein, das Aufgeben des Hängens an den Sinnenobjekten und die Vorliebe für religiöses Studium usw.; dann folgt das Verlassen des Hauses, nachdem das Vermögen zu je 1/3 für fromme Zwecke, für den ältesten Sohn und für die anderen Kinder hingegeben worden ist. Der Fromme wird dann zunächst zum Kshullaka geweiht, als welcher er noch einen Zeugstreifen trägt; schreitet er fort, so gibt er auch diese Kleidung auf und erlangt die Jinarupata. Wenn er sich durch Fasten, Kasteiung und Studium hervorgetan, so wird er Guru, steigt er noch höher, so wird er das Haupt der vierfachen Gemeinde. Diese Stellung behält der Heilsucher jedoch nicht bis zu seinem Lebensende bei, sondern er gibt sie schließlich an seinen Schüler ab, um, von aller Amtsbürde befreit, sich ganz der Kasteiung und Meditation zu widmen. In der Versenkung und unter Enthaltung von jeder Nahrung findet er dann den Tod der Samlekhana, der ihm die Wiedergeburt in einem Götterhimmel verschafft.

41. Das Tempelritual.
Die täglichen Riten.

Die in den Jaina-Tempeln zu vollziehenden Riten sind sehr verschiedenartig. Eine Aufzählung aller Zeremonien des Kults in den Heiligtümern würde ein ganzes Buch füllen. Ich beschränke mich daher auf eine kurze Darstellung der am Morgen, Mittag und Abend in einem Tempel in Gujarat gebräuchlichen Hauptriten. Als Führer dient mir hierbei die von J. Burgess im *Indian Antiquary 13* (1884) p. 191 ff. gegebene Schilderung. Der Morgen-Gottesdienst beginnt gegen 6 ½ Uhr. Der Pujari, der vorher ein Bad genommen oder jedenfalls die fünf Hauptglieder seines Leibes, Mund, Hände und Füße, gewaschen hat, öffnet dann den Tempel. Beim Eintreten in die geweihten Hallen spricht er nissahi oder nissarahi, womit angedeutet werden soll, dass er aus der Welt herausgeht und alles Weltliche hinter sich lässt. Dann reinigt er den Tempel und die Idole. Neben das Bild des Tirthankara wird rechts eine Lampe, links ein Behälter für Räucherwerk (Dhupadan) gestellt und entzündet. Dann werden die neun Glieder des Tirthankara (die großen Zehen, Kniegelenke, Handgelenke, Schultern, Scheitel, Stirn, Nacken, Brust, Nabel) vom Pujari mit Vasa-Pulver bestrichen, mit einer wohlriechenden Paste, die aus Sandei, Kampfer, Moschus, Ambra und Safran besteht.

Auf einen kleinen Tisch in der Tempelhalle wird dann das Svastika-Zeichen mit Reis aufgetragen; auf den Svastika werden Früchte, auf den Halbmond Süßigkeiten (Naivedya) gelegt. Darauf nimmt der Pujari die Zipfel seines Obergewandes (das in ähnlicher Weise getragen wird wie die heilige Schnur des Brahmanen) zwischen die Hände, fegt damit den Boden und spricht einen Mantra. Dann führt er die Verneigung der fünf Glieder (Pancangapranama) aus, indem er mit den beiden Knien, den beiden Handflächen und der Stirn den Boden berührt. Dreimal umwandelt er darauf das Idol und setzt sich in der Yoga-mudr-asana-Positur vor ihm nieder. Nachdem er den Tirthankara dann durch einen Spruch darum gebeten hat, das Caityavandana genannte Gebet sprechen zu dürfen und sich an Stelle des Heiligen mit einem iccham die Erlaubnis dazu erteilt hat, singt er diese Hymne, in welcher der Tirthankara (z. B. Shantinatha) um Segen angefleht wird. Er stimmt dann noch eine Reihe von anderen Lobgesängen und Mantras an, indem er seine Körperhaltung je nach der Vorschrift wechselt. Am Schluss des Gottesdienstes läutet er die Siegesglocke (Jayaghanta) und verlässt das Heiligtum mit dem Worte avis sahi, welches seine Rückkehr in die Welt kennzeichnet.

Der zweite Gottesdienst beginnt gegen 10 Uhr morgens. Der Pujari hat vorher zu baden. Hierbei wäscht er, mit dem Gesicht nach Osten gewendet, die 10 Kakavalis, d. h. die 10 Glieder, deren indische Bezeichnung mit einem K beginnt, nämlich die Ohren, die Hand- und Fußgelenke, die Achselhöhlen, Nacken und Lenden und trocknet seinen Leib mit einem sauberen weißen Tuch ab. Er betritt dann den Tempel mit einem Gefäß mit Wasser, in welchem er seine Füße vor dem Betreten der Halle wäscht. Nachdem er die Füße an der Matte draußen abgetrocknet hat, schreitet er mit dem Worte nissahi in das Heiligtum hinein. Sein Obergewand (Uttarasana) faltet er acht Mal und bindet es über seinen Mund, damit sein Atem nicht das Idol beflecke.

Beim Eintreten wäscht er den Stein, auf welchem das heilige Pulver hergestellt wird, bereitet neues zu, tut es in Gefäße und geht in das Allerheiligste (Garbhagriha). Hier nimmt er die Blumen der letzten Puja ab und entfernt mit Hilfe einer Bürste aus Pfauenfedern (Mayurapuccha) den Staub von dem Bilde des Tirthankara. Dann taucht er ein Tuch in Wasser und wischt damit das Idol ab, um die alte Sandelpaste zu entfernen. Hat sich an einer Stelle der Safran festgesetzt, so säubert er das Idol mit einer aus den Wurzeln des wohlriechenden Ushira-Grases (Andropogon muricatum) hergestellten Bürste (Valakunci). Nachdem das Bild so gereinigt ist, bereitet er den Fünfnektar (Pancamrita) zu, eine Mischung aus Milch, geronnener Milch, Ghi, Wasser und Zucker. Das Präparat wird in ein Kalasha genanntes Gefäß getan, das ungefähr die Gestalt einer Teekanne ohne Griff hat. Das Pancamrita wird über das Idol gegossen, dann geschieht dasselbe mit reinem Wasser, das in einem anderen Kalasha enthalten war. Hierbei werden Sanskrit-Mantras gesprochen. Der Pujari nimmt dann drei verschiedene Tücher (Angaluhana) und trocknet das Idol mit diesen dreimal ab. Dann wäscht er den Thron des Bildes und betupft dieses, nachdem er vorher seine Hände gewaschen, an neun Körperstellen mit Sandel, wobei Mantras rezitiert werden.

Hierauf folgt die Verehrung durch Blumen (Pushpapuja). Aus einem mitgebrachten Gefäß nimmt der Pujari Blumen und streut sie über das Idol und legt eine Girlande um dessen Hals. Unter Rezitation von Sprüchen vollzieht er dann die Verehrung durch Räucherwerk und Lampen. Nachdem er das Bild dann noch mit einem Yakschweif gefächelt hat, geht er in die Halle, zeichnet auf den Tisch den Svastika und bringt auf diesem Reis, Früchte und Süßigkeiten dar. Hieran schließt sich der Gesang von Hymnen und das Läuten der Siegesglocke. Dann scheidet der Pujari mit dem Worte avissahi aus dem Heiligtum.

Der Abend-Gottesdienst ist einfach. Er beginnt zwischen 5 und 6 Uhr. Mit einem nissahi betritt der Pujari den Tempel, zündet die Lampen an und verbrennt Räucherwerk (Dhupapuja). Darauf veranstaltet er die Aratipuja, indem er eine Lampe mit fünf Dochten vor dem Idol schwingt. Dann wird eine Öllampe (Mangaladipa) vor dem Bilde hin- und herbewegt. Hierbei werden Instrumente, wie eine Pauke, Glocken u. ä. gespielt. Nach dem Gesang von Mantras läutet der Pujari die Siegesglocke und schreitet mit einem avissahi aus dem Tempel heraus.

Das Mitgeteilte gibt ungefähr eine Vorstellung von der Art und Weise, in welcher sich die Puja in Jaina-Tempeln abspielt. Im Einzelnen finden sich viele Verschiedenheiten. So ist das Anzünden von Lampen vor den Idolen und die Verehrung derselben nach Eintritt der Dunkelheit nur bei den Shvetambaras üblich; die Digamharas verehren nicht zur Nachtzeit, zünden aber Lichter im Tempel an, um die heiligen Schriften zu lesen.

42. Riten bei besonderen Gelegenheiten.

Die Aufstellung und Einweihung eines Kultbildes erheischen die Vornahme einer Fülle von Zeremonien. Die Riten weichen bei den beiden Konfessionen und ihren Sekten in Einzelheiten voneinander ab, sie sind auch bei den Idolen verschieden, weil Bilder von Trithankaras in anderer Weise zu behandeln sind als solche von Shasana-devatas, Göttern, Planeten usw. Schließlich bestehen auch noch Unterschiede hinsichtlich der Beschaffenheit und der Bestimmung der Bilder: Solche, die im Hause eines Gläubigen für seine Andacht Verwendung finden, werden in etwas anderer Weise geweiht als diejenigen, welche in einem Tempel aufgestellt werden, und bei den letzteren wieder sind die Riten etwas anders bei den Idolen, die so groß sind, dass sie nicht von ihrem Platze fortbewegt werden können, als bei kleineren, welche bequem transportiert werden können. Die Ritualwerke der Jainas enthalten über all dieses eine Unzahl von detaillierten Vorschriften; im Folgenden kann nur einiges Wesentliche mitgeteilt werden.

Die Erstellung (Pratishtha) eines Jina-Bildes erfordert umfangreiche Vorbereitungen. Zunächst muss der Ort, wo es Platz finden soll, in weitem Umkreis gereinigt werden. Umherliegender Kehricht sowie Exkremente, Knochen, Haare, Nägel, Zähne von Lebewesen jeder Art sind zu entfernen. Sodann ist ein astrologisch günstiger Zeitpunkt für das Stattfinden der Zeremonie zu ermitteln; wenn es nicht möglich ist, einen Moment festzustellen, an dem alle Himmelskörper günstig stehen, so sind Riten auszuführen, welche die Einflüsse unheilverkündender Sterne neutralisieren. Weiterhin sind alle in der Umgegend wohnenden Asketen und Gläubigen von dem Stattfinden der Feier zu benachrichtigen und zu derselben geziemend einzuladen. Vor dem Beginn der Pratishtha wird das Idol gesäubert und nach dem Orte gebracht, an dem es aufgestellt werden soll; es werden die Töpfe und Utensilien, das Wasser, die Kräuter und was sonst noch für die feierliche Handlung notwendig ist, zum Tempel getragen (wobei Gesang, Tanz und Musik veranstaltet werden kann); im Heiligtum wird ein Altar errichtet, und im Hause des Stifters des Bildes werden

segenverheißende Riten ausgeführt.
Vor der Erstellungszeremonie werden die Dikpalas, die Patrone der Himmelsrichtungen, verehrt, nachdem man ihre Kultbilder aufgestellt hat. Dann werden vier Krüge aus kostbarem Metall zu allen vier Seiten des Idols gesetzt und vier schön geschmückte Mädchen zerreiben die tausend Kräuter, welche bei dem Waschen und Salben des Standbildes Verwendung finden sollen.
Die Weihung des Idols wird von einem Acarya, einem Pathaka, einem Sadhu, einem Jaina-Brahmanen oder einem Kshullaka vorgenommen, doch können diese nicht alle die gleichen Zeremonien ausführen. Der Leiter der Begehungen heißt Pratishtha-Guru, ihm sollen vier Snatrakaras zur Seite stehen.
Die heilige Handlung beginnt mit der Bhutabali genannten Niederlegung von aus Bakula-Pflanzen u. a. hergestellten Kuchen in allen Himmelsrichtungen. In dabei gesprochenen Formeln werden die Geister aller Art, Bhutas, Pretas, Pishacas, Gandharvas, Yakshas, Rakshasas, Kinnaras, Vetalas aufgefordert, die Spenden anzunehmen. Unter der Rezitation von Hymnen und Sprüchen werden dann die Shasanadevatas und andere Gottheiten verehrt, worauf das zu weihende Idol mit Wasser, das mit Ingredienzien der verschiedensten Art vermischt ist, gewaschen, mit konsekriertem Sandel gesalbt, mit Blumengirlanden geschmückt und durch das Berühren seiner einzelnen Glieder eingesegnet wird. An die Puja mit ihren verschiedenen Mantras und Darbringungen schließt sich ein großes, acht Tage währendes Fest, bei welchem die Teilnehmer von dem Stifter zu bewirten sind. Die Gastlichkeit und der Pomp, die bei Gelegenheit der Aufstellung eines Idols zu entfalten sind, verursachen bedeutende Kosten, so dass heute nur wenige Personen in der Lage sind, sie zu tragen und die volle Durchführung aller Pratishtha-Zeremonien und alles dessen, was sich an sie anschließt, in der Gegenwart nicht mehr so häufig ist wie in der Vergangenheit.
Ähnliche Riten wie bei der Aufstellung von Jina-Bildern finden bei der Einweihung von Statuen der verschiedensten Gottheiten, von Yantras (Tafeln mit mystischen Symbolen), von heiligen Bannern u. a. statt; auch die Tempelweihe spielt sich in ähnlichen Formen ab.
Die Weihe eines Kultbildes kann von Zeit zu Zeit erneuert werden. So wird z. B. die berühmte Statue des Gommata in Shravana Belgola nach einer bestimmten Zahl von Jahren wieder neu mit Pancamrita (Milch, saure Milch, Butter, Honig, Wasser) gewaschen, gesalbt sowie mit Blumen,

Früchten u. a. überschüttet. Die letzte derartige Feier ging 1925 vor sich; um das gewaltige Monument bis zu seiner Spitze erreichen zu können, waren große Gerüste errichtet worden. Die Begießung mit den heiligen Flüssigkeiten wurde von zahlreichen Jaina-Laien ausgeführt, denen dieses Recht nach Hergabe beträchtlicher Geldsummen verkauft worden war.

Bei besonderen Gelegenheiten werden zu Kultzwecken Flaggen mit den verschiedensten Emblemen aufgestellt. Das Adi-purana berichtet von 10 Arten von Flaggen; von jeder Art wurden 108 Stück in jeder der 4 Himmelsrichtungen, im ganzen also 4320 Stück zu Ehren Rishabhas aufgestellt. Die Errichtung derartiger Palidhvajas ist auch heute noch üblich.

Eine mit dem Bilderkult zusammenhängende Art der Verehrung der Tirthankaras ist die Veranstaltung einer großen Wagenprozession (Rathayatra). Eine solche soll mindestens einmal im Jahr stattfinden; doch haben diese Yatras in der Gegenwart viel von der Bedeutung verloren, die sie früher besaßen, als mächtige Könige dem Jaina-Glauben anhingen, weshalb die Lehrbücher der Riten mit Vorliebe auf die von der Jaina-Dichtung verherrlichten Wagenprozessionen des Weltbeherrschers Mahapadma, des Samprati und des Kumarapala hinweisen. Bei diesen Festlichkeiten werden Bilder von Tirthankaras, nachdem sie gewaschen und gesalbt worden sind, mit großer Prachtentfaltung unter dem Jubel der Bevölkerung auf mächtigen, schön geschmückten Prunkkarren, die von Elefanten oder Rossen gezogen werden, durch die Stadt gefahren.

43. Die Festtage.

Das heiligste Fest der Jainas ist das Paryushana (die Regenzeit), so genannt, weil es nach der Vorschrift Mahaviras beginnen sollte, wenn ein Monat und zwanzig Tage von der Regenzeit verstrichen sind, zu einem Zeitpunkt also, zu welchem Mönche und Laien Zeit haben, sich ihren religiösen Pflichten zu widmen. Bei den heutigen Shvetambaras beginnt es gewöhnlich am 12. Tage der dunklen Hälfte des Monats Shravana (Juli-August) und endet mit dem 4. Tage der hellen Hälfte des Monats Bhadrapada (August-September). Bei den Digambaras dauert es 15 Tage, vom 5. Tage der hellen bis zum 5. Tage der dunklen Hälfte des Bhadrapada, doch werden auch 170 Tage (bis zum 14. der hellen Hälfte von Karttika) als die heilige Zeit angesehen. Das Fest wird in erster Linie durch Fasten begangen. Die Shvetamharas sollen eigentlich die ganzen acht Tage lang fasten, doch wird dieses Gebot häufig nicht streng durchgeführt, sondern manche fasten nur einen Tag um den anderen; alle enthalten sich am letzten Tage der Speise und des Trankes. Besonders wird an diesem Tage die Einhaltung des Poshadha-Gelübdes zur Pflicht gemacht, welches den Laien ganz als Mönch leben lässt. Die, welche Poshadha beobachten, bleiben 24 Stunden in Meditation oder Studium versunken im Upashraya oder in der Einsamkeit. Während der heiligen Woche ruht bei allen die Arbeit, und alles strömt in die Gemeindehäuser, wo Predigten gehalten und heilige Schriften verlesen werden, bei den Shvetambaras namentlich das Kalpa-Sutra. Der 5. Tag wird von den Shvetamharas als das konventionelle Geburtsfest Mahaviras durch eine Prozession gefeiert. (Die Geburt Mahaviras soll in Wirklichkeit am 13. Tage der hellen Hälfte des Monats Gaitra stattgefunden haben.) Samvatsari, der letzte Tag des Paryushana und zugleich der letzte Tag des Kirchenjahres der Jainas, wird durch eine große Beichte begangen, die bezweckt, dass keine Sünde in das neue Jahr herübergenommen wird. Jeder Jaina soll sich an diesem Tage mit allen, mit denen er Streitigkeiten hatte, versöhnen. Da dieses vielfach mündlich nicht möglich ist, pflegen die Jainas an ihre in der Ferne weilenden Bekannten Briefe zu schreiben und von ihnen Verzeihung für den Verdruss zu erbitten, den sie ihnen absichtlich oder unabsichtlich verursacht zu haben glauben.

Nächst dem Paryushana ist das bedeutendste der den Jainas speziell eigentümlichen Feste die Siddha-cakra-puja, die Verehrung des Heiligenrades mit den acht Speichen, welches die hochheilige Acht darstellt! Dieselbe findet zweimal im Jahre, im Monat Caitra (März-April) und Ashvina (September-Oktober) statt und dauert 9 Tage, vom 7. bis zum Vollmondstag. Während derselben wird das Siddha-cakra im Tempel durch feierliche Zeremonien verehrt. An einem dieser Tage wird das Rad nach einem Teich gebracht und dort gebadet (Jalayatra). Besondere Arten von Fasten sind bei diesem Fest zu beobachten.

Von anderen Festen seien genannt: Shruta-pancami am 5. hellen Tage des Monats Jyeshtha (Mai-Juni), wird von den Digambaras zur Erinnerung an den Tag begangen, an welchem Kundakunda seine kanonische Darstellung der Jaina-Lehre zu schreiben anfing. Jnana-pancami am 5. hellen Tage von Karttika (Oktober-November) ist dem heiligen Wissen geweiht; an diesem Tage werden die heiligen Schriften verehrt und von Staub und Insekten befreit. Mauna Ekadashi, am 11. hellen Tage von Margashirsha (November-Dezember) wird mit Meditation und Einhaltung eines Schweige-Gelübdes begangen. Der Tag ist mit der Lebensgeschichte mehrerer Tirthankaras verknüpft. Der 14. helle Tag von Ashadha (Juni-Juli) bezeichnet den Anfang, der 15. helle Tag von Karttika (Oktober-November) das Ende der Regenzeit, des Caturmasya. An allen Vollmondstagen wird ebenfalls gefastet, und fromme Jainas fasten mehr oder weniger streng an 5-12 Tagen jeden Monats.

Eine ganze Anzahl von Tagen sind der Erinnerung an Ereignisse im Leben Adinaths, Parshvas und anderer Tirthankaras geweiht und werden entsprechend gefeiert.

Unter den Festen, welche den Jainas mit den Hindus gemeinsam sind, ist das bedeutendste die Divali am 15. dunklen Tage des Monats Karttika (Oktober-November). Bei den Hindus wird die Divali durch große Illuminationen der Häuser und Straßen zu Ehren der Glücksgöttin Lakshmi begangen. Die Jainas feiern sie zur Erinnerung an das Nirvana Mahaviras; sollen doch die Könige, welche ihm anhingen, in der Nacht, in der er starb, eine große allgemeine Illumination veranstaltet hahen. In den Tempeln werden an diesem Tage Süßigkeiten, die sogenannten Laddu dargebracht, und Wallfahrten nach Pava gelten an ihm als besonders heilbringend.

Wenn einer eine Wallfahrt zu einem Tirtha antreten will, so hat er sich vorher durch Fasten, Meditieren u. a. auf das heilige Werk gebührend vorzubereiten. Auf der Pilgerreise selbst hat er eine Reihe von Observanzen zu erfüllen, so soll er nur einmal am Tage Nahrung zu sich nehmen, auf der Erde schlafen, Keuschheit bewahren und nur zu Fuß gehen. Wenn diese Gebote unterwegs nicht eingehalten werden, so geht der Pilger dadurch eines Teils des ihm winkenden transzendenten Lohns verlustig; so ist z. B. der Lohn, den der erntet, der die Reise in einem Fahrzeug zurücklegt, nur halb so groß als der Lohn dessen, der sie ganz zu Fuß macht. An der heiligen Stätte angelangt, gibt sich der Pilger frommen Übungen hin, verehrt die Tirthankaras in den einzelnen Tempeln und spendet reichlich für religiöse Zwecke. An manchen Orten stellen bestimmte Handlungen hervorragenden Lohn in Aussicht. In Shatrunjaya beispielsweise muss der Gläubige die Tausende von Stufen, die auf den Berg hinaufführen, 99 mal (= 18!) auf- und abwärtssteigen und die einzelnen Heiligtümer in einer bestimmten Ordnung umwandeln. Wenn dieses in der richtigen Weise geschehen ist, was an drei Monate in Anspruch nimmt, und der Pilger, der während der letzten Tage weder Speise noch Trank zu sich genommen hat, schließlich am Haupttempel anlangt, so stellen die dortigen Priester ein Tirthankara-Bild auf einen silbernen Thron unter einem Baldachin im Hofe. Vor diesem bringt der Wallfahrer dann elfmal die achtfache Puja dar, während Hymnen gesungen werden und Knaben rituelle Tänze ausführen. Die Ausführung dieser Zeremonien, die sehr kostspielig ist, stellt hervorragenden Lohn in Aussicht. Wenn jemand nicht in der Lage ist, selbst eine Pilgerreise zu unternehmen, so kann er sich doch das Verdienst einer solchen erwerben, wenn er anderen die Wallfahrt ermöglicht, indem er sie ausrüstet, ihnen die Mittel zur Reise gewährt, sie unterwegs beherbergt oder in anderer Weise fördert. Besonders verdienstvoll ist es natürlich, wenn jemand selbst eine Wallfahrt ausführt und zugleich andere auf seine Kosten mitreisen lässt. Die Jainas erzählen von den frommen Königen und Staatsmännern, die ihrem Glauben anhingen, dass sie mit riesigem Gefolge derartige Tirthayatras unternahmen. So soll der Minister Vastupala, als er die heiligen Stätten besuchte, nicht weniger als 4500 Karren, 700 Sänften, 700 Wagen, 1800 Kamele, 2900 Diener, 3300 Barden, 450 Jaina-Sänger, 12100 Shvetambaras und 1100 Digamharas in Bewegung gesetzt haben 90.

Unter dem Einfluss der hinduistischen Sitten wird das Fest jedoch von den meisten Jainas mehr als ein dem Glück und dem Reichtum gewidmetes begangen als eines, das dem Gedenken an einen in die Erlösung eingegangenen Heiligen geweiht ist. An den beiden Tagen, welche dem Neumondstag vorhergehen, werden besondere Riten vollzogen; am ersten putzen die Frauen ihr Geschmeide zu Ehren Lakshmis, und am zweiten legen sie Süßigkeiten an Kreuzwegen nieder, zum Schutz gegen die Geister. Am eigentlichen Festtage aber wird das Rechnungsbuch zum Gegenstand eines Kultus gemacht. Zu diesem Zweck wird in dieses von einem Brahmanen das Wort Shri hineingeschrieben, dann wird eine Münze und das Blatt einer Schlingpflanze auf dieses gelegt, und ein Lämpchen wird zu seinen Ehren geschwungen. Zum Schluss wird es mit einem roten Pulver bespritzt, worauf der Brahmane und der Jaina Süßigkeiten verzehren. Das Buch bleibt dann einige Stunden geöffnet liegen; wenn es geschlossen wird, wird gesprochen: „Laksha-lahha, laksha-labha", d. h. (möge es einen) hunderttausendfältigen Gewinn (bringen)!

Noch einige andere Hindu-Feste haben die Jainas in anderer Bedeutung übernommen. So ist bei ihnen die Ganesha-caturthi, der Geburtstag des elefantenköpfigen Gottes des Wohlstandes am 4. Tag der hellen Hälfte des Bhadrapada (August-September) dem Gautama als dem Herrn der Ganas, also dem Hauptschüler Mahaviras heilig, und die 9 Tage vor dem Dashahara-Feste im Monat Ashvina (September-Oktober) sind dem Bharata geweiht.

Eine Anzahl von Festtagen feiern die Jainas hinduistischen Bräuchen entsprechend, obwohl diese im Jaina-Glauben keine Stütze haben, so das Holi-Fest im Frühjahr, das Fest der Pockengöttin Shitala u. a. m.

Weitere Bücher aus dem Christof Uiberreiter Verlag:

Das goldene Blatt der Weisheit
Seila Orienta/Franz Bardon

Zum ersten Mal in der okkulten Literatur wird die 4. Tarotkarte des Hermes Trismegistos verständlich beschrieben und offengelegt. Sie beinhaltet unbekannte Konzentrations- und Meditationsübungen. Des Weiteren gibt sie Hinweise und erklärt die Unterschiede zwischen Magie und Mystik und Gefahren des einseitigen Weges. Am Ende steht die Verbindung mit der universellen Gottheit, dem Herrn der Sonnensphäre, welcher quabbalistisch „Metatron" genannt wird.

*

5. Tarotkarte – Mysterien des Steins der Weisen
Seila Orienta/Franz Bardon

Dieses Buch stellt die Vorderseite der Alchemie dar, die die einzelnen praktischen Übungsschritte erklärt, ohne die verschlüsselten Mystifikationen der alten Alchemisten auch nur annähernd zu erwähnen, wie man es aus den anderen Büchern des Franz Bardon kennt. Es wird erklärt, dass ohne vollkommene Beherrschung der 4 Elemente keine Alchemie möglich ist. Des Weiteren wird mit den einzelnen Ebenen, mit den Matrizen, dem elektromagnetischen Fluid usw. gearbeitet. Doch den Hauptpunkt stellen die göttlichen Eigenschaften wie z. B. die Allmacht dar, mit denen der Göttliche Stein der Weisen durch gewisse Übungen geladen wird.

*

Talismanologie und Mantramkunde
Seila Orienta/Franz Bardon

Zum ersten Mal werden hier (magisch) geladene Mantrams – Gebetssätze – preisgegeben, welche bei nötiger Reife, Ausgeglichenheit und Reinheit durchdringende Erfolge versprechen. Mantrams sind ja nach Bardon nicht irgendwelche „Suggestionssätze", sondern sie sind Ideenausdrücke, mit denen man mit Mächten, Kräften, Eigenschaften, also Gottheiten, in Verbindung kommen kann. Gleichzeitig werden die dazugehörigen Siegelzeichen der göttlichen Ideen preisgegeben, welche im rituellen

Zusammenhang mit den Mantrams stehen. Ein Buch, das nicht nur die Hermetiker, sondern auch die Anhänger der Yogawissenschaften inspirieren wird!

*

Eine Sammlung der schönsten und lehrreichsten Beschwörungsgeschichten
Hohenstätten

Dieses Buch ist einzigartig, denn es zeigt den zweiten Band von Franz Bardon an Hand von interessanten Evokationsberichten, die genau das bestätigen, was Bardon in seinem Buch geschrieben hat, und noch darüber hinaus. Es werden sensationelle Erlebnisse geschildert, die man sonst niemals findet. Auch aus unveröffentlichten Schriften wird zitiert.

*

Verkörperungen des Meister Arion
Hohenstätten

Man wird beim Lesen dieses Buches nicht glauben, wie viele bekannte und unbekannte Inkarnationen Franz Bardon hatte. Die paar, die im „Frabato" bekannt gegeben wurden, stellen nur einen geringen Teil seiner Verkörperungen dar. Wir mussten, da es dermaßen wenig Literatur über die Verkörperungen gab, wieder Hunderte und Aberhunderte von Büchern, Aufsätzen, Zeitschriften und Artikeln durcharbeiten, bis wir genügend Material für dieses Buch hatten. Aber der Leser wird sich beim Lesen sicherlich über unsere Arbeit freuen, denn sie wird ihn in Erstaunen versetzen!

*

Shamballa, der goldene Tempel des Lichts
Hohenstätten

Dieser Tempel dürfte jeden Leser von Bardons Roman „Frabato" fasziniert haben. Dass es aber in der okkulten Literatur noch viel mehr Informationen darüber gibt, die man aber nur findet, wenn man alles Veröffentlichte gelesen hat, dürfte dem einen oder anderen unbekannt sein. Es wurden wieder ganze Stöße von Büchern durchgesehen und das Ergebnis wird hier veröffentlicht. Es wird aber gleichzeitig darauf hingewiesen, wie viel Schundliteratur es darüber gibt, wie viel Lügen im Umlauf sind, damit sich der Schüler der Hermetik ein klares Bild machen kann. Wir bringen in diesem Buch alles, was wir an Material darüber gefunden haben, und es wird auch noch einiges aus der eigenen Erfahrung, was das Wertvollste ist, mitgeteilt. Nicht nur über den Tempel wird berichtet, sondern auch über die damit verbundene „Bruderschaft des Lichts", deren Sitz er darstellt.

*

Auf der Suche nach Meister Arion
Hohenstätten

Diese Autobiographie eines Schülers der Hermetik des Franz Bardon schildert sein magisches Leben, in welchem zahlreiche Erfahrungen zu den Übungen aus dem Adepten geschildert werden, die die Hauptperson selbst erlebt hat. Es wird der schwere Weg des Adepten aus autobiographischer Sicht gezeigt, seine vielen Tiefschläge, aber auch seine glanzvollen Seiten und Zeiten. Der harte Kampf mit dem Seelenspiegel wird bis in alle Einzelheiten aufgezeigt, genauso wie die vielen anderen Wege, in welche der Autor reinschnupperte, um dadurch reichlich Erfahrung sammeln zu können. Darüber hinaus enthält es unzählige Erfahrungen und Berichte betreffs Mantramistik nach Bardon, die wahre Runenmagie, zahlreiche Evokationen sowie Invokationen mit seinem Lehrer Anion, einen magischen Exorzismus, wie er bisher noch nie öffentlich geschildert wurde. Mentalreisen, Beeinflussungen, Übungen zur Gottverbundenheit, Erscheinungen, Alchemie, Heilungen mit den verschiedensten magischen Methoden z. B. Quabbalah oder durch die Elemente, Schutzgeistevokationen und viele andere magische „Wunder" seines Freundes und Lehrers Anion. Auch einige magische Fotos in Farbe, ein bisher von Bardon unveröffentlichtes Akashafoto von Christus und ein Bild des schwebenden Meister Arion werden in diesem Buch preisgegeben. Der Inhalt ist viel reichlicher, als hier kurz beschrieben werden kann.

*

Magisches Gleichgewicht
Hohenstätten

Dieses Buch zeigt eindeutig, dass in allen anderen Systemen das „Gleichgewicht" genauso gebraucht wird, wie bei Bardons Werken. Er war nicht der Einzige, der das erwähnte, aber er war der erste, der es deutlich erklärte, denn die anderen Systeme sprachen nur durch das Symbol, welches nicht jedem Leser verständlich war. Obendrein bringen wir noch Unveröffentlichtes vom Meister Arion zu dieser Grundlage der magischen

Entwicklung.

*
Das Leben und die Erfahrungen eines wahren Hermetikers
Seila Orienta

Diese Autobiographie eines Magiers ist unübertroffen, denn bis jetzt hat kein einziger okkult Geschulter so offen und ehrlich gesprochen wie Seila Orienta. Er gibt in diesem Werk sein Leben bekannt, sowie seine zahlreichen und äußerst interessanten Erlebnisse und Erfahrungen. Es werden auch zum ersten Mal Fotos von Wesen der Sphären gezeigt, welche Franz Bardon höchstpersönlich in den 1920ern gemacht hat. Des Weiteren schreibt Seila Orienta über die Sphären, über Dämonen, Logenkontakte und vieles, vieles mehr, was einem ehrlich strebenden Hermetiker das Herz übergehen lassen wird.

*
Das Leben des Franz Bardon
Hohenstätten

Dieses Buch beschreibt das Leben des Meisters außerhalb des Frabatos, welches seine Sekretärin – Otti V. – geschrieben hat. Es beinhaltet Erklärungen zu seiner „Biografie", weitere Einzelheiten über den Kampf mit der FOGC, seine Beziehung zu Wilhelm Quintscher und anderen Okkultisten, was alles bisher unbekannt war! Des Weiteren werden viele Erlebnisse seiner Schüler in Prag erzählt, verschiedene magische Leistungen und interessante Geschichten Bardons beschrieben, die bis dato unveröffentlicht sind. Es werden auch seine drei Lehrwerke und deren Wirkung auf die Öffentlichkeit von einem anderen, unbekannten Standpunkt geschildert, welcher durch bisher schwer zugängliche Schriften unterstützt wird. Als Krönung wird seine aus dem Tschechischen übersetzte „Runenschrift" zum ersten Mal veröffentlicht. Auch einige Seiten aus anderen unveröffentlichten Schriften von ihm sowie interessante Fotos des Meister Bardon und seiner Freunde werden hier preisgegeben und vieles, vieles mehr.

*
In Verbindung mit der Gottheit
Hohenstätten

Über das Thema der Gottverbundenheit mit all seinen Formen und

Methoden wurde bis heute noch nie ein Buch verfasst, geschweige denn eine Schrift geschrieben. Man findet in der okkulten wie in der östlichen Literatur nur spärliche Hinweise, die größtenteils verschlüsselt sind oder so geschrieben wurden, dass man sie kaum versteht. Im Gegensatz dazu wird in diesem Buch offen dargelegt, dass das 1. kleine Arkanum der 78 Tarotkarten die Gottverbundenheit in ihrer Reinform darstellt.

*

Hermetische Heilmethoden
Hohenstätten

Dieses Buch stellt in der okkulten Literatur ein absolutes Unikum dar, denn über die Gesamtheit der okkulten Heilmethoden wurde bis jetzt noch NIE etwas Sinnvolles geschrieben. Es werden alle Heilmethoden erwähnt, die der hermetische Schüler mit Hilfe seiner bisher erlangten Konzentrationsfähigkeit ausüben und verwenden kann.

*

Erste hermetische Zeitschrift

„Der hermetische Bund teilt mit" ist eine der wenigen magisch-mystischen Zeitschriften, welche sich soweit als möglich auf die universelle Lehre von Franz Bardon bezieht. Sie versucht sich an die Gesetze des 4-poligen Magneten zu halten und vermittelt Wissen sowie Hinweise für die Praxis, damit der Leser die Möglichkeit hat, sie in seinen hermetischen Weg aufzunehmen und für sich gewinnbringend zu verarbeiten.

Noch viel mehr hermetische Literatur finden Sie auf unserer Website: http://www.hermetischer-bund.com.

Viel Vergnügen beim Stöbern!

Der Verlag